简易 著

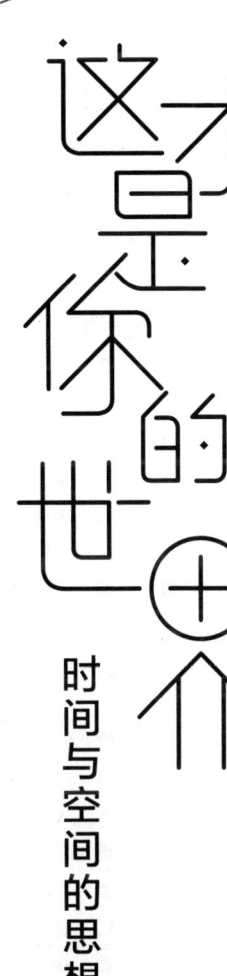

这才是你的世界！

时间与空间的思想实验

山西出版传媒集团
山西人民出版社

图书在版编目（CIP）数据

这才是你的世界！：时间与空间的思想实验 / 简易著. -- 太原：山西人民出版社，2022.7
ISBN 978-7-203-12260-9

Ⅰ.①这… Ⅱ.①简… Ⅲ.①时空观—青少年读物 Ⅳ.①B016.9-49

中国版本图书馆CIP数据核字（2022）第071564号

这才是你的世界！：时间与空间的思想实验

著　　　者：	简　易
责任编辑：	贾　娟
复　　　审：	傅晓红
终　　　审：	梁晋华
出　版　者：	山西出版传媒集团·山西人民出版社
地　　　址：	太原市建设南路21号
邮　　　编：	030012
发行营销：	010-62142290
	0351-4922220　4955996　4956039
	0351-4922127（传真）　4956038（邮购）
天猫官网：	https://sxrmcbs.tmall.com　电话：0351-4922159
E-mail：	sxskcb@163.com（发行部）
	sxskcb@163.com（总编室）
网　　　址：	www.sxskcb.com
经　销　者：	山西出版传媒集团·山西人民出版社
承　印　厂：	唐山玺诚印务有限公司
开　　　本：	880mm×1230mm　1/16
印　　　张：	27
字　　　数：	313千字
版　　　次：	2022年7月　第1版
印　　　次：	2022年7月　第1次印刷
书　　　号：	ISBN 978-7-203-12260-9
定　　　价：	98.00元

如有印装质量问题请与本社联系调换

目录

引言 / 001

一月·哪里

旧时空

作为礼物的奇怪问题 / 007

入门方法论 / 012

地基崩溃 / 020

坐标和世界线 / 028

牛顿的苹果和康德的苹果 / 039

百年大傻问 / 044

二月·大海

世界因观察方法的改变而改变

观"光"列车 / 051

第一个科学家 / 060

追光的少年 / 067

恍若隔世 / 077

时空协变,无处可退 / 081

无水之波 / 098

三月·草地

因为这个世界就是这样的

令人不安的理论 / 107

变化与裂痕 / 113

一剑解围 / 120

先松口气,来个好消息 / 123

输在起跑线上 / 126

四月·小山

宇宙的涟漪

未来史分期 / 137

最后一块缺失的拼图 / 148

最强信使和连续性 / 154

坡顶上的哲学 / 166

五月·球场

世界的尽头

宇宙的外面是什么？ / 177

原子弹一样的原子蛋 / 180

最远的远方 / 185

认知的边界 / 195

《世界的开端》VS《世界的终结》 / 202

六月·森林

时空的方向

毛毯、蹦蹦床和口香糖 / 219

鱼缸里的天文台 / 229

时空的形状 / 234

宇宙的终极命运 / 238

时光和灵光 / 244

七月·书籍 节节败退的时间

如何与时间相处 / 257

第一组：亚里士多德和奥古斯丁 / 260

第二组：牛顿和莱布尼茨 / 264

第三组：康德、柏格森和爱因斯坦 / 268

第四组：爱因斯坦和哥德尔 / 275

八月·机场 可是，时间真的存在吗？

不平等的时间 / 283

时间闭环和漏网之鱼 / 292

不可能的现在 / 298

时间旅行与因果律 / 305

九月·影院 当最后一个地球人听到敲门声

数学里的外星人 / 315

宇宙大沉默 / 321

侦探片或恐怖片 / 326

宇宙必须有意义、目的和合理性吗？ / 329

人类的终局和永恒智能 / 338

十月·洞穴

整个太空都是你的舞台和实验室

深度时间 / 345

时间的"生"与"死" / 352

空间的表象 / 357

十一月·笔记

秘密工程

光速造蛋 / 367

小宇宙大爆炸 / 374

很快就要起飞了,请注意 / 384

最短航线 / 389

十二月·纸信

仰望星空的少年

时间之冰 / 399

时间保卫战 / 402

无波之水 / 412

连名字都是多余的 / 420

后　记 / 425

引　言

1.时至今日，绝大多数人的时间观、空间观和世界观都还停留在三四百年前伽利略和牛顿的时代，自我屏蔽了最近一百多年的科学进展和发现。

2.绝大多数学校的科学类课程设置和教育理念固步自封于20世纪之前、学科之内。学生一旦先入为主，学成之后再难摆脱或超越。如果要选择一个先入之见，何不以20世纪科学为先？两者难度相差无几，而未受"蒙蔽"的未成年人，往往更易于或更乐于理解和接受后者。

3.不需要任何前置知识，没有数理化公式和计算，请在聊天一样的阅读快感中重新认识世界。回想一下你是怎么学会骑自行车的。有人是在详尽研究了自行车的力学结构、各零部件的工作原理和轮胎的分子结构之后，才第一次坐上车座的吗？不会乐器的人可不可以欣赏音乐？同理，阅读本书，不需要专业知识。而且，书中用例和实验都尽量选择日常生活中熟悉的环境和材料，低成本，可复制，易操作。

4.全书内容跨度大，开篇似为小学生而写，后半渐入大学生水平，层层推进，螺旋上升。只撷取百年来已成广泛共识的科学与哲学知识，去芜存菁；每个知识点皆有所本，述而不作。大小主题都由浅入深，条分缕析后，再反观自身，学而后思：我们身处其中的是一个什么样的世界？在这样一个重新认识的世界里该如何自处？

5.本书不是一问一答，不是即问即答，不是十万个为什么，更不是教科书或一盘入口即化的甜点。读者得有耐心，因为答案滞后，甚至不提供，只提问和启发，但接受质疑和反驳。有时小问题自然消解到大问题里，有时有意留下缺口，或留下疑惑而故意不解，也不惮于留下烂尾问题——因为这就是今日科学的真实模样。希望那些缺口和缺陷会变成一种诱惑，等你来探究，等你来填补，等你来纠正，等你来超越。

6.时间观、空间观和世界观既是科学，也是哲学。人活世上，一不小心，掉入观念陷阱，往往难以自拔。无论老少，事不宜迟，请先放下预装的那一套，现在就来对你身处其中的时间、空间和世界投出质疑的目光。

这是一场探索新时空新世界，磨炼大思维大认知的冲关游戏——请进！

孤独的地球

1968年12月24日,阿波罗8号机组人员比尔·安德斯(Bill Anders)在绕月轨道上拍摄的地球。[图片来源:美国国家航空航天局(NASA)]*

---

* 书中未标明来源的插图系作者自己绘制或改制自无版权的资料。——编者注

一月 · 哪里

旧时空

This quest to understand the ultimate nature of space may forever transform how you think about the very fabric of reality.
—Max Tegmark

为了理解空间的终极本质所发出的这种追问,可能会永远地改变你对现实结构的思考方式。
——马克斯·泰格马克

作为礼物的奇怪问题

为什么家里来了这么多人?为什么挑选这一天?全世界三百六十五分之一的人都在庆祝的日子还能有什么特别之处呢?这种一年一度的周期性和人造概念是真实的吗?出生和死亡不都是一次性的吗?快乐也可以批量制造吗?大白天的吹什么蜡烛?

吹就吹呗,在歌声接近尾声时,他突然切断自己的思绪,回到眼前的蛋糕上,鼓起嘴,一口气吹灭了十几根彩色小蜡烛。

他的迫不及待并不是出于兴奋。他对生日的感觉在十岁以后就已经淡漠了,对这些千篇一律的仪式也失去了耐心。但今天的客人中,有一位陌生人引起了他的注意。这位陌生人是他爸的朋友,姓马名克。据说本是复名,出生登记时被掐去一个字,变成单名了。他一身上下简朴无华,坐在人群里,并没有明显的特出之处,但处处干净清爽,坦然从容,自带一股宁静澄澈之气。不过,引起他注意的并不是这个人本身,而是他进门时拎的那个大箱子。那是今天所有礼物中最大的一个,箱子里到底是什么呢?这个好奇心让他对其他事有点心不在焉。

"我今天带来的礼物是一串问题,"终于轮到马克开口了。他站起来,说了半句客套话,就把那个大箱子放到桌面上,一边拆开,一边接着说:"这是问题的附件。"

"地球!"箱子打开,刚露出半个蓝色的球,就有人小声叫着探头往里看。箱底躺着几个小小的橡胶人,正瞪着他们。

"地球在哪儿？"他也想看清那几个橡胶人，突然听到马克这一问，就不假思索地伸出手指指向地球仪。食指还没伸直，他就意识到答案要纠正了："那是一个假地球。"他收回手指，跺了跺脚，笑着说："地球在我脚下。"

"那你能在地球仪上找出你刚才跺脚的地儿吗？"马克问。

"当然能！"这难不倒他。他将地球仪转半圈，手指一戳，说："这儿！"马克从箱底拿出一个身穿黄衣的橡胶人，把橡胶人鞋底的小吸盘指给他看了下，就让他把橡胶人放上去。他轻轻地压了压小吸盘，橡胶人摇晃了几下，就站稳了。

"这位同学帮帮忙，请把绿衣橡胶人放在澳大利亚的悉尼市。"

悉尼在地球仪上的位置很快也找到了，可是，那个看起来年龄最小的同学手里拿着橡胶人却愣住了。南半球的曲面上，如果把绿衣橡胶人像刚才那个黄衣橡胶人那样放上去，也就是正常人那样，头朝上，脚朝下，那它就会一脚踏空掉下。他转过头看了一下马克。马克微笑着，拿出一个红衣橡胶人，倒过来，指了下那鞋底的吸盘。小同学犹豫了一会儿，把手里的那个绿吸盘用力压到悉尼上。

绿衣橡胶人也站稳了。可那个横着的姿势与其说是站着，不如说是躺着，而且是悬空躺在空气里，怎么看都觉得别扭，让人担心它随时可能掉下去。小同学忍不住伸出手掌，托住它。可手掌一放开，它又上下抖动起来，他只好再次压紧那个吸盘。

"很好，你做到了！"马克转身，把刚才那个红衣橡胶人递给另一位同学，说："最后，这位同学，你正好穿着红衣服，愿意把这个红衣服的放在南极吗？"

红衣同学把红衣橡胶人的头摁在地球仪底部那片白色的南极洲上，斜着头琢磨着。她瞥见马克还是微笑着，正要从箱子里拿出另一个橡胶人。她猜想那可能又是要指给她看鞋底的吸盘，就干脆把红衣橡胶人倒过来，用两个手指头重重地压了几下吸盘。红衣橡胶人也站稳了，却是脚朝上，头朝下，倒立着。虽然被吸附在地球仪上了，但整个倒立的身体还在继续摇晃着，不仅衣服是红的，整张脸看起来都像是憋红了似的。

乾坤颠倒？

"现在，说出你们的疑问吧。"马克坐了下来，微笑着看着一桌子学生。

妹妹请来的几个小女生先开始嘀咕了："难道人到了南极就会倒吊着，血液都倒流到头里？头朝下怎么走路？澳大利亚人都躺着走？横着走？不会吧？不，这不可能！"

男孩子们倒没什么声音，谁都不愿意先说似的，谁都想着玩点别的似的，只有零星几个单词，带着问号蹦出来：球形？万有引力？方向？

"好了，我的礼物送出去了。安得，祝你生日快乐！"马克说完，就开始收拾箱子。

男主人安顿也起身，帮这朋友把箱子先放到墙角。然后，他们离开桌子，聊起别的话题了。妹妹端起两小盘蛋糕向他们走去，而几个大男孩已经开始讨论要不要玩电子游戏了。

"啊！"一声惊慌失措的叫声打断了大家的话题。原来妹妹手中的盘子一滑，掉地上了，两块蛋糕散成一摊碎屑，奶油拍在地板上像一层白色的烂泥。大人们过来收拾，花了不少时间才把那黏糊糊的一大团处理干净。

妹妹心中懊悔，说完对不起，又不甘心地问道："如果蛋糕能从地上自己爬起来，回到盘子里，然后盘子也回到我手里，一切就像没有发生过一样，该多好啊。你们能帮忙做到吗？"

女主人安达笑了，拉住她的手说："那我刚才就不用花时间去清理了。安泽，你想把这个过程像倒放视频一样倒过来吗？那可得倒得恰到好处哦，要不然，有人已经吃进肚子了，再吐出来就太难看了。"

马克蹲下来安慰她，并且表扬了她的想法："既然车子能倒车，视频能倒放，你说的这事为什么就不能呢？谁也没有禁止啊，而且也不违反什么法则，是不是？我还想倒转到安得这年龄，今天和他一起过生日呢，可为什么就不行呢？"

安得觉得马克是在敷衍，而他则有责任阻止妹妹在这个傻问题上纠缠下去："谁也帮不了你。你倒转个盘子也就算了，还想倒转到前几分钟里去？东西能倒转，时间怎么可能倒转？除非你买到了后悔药。反正也收拾干净了，你就忘了这件事吧。"

这话说得有点霸道，但今天是他的生日，大人们也不计较，况且，根本就没人把这些问题当问题看。人们又回到各自的话题继续聊天。

大约一小时后，客人们纷纷起身告别。安顿牵着儿子，送马克到门口。

"谢谢你送的地球仪！"

马克稍稍弯下背来，平视着他，纠正道："别忘了，那一串问题才是我的礼物喔。"

"可你好像没问我什么问题呀？"

"一个地球仪，自带着一箩筐问题呢。我听到你们几个的嘀咕了，方向啦、形状啦、万有引力啦，先从哪儿问起都可以的。找出看不见的问题，问出想不到的问题……对了，还有你妹妹的那个问题，算附加题吧。"

"你真把它当真啊？她瞎想的。"

"那可不一定，可别小看了妹妹。她以后说不定会接着问下去：落地的苹果会不会回到枝头？奥运比赛项目可不可以加个倒跑？跳水倒跳也行——从水里涌出水花，托起跳水运动员，直线上升，回到跳板上，把跳水过程倒转过来不是更好看吗？如果有一天，她瞎想到这些问题了，你可就要认真对待了。我觉得她的问题和我的问题会走到一块儿去的。"

安顿拍拍马克的弯曲的背膀，说："我正想说你，怎么可以不送答案，光送问题。刚才听你这么一说，原来连问题也要他自己找，你这送礼物的有点偷懒了吧？"

"你也偷懒点，该放手让孩子自己找问题了。"马克站直了，说："好问题不一定都有好答案，但好问题自有好解法。他们找问题，我们找解法，不就是完美的分工合作了吗？"

"说得也在理，可你得能者多劳了。等他们找好问题了，你就掰开揉碎，给他们好好讲讲吧。古之君子，易子而教。我这段时间，你也知道，忙得不可开交。要不，你们俩互留联系方式，以后直接联系吧。"

安得受宠若惊，这可是他的第一个成年人朋友。他一边交换联系方式，一边说着谢谢。不知是谢他爸，还是谢马克，也许两者都有吧。马克交代他好好想想，整理出问题后，随时找他。

马克转身离去后，安得看着他的背影，觉得他步伐太大，用不了多久就会消失在地球的尽头似的。

入门方法论

马克有个定期删改社交资料和记录的习惯。等到安得想起要联系他的时候，在手机应用上已经找不到他了。不过，在寥寥无几的联系人名单上，他很快就看到一个陌生的名字。为了试探对方的身份，他发出几个字："你好！我是安得。你是马克吗？"

过了几分钟，他收到回复："你好！你可以先证明一下你是安得吗？"。

"我就是呀，还怎么证明我是我。你能证明下你是马克吗？"

"我可没说我是马克，你最好想个办法来确认一下我是谁。"

"我们打开镜头，视频一下，不就可以看见对方了吗？"

"不，让我们试试看，来个零知识证明，用最小限度的信息来完成这件事。"

他心里正嘀咕着，和这人说句话怎么就这么麻烦呢，一个陌生词汇很突兀地跳出来，零知识？他有点不满地说："可我有点知识啊，还舍不得清空归零呢。"

"哦，我不是这个意思。零知识证明是一个有趣的思维方法，不仅有助于理解区块链、比特币和加密算法，还有可能启发未来的宇宙通信呢。你有一间自己的小卧室，是吧？请试着向我证明那是你的卧室。"

他不想用废话证明这种理所当然的事情。可这通在线对话毕竟是他们之间的第一次，他还是尽量用逻辑掩盖住自己的不屑："我有密码，只有我能打开那门。所以，那就是我的卧室。"

"你不会把密码告诉我，也不会在我眼皮底下或摄像头下输入密码，对吧？所以，你已经认识到密码就是一种信息，一种知识。如果全世界对你的密码都一无所知，那就是一种零知识状态。保持这种零知识状态，却能开门，可不是一件容易的事。你看，你每次打开手机、登录邮箱或其他什么应用时，都要输入密码，或者提供指纹呀脸部信息之类的，然后接受验证。那是谁在验证？怎么验证的？实际上你的那些秘密都存储在某个地方，你每次都得和那里的资料完全一致才能进入。你以为那叫密码，天不知，地不知。其实，除了你知，还有它知。只要它知，就有可能变成他们知，因为存储在那里的资料，除了密码，还有你的各种信息，随时都有可能被调用，被偷看，被盗取，被修改，被转存，甚至被转卖到你完全不知道的什么地方去。"

信息即知识

他只想快点解决问题，直接就问："那我们现在互相看不见的状态下，怎么做到零知识证明呢？"

马克想到他们只见过一面，两人之间，只有他爸爸和地球仪是连接点，而他爸爸这个时间可能不在家，那就用地球仪吧。

"你最近得到的最大的礼物是什么？"

"地球仪，一直锁在卧室里呢。"

"那好，现在，零知识证明正式开始。请用密码打开你的卧室，看看嵌在地球仪底盘下的是什么，然后走出卧室，关门，把答案告诉我。"

不到一分钟，他就关上卧室的门，回到屏幕前，告诉马克那是一条L形的铁丝。

"那是我手工加上去的，也许以后某一天可以帮助你测量引力波。你先不用管什么是引力波，今天的零知识证明圆满结束了。你看，那个L形铁丝在一分钟之前只有我知道，而卧室的密码只有你知道。现在，你证明了你的密码是正确的，你确实是那个卧室的主人。在这个简单的过程里，你并没说出那个密码，也就是在零知识的状态下，证明了你拥有那个密码，进而证明了你拥有那个卧室。而我说出L形铁丝的来历，也就证明了我是谁。不用报出姓名，不提供任何私人信息，我们完成了双向的认证。"

"这有什么可说的嘛，我觉得事情本来就是这样的呀。"

"是的，本来就是那样的。但是，本就那样的各种事情里，有很多还没被深究的秘密。你可别小看这个简单的方法，我们以后要用得着的地方多着呢。不是每个人都可以飞去宇宙太空的，更没人能缩身钻入原子内部，大部分人一辈子都没机会进太空舱和实验室，可还是忍不住想要知道那里面的奥秘，怎么办？如果有一天，飞出太阳系的先行者们发回秘密信息，却又不想被外星文明截获导致泄密，怎么办？如果失联的宇航员和外星人一起发来信息，需要分别验证信源，怎么办？听说过比特币吗？有点神秘，是不是？其实，比特币就正好契合了人类社会隐秘的需求。任何时代都会有人想要秘密交易,却不愿泄露身份,怎么办?多少人想要在不开封,不打破,不介入,不展示具体信息的前提下,照样可以把事情办成,怎么办?你刚才就等于为他们演示了一遍。"

"不会这么简单吧?如果比特币就这么点秘密,那我今晚要告诉我爸,他可要小心了。"

零知识证明

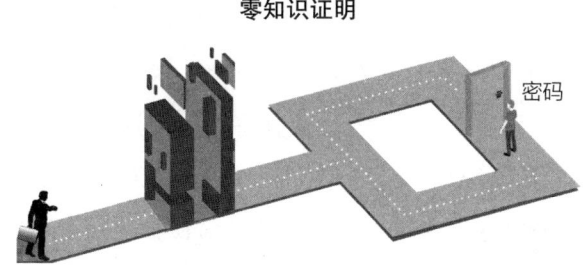

零知识证明(Zero Knowledge Proof,ZKP)可以保证在不泄露关于某个命题的任何信息的情况下证明该命题的正确性。

"你爸爸或许不了解这些方法,但早就掌握了其中的精髓。他有很好的工程思维,那就是,永远以资源有限、条件不足为前提,去计划并推动一件事。他也有很好的科学思维,也就是尽可能用最少的条件或假设去接近目标,接近结论,而不是浪费多余的工夫,去做那些本来用较少的工夫就可以完成的事情。"

"这说得也太玄乎了吧?你夸我爸,我当然高兴,可我不知道你说得对不对。"

"那我们来看看《皇帝的新装》这个尽人皆知的故事吧。那些大臣们是不是比那个小孩用了更多的条件和假设去做判断?他们觉得,如果那件新衣是一种特殊材料做的呢?如果只有聪明人或视力更好的人才能看到呢?万一皇帝真的有什么神迹附体呢?可是,那个小孩就不用那些条件和假设，他的判断只用到一个'因为'加一个'所以'：因为我看不到衣服，所以皇帝就是没穿衣服。这就是一种科学的精神：如果同一个现象有多种解释，那么，最简单的那个可能是最正确的。在举棋不定的时候，你应该优先选择条件更少、假设更少或前提更少的那个。"

"也就是说，条件越多，假设越多，前提越多，就越不科学？"

"你这反向推论很犀利嘛。是的，还可以扩展开来，稍稍发挥一下。比如，在其他条件都相同的情况下，要求得越少的那个就越好——找工作，找朋友，找合作伙伴好像也是这个理吧？从更少的假设推导出的结论拥有更大的普适性。去繁就简，就可以……"

"等等，你的语文老师……那个成语应该是'删繁就简'吧？删除的删。"

"哦，也对，还有芟繁就简呢。还是你提醒我的这个'删'字最好，立刀旁，看起来就像一把剃刀。"

"好剃刀，对准那些大臣，剃光他们的条件和假设。"

"凡是加入很多条件和假设，却又无法检测的，都可能是皇帝的新衣。剃，连皇帝也一起剃。你看那些极简设计，是不是都是剃掉尽可能多的元素，而且还要使余下的元素尽量少出现？"

"嗯，就是多一事不如少一事呗。多一个假设，就会多一个出错的概率，多一个元素，就会多一个出丑的概率，是不是这个意思？"

"说得好，我们也尽量不要浪费资源去做本来用较少的资源同样可以做好的事情，尤其是聊到复杂问题时，要尽量记着这把剃刀。我也尽量做到去繁就简，不，删繁就简哈。"

"好，但也不能太极端，删得太多了，太简要了，太粗糙了，我听不懂啊。"

"那倒也是。不过，听不懂或想不通的时候，我们还有一招，那就是，尽量用已知的，去替换未知的。比如，有人说自己是天子，是龙的化身。如果你不知道到底有没有天父天母和龙，也没办法做实验检测，那就干脆无视他的说法，或者用你已知的猪来替换他那个未知的龙也未尝不可。"

"哈哈，这下要小心的可就变成你了。哦，幸好古代的皇帝都死光了，要不然，你等着满门抄斩……"

"好好好，我们不谈皇帝。谈科学搭上性命的事情不是没有过哦，谈思想被杀头的更是数不胜数。有些思维方法更犀利，也就更危险，再谈下去就……我们还是就此打住吧。"

"等等……我的大脑还停留在上一步。所以，你的意思是，为了替换下更多的'未知'，我就得有更多的'已知'？这不是又变相催我学习吗？"

"对不起，好像带出点这么个味道来了。可是，和那些老生常谈的教育相比，至少，你可以转到一个不一样的角度来，是不是？大科学家爱因斯坦可能愿意在这里帮你一把。他曾回信给一个学哲学的大学生，写过这么一段话：'诚然，没有经验基础就很难发现真理。但是，如果我们探索得越深入，我们的理论所包罗的范围变得越大，那么，在制订那些理论时，经验和知识所发挥的作用就越小。'你看，缺少经验和知识，有时反而是一种优势呢。"

"这个很励志，感谢爱因斯坦。"

"这可不是为了恭维你，他说的是真话。经验和知识有时会蒙蔽人，反而会变成一种障碍。除了用'已知'替换'未知'，还有一种思维方法也可以帮到你，只是要多走一两步。当你思考一个问题时，先清空大框架里的所有条件和所有事物，看看会变成什么模样，然后再一步步往里边放入你认为重要的东西。"

"有就有,没有就是没有,怎么个清空法呀?"

"做个不用任何工具的实验吧。你想象一下,你周围所有的东西都消失了——你的桌椅、你的房子、你的城市、你的国家、你现在能看到的树木、道路、蓝天白云,全都消失了,连地球也移走,甚至太阳系、银河系都移走,那剩下的会是什么?"

"空气!"

"好,连空气也不放过,包括宇宙中最小的粒子也抽空后呢?"

"那就什么都没有了。一个空空荡荡的宇宙?"

"听起来好像是对的,很多人的思维可能就停留在这里了。但是,真的什么都没有了吗?几百年前的人们会说,不,有一个巨大的存在谁也拿不走,那就是空间。充满物质的空间是空间,什么都没有的空间也是空间。即使人类全部灭亡了,宇宙清空了,空间本身依然存在。"

"空空荡荡的空间?那和空空荡荡的宇宙不就一回事吗?"

"不一定,但我们先在这里停下。刚才这么推导,是为了帮你理解如何清空思维,这和批判性思维所倡导的'悬置观点'的方法也是相通的。这是我们的第一次思想实验,从这个思想实验出发,希望你能体会一下这种思维方法的威力,也希望你能明白对空间的认识有多重要。一个人的思维里最本质的构造就是由那些认识构成的。空间造就了这个世界,但是,如果你愿意再往前走出一步,就可以看到:空间同时又被世界所造就。这一步有点难度,也留着以后走。不过,你现在应该可以领会到:如果你把空间理解错了,那就不可能得出正确的世界图像。你回头去找些古代地图,看看那里面的世界是什么模样,和今天的世界地图有什么不同,和你理解的空间有什么不同。从古到今,一路看下来,就可以更好地理解并印证刚才的这些话。"

《尚书·禹贡》和《山海经》里的世界模型

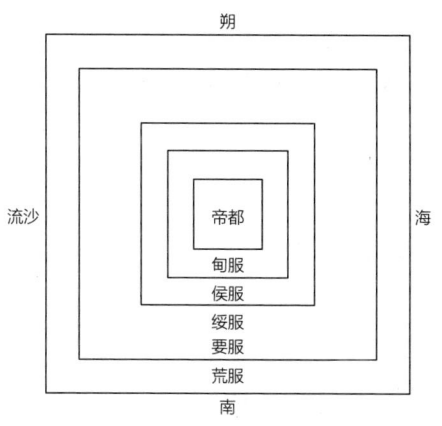
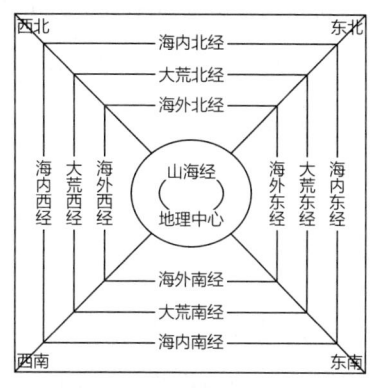

《尚书·禹贡》和《山海经》里所描绘的先秦时期或汉初的中国人所理解和想象的世界。图中可以看出,世界的格局、中心、等级、方向都井然有序。另,《山海经》里的"海内"和"海外"和今天的"海内"和"海外"不是同一个概念。

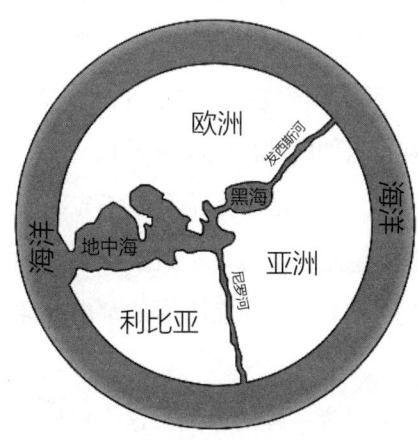

阿那克西曼德地图

古希腊哲学家阿那克西曼德(Anaximander,约公元前610—前545)于公元前6世纪提出的这幅世界概念图可能是历史上第一幅地图。在他的理解和想象里,世界是圆形的,由三块大陆、两个内海、两条大河,以及以完美的圆形密封环绕的海洋构成。(图片来源:wikimedia.org)

"好吧。但是,先不看地图,我们看看地球仪,好不好?那一串问题……哦,谢谢你那天的生日礼物!我是说你那天让我找的问题,有一些问题之前的问题,想问问你。"

"你如果能像刚才说的，先清空一下你的框架，再往里放入问题，你的问题就会变得不一样，或许这么一处理，答案就显现出来了。"

"不行，我说的是问题之前的问题，还是得问你。"他不依不饶。

地基崩溃

他没告诉马克的是，刚才走出卧室时，他把地球仪带出来了。而马克之前没有告诉他们父子的是，爱因斯坦小时候有一个他父亲送给他的袖珍罗盘，让他"产生了一种深刻而持久的印象"，认定罗盘指针肯定受到了什么神秘的东西支配，事物的背后有秘密！这个地球仪比罗盘大，马克想看看他能从中琢磨出什么。

他还真的琢磨了，但并不怎么上心。直到有一天夜里看到星空了，才察觉出地球仪问题似乎没那么简单。岂止地球上的人，天上那么多星星，它们又是怎么保持住自己悬空而不坠落呢？地球本身在宇宙中也是悬空的，在考虑人之前，地球在宇宙中的地位先成问题了。

听了他的新问题，马克有点犹豫，不知是不是该和他爸先沟通一下。他怕自己给这孩子说得太多引起他爸反感，不过，少年旺盛的好奇心和童言无忌的笑点让他放松了不少。马克吩咐他拿出地球仪，并教他调好智能眼镜。

"我们得先确立一个原则，说了像没说一样的原则：这个世界是可理解的。"

"这个没问题，不然，我也不用问你这么多了。"

"世界的可理解性听起来像废话。对这个废话，我自己还有些疑虑。如果相信世界是可理解的，会不会过分推崇理性？因为理解世界靠的是理性。如果你非要说靠神启神谕，那又变成另一个问题了。我们只靠人类的力量到底能不能彻底地、完整地理解世界？我有点悲观。但是，不确立这个原则，我们的话题将无从谈起。在我们有限的生活和认知里，如果你能守住这个原则，就可以排除很多其他真正的废话。比如怪力乱神来诱惑你在智力上走捷径时，世界的可理解性就可以成为你的盾牌、你的预防针，你就可以拥有免疫力了。"

"好的。今天一天打了好几针疫苗了。"

马克当然不会期待这几针疫苗立竿见影。实际上，他们进入核心话题后，一直磕磕碰碰的，推进得有点吃力。世界的可理解性首先要求你要付出理解的努力。

"当你提出问题时，你怀疑过自己吗？你正确地怀疑过自己吗？有张图会说话，你等等……我们从看图说话开始吧。"

马克发来的图果然浅显易懂。安得看出来了，如果人们排成直线行走，则先后有序。如果排成圆圈，则无法确定先后，因为每个人既在他人之后，又在他人之前。所以，说到方向和前后顺序时，要多个心眼了。"这没问题，然后呢？"安得问。

"接下来这几句话，很难画出来，只

方向和顺序的相对性

好用文字了。你先看看这三段话。"

每个国家绘制的地图和地球仪都偏向于把自己的国家放在中心，放在上方。

每个人通过眼睛看物理世界也都会以自己为中心。

所以，每个国家都不是中心，每个人都不是中心。

每句话都看得懂，连起来却觉得有点绕口。"你说这不是中心，那不是中心，光否定怎么行？"安得还是很快问到了核心："那到底中心在哪儿呢？"

马克说："让我们尽快忘掉'中心'这两个字吧，因为它最可疑。我们再提高一点点，离开国家，看看地球吧。"马克接着写道：

上下左右的定义是相对于参考系的，而每一双眼睛都可以构成一个参考系。

地球外的宇宙里没有人类的眼睛，所以作为人类的概念的上下左右不适用于天体。

地球也只是宇宙里的一个天体而已，所以，地球没有上下左右。没有上下左右，就没有中心。

安得用眼睛慢慢地扫描着这几行字，听着马克的解说。想象到地球和宇宙之后，视野拉大，比起国家和地图，反而更好理解了。有些问题本来不存在，是人们用地图或地球仪来理解地球而引起的。比如，北半球的人绘制的地图和地球仪，看惯后就会产生一种误解，老觉得赤道以南都在下面，结果用上下概念替代了南北认知。实际上，即使是在地球上，空间的方向也并不明确。在指南针发明之前，人类并不能准确辨识南北。早期的人类主要依靠日月星辰，才建立起模糊的方向感。从地球上抬头望去，各个方向在任何时候都是天空，南半球的人不会抬头看见北半球。仅就地球本身而言，脚底是下，头顶是上，还可以说得通。"说得通"意味着，这只是人类为了方便理解而选择的一种方式，但并不适用于描述地球在宇宙中的位置。不离开地球，就很难看清地球在宇宙中到底处于一个什么样的位置。可今天，这做不到，咱俩谁也跳不出地球，那就只好靠想象了。假设一个人现在就在太阳系外的某处空空荡荡的宇宙空间里，即使无遮无拦，看得清任何方向，他也无法区分东西南北和上下左右。因为有个叫空间的对称性的东西在妨碍他。空间的对称性说的是，空间在所有方向上性质都一样，同一套数学或物理原理可以适用于任何方向，不需要用三个不同的尺子分别衡量长度、宽度和高度，或者前后、上下、左右。如果对空的空间拍张照片，然后倒着看，横着看，一定看不出任何差别。为了在空间里获得方向感，人们不得不选取一个参考系——其实我更喜欢用参照系这个词，然后认定一个首选的方向。这种"选取"和"认定"都是人类自己的选择，而不是空间本来就有的规定。所以，是人类决定了空间的方向，而不是空间本身具有方向。至于中心，更不值一提了，因为它是被方向定义的，作为一种概念，中心天生低于方向。

更进一步，所谓的方向、中心、大小、位置、长宽高等等都只是物质的结构属性，既不是物质本身，更不是空间本身。所以，我们聊了这么多，还没进入"空间"呢。

说到这里，这种虚无缥缈的大尺度的想象让安得觉得自己有点双脚离地了，飘忽中忍不住想要攥到一根牢靠的柱子。这时，他倒羡慕起橡胶人了，希望至少有个吸盘让他吸附在地球上，不至于漂浮到太空中去，也不至于像现在这样，血液一直往头上涌。

马克听了他的感觉后，安慰道："放心，你不用抓住任何工具，也不用做任何事，地球会吸住你的。你已经梦想成真了，不费半点力气。"

"我说的是大脑里的感觉，道理都理解了，但还是感觉被你说晕了。"

"那你就想象你天生自带吸盘吧。不用担心，你还在地球上。从古到今，还没有哪个人一脚踏空掉出地球。"

"你说的吸盘不就是万有引力吗？听你这么说，好像万有引力也可以称为万古引力了？因为自古以来，人人自带吸盘。"

马克明知故问："那是个什么东西？真的有什么万有引力、万古引力吗？"

"那还用说吗？你也上过中学啊。"

"我现在是从中年往回看，你是从少年往前看，我们走到一块了。就从十几岁这个成长和教育的黄金年龄段出发，从万有引力这个概念出发，想想看：什么是知识？什么是观念？你为什么会有那些知识和观念？你怀疑过自己的知识和观念吗？它能解释到哪里，不能解释到哪里？"

"你这是问我吗？这应该是给老师的问题，给学校的问题吧？你们大人不应该先商量好了，再来教我们吗？"

"你可能永远等不到商量好的那一天。实际上，大人们天天在吵架，能不把他们的偏见和吵架的冲动传染给你们就不错了。"

"那你说说看，答案是什么。"

马克没有回答。他有点后悔，怎么说着说着就抛出了这么大的一堆问题，自己又没有准备好的答案，觉得有点不负责任。可是，隔着这么远的距离，解释什么都费劲，他想开溜了，就说："说实话，我也不知道。我们已经一起把几个小问题推进到答案的门口了，却又引出新问题来了。这太费劲儿了，你还是留着问问你爸妈或学校的老师吧，他们离你近。不过，最终，你可能会发现，有些问题还是自问自答比较好，你自己会给自己找答案的，别人说的没什么用。离你最近的就是你自己。"

"看你这推卸的，又回到我自己手里了。好吧，原来你也会偷懒。"他放弃了追问。

"哎，这不叫偷懒，这叫最小作用量原理。"

"什么？如果偷懒还有科学原理支持，那我可得学学了。"

最小作用量原理

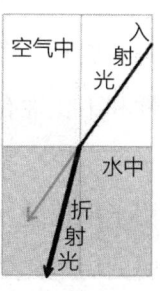

光总是沿着消耗时间最少的路径传播，在不同的介质里，耗时最少的路径不同。空气和水是不同的介质，光在不同的介质里选择不同的路径，造成了折射现象，使插入水中的铅笔看起来像是被折断了。法国数学家费马（Pierre de Fermat, 1601—1665）在17世纪提出费马原理：光线传播的路径是需时最少的路径，时称最小时间原理，现在发展为最小作用量原理。

既然想学，或者说既然想偷懒，那就摊开说上一小段吧。如果这个世界是由某个"神"设计的，那他最根本的三大设计原则可能就是：最小作用量、对称与守恒。这三个原则是其他科学定律的定律，可以看作自然界的宪法。这个"神"可能是个精明的经济学家，在每一个科学定律上都尽量节约成本，追求极简风格，使整个自然界的运行接近一个最小成本的极值。比如，最快的下降，不是抛物线，而是直线下降——等等，先别急着反驳，这里先说日常生活中的直觉。为什么电梯比扶梯快？因为垂直下降是最快的路径。光为什么沿直线传播？两点之间，直线最短嘛。物质的粒子运动，费时越少，费力就越少。所以，所有的粒子都是怎么懒惰怎么来，追求的是省时。那个"神"不会浪费他的能力让整个世界走多余的弯路，省而又省的结果是，小到粒子，大到日月星辰，它们的运动轨迹都遵循着这个最小作用量原理。这个原理和对称原则一起，为科学中的美感奠定了基础。最简单的、最对称的公式和定律往往就是最可靠的，而且是最美的。在一些科学家和数学家的眼中，这种美学判断甚至高于科学真理本身：只要够美，就可信。而三大宪法的另外两条，对称和守恒，一旦展开，实际上也符合最小作用量原理。因为对称和守恒与均匀性和不变性有关。人类社会里因地域或国家问题吵得不可开交，可在科学里，空间中不存在任何特殊的位置，每一块都是等值的，适用于甲地的方程式也适用于乙地，一个国家的圆周率和另一个国家的圆周率都是 π；时间上，更无特殊可言，瑞士人和日本人、国王和奴隶、老人和儿童，他们每一天的长度都是相等的，富豪也买不到乞丐一天里的第25个小时。作为时间本身，昨天和今天并没有本质的差异。在绝大部分人的认知里，空间和时间都是可以平移而不会改变性质的，这就同时符合了三大原则：最小作用量原理、对称与守恒。

"刚才不是说过你爸拥有工程思维吗？好的工程师应该很容易理解这个原理，而且它还和那个剃刀的道理相通。懒惰的哲学家可能会说，自然选择最短道路；懒惰的科学家可能会说，按照最小作用量运动，可以尽量减少自己的消耗；我们怎么说才好呢？简单一句：如果能够少做，就不应该多做。说得数学一点，就是能 n，就不要 n+1；说得调皮一点，就是能躺平，就不要折腾。我们说话今后也要尽量言简意赅，能用简单方法解决的问题就不要复杂化了，能自己解决的问题和只能自己解决的问题就不要找别人——比如刚才的那些问题。还有，不知当说不当说，其实啊，同理可证，正直的人生可能最省力。"

他刚听懂那个最小作用量原理，忽又听到马克扯开话题谈人生，就有点不高兴了："你怎么兼职当起牧师了？"

"这个原理的出发点本来就是形而上学的，带神学味儿的：神不会做多余的事。既然神都图省事省力，那我们人更没必要瞎折腾了，尽量选择费时最小，费力最小，成本最小的路径和方法就好了。"

"完了，你又从牧师改行到经济学家了。"

"那就不多说了呗，反正你总会有想偷懒的时候，剩下的靠自己到时候再用力琢磨吧。"

"为了偷懒，努力吧，加油吧，用力吧。是不是这个意思？"

"你会在偷懒和努力之间找到作用量最小的路径。"

两人的对话逐渐滑入抬杠，模糊了焦点，慢慢地松垮了。不是说好了，能用 n 做好的事情，就不要有第 n+1 个动作吗？他们现在好像就在 n+1 上较劲。

"我现在就想要一把剃刀了——我们好像跑题了。"

"实际上,并没有,我们聊的主要还是如何看待周围的世界的问题。就在你成长的这些年里,由科学和哲学带来的对世界、物质、运动的认识已经发生了巨大变革。你总不能在慈禧太后的时空观里思考这些问题吧?该剃掉的东西太多了,我们慢慢来。"

"可我们现在这样沟通好费神,好像已经违背最小作用量原理了吧?见面谈会不会更有效呢?"

坐标和世界线

有些事情还真的最好见面谈,而且马克想面对面观察他的反应,确认他的理解。因为再往前一步,就会进入一个比较大的范畴。在那里,没有活跃的好奇心和鲜活的引导,光靠干巴巴的知识是走不远的。另外,他似乎还做不到长时间的注意力集中,那也是需要锻炼的。

两人约好到河边见面。在茂密的树丛和几个建筑物之间,费了好大的劲,还是互相找不到对方。

"你在哪里?"安得急切地问。

"我在18街7号附近,路边有个小酒馆,顺着旁边的台阶往下走,你就可以看到河边的长椅。我在长椅上等你。"

"我在桥上,旁边有个路灯,看不见什么长椅。"

"我看到那个桥了。你往上游看,正前方大约200米,然后向左大约100米,看到一张白色的长椅了吗?"

"我看导航地图上,直线224米左右的河岸有张椅子。"

"对了,就是那个。不着急,我等你。"

他气喘吁吁地跑来了，先为自己的迟到道歉，并把迟到的原因归结到地图上："这个导航不靠谱。那么多那么高的台阶，在这地图上都没体现出来。"

坐下来后，他把刚才走过的路线图给马克看。导航图上弯弯曲曲的线条长度远不止224米，怪不得他花了这么久。

"你看，为了定位这个椅子，你说的，我说的，和这个导航地图说的，都不一样。"

"角度不一样？途径不一样？说的是同一个地点啊。"

"是的。还有，观测者不一样，参考系不一样，观察方法不一样，世界就会变得不一样。而且，地图是一个平面图，二维的，而我们生活在三维的立体空间里，看地图不得不自行脑补啊。"

"那是因为你的导航系统比较老旧吧？我这个是3D的，看起来就是立体的。"

"嗯，但也只是看起来像立体而已。它再逼真也没用，你的屏幕是二维的平面，表达不了三维的空间，还是得靠你的知识、经验和想象力来把它立起来。"

"我用智能眼镜看过纸版地图，没感觉。然后，用来看电脑上的3D地图，感觉头有点晕。"

"那是虚拟的，你看到的那些对象，纸版也好，电脑屏幕也好，本身都还是二维的，智能眼镜只不过是换个工具和技术来帮你脑补成三维空间而已，不晕才怪呢。那些都是假空间，来，我们看看眼前这个真实的空间。"

两人收起手机，放眼河面，在富含负离子的清新的细风中，深呼吸了几下。对岸有人在垂钓，好像没什么收获，坐在矮凳上，像是睡着了。

"哎，我们先来玩个游戏吧。你闭上左眼，只用右眼看对岸的那个人，然后闭上右眼，换左眼看，继续换眼，轮流用单只眼睛试试看，随着单眼轮流开合，那个人会出现在不同位置上。"

"这个我早玩过了，视差效应嘛。"

视差效应

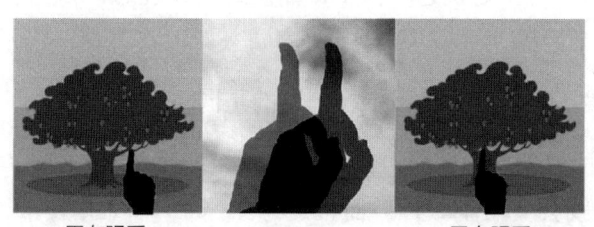

用左眼看　　　　　　　　　　用右眼看

轮流用左右单眼看远处的树和近处的手指，会看到树和手指出现在不同的位置。如果快速轮流单眼看，则可以看到静止不动的树和手指在移动。

"那……你可能已经知道了，如果单眼轮流看的次数够多够快，那个钓鱼人就会看起来在左右移动。那么，他到底在哪里？对他的空间位置，发现什么疑问了吗？"

"只要放弃这个游戏，一用双眼看，疑问就消失了。他就坐在那里，没动过。"

"所以，你觉得双眼看到的空间位置是真的，而左眼或右眼单独看到的是假的，是不是？实际上，三者是等值的，无所谓真假。你不能说，独眼的人看到的空间位置就是假的。你相信双眼，那只是你的习惯而已，当然，也是人类的习惯。可那并没什么绝对的保证，只不过正好人类进化到两只眼，而不是一只或三四只眼。"

这是教人怀疑自己的眼睛吗？如果自己亲眼看见的空间都没法确定真假，那其他问题更无从确信了。这还没完，马克又说了："这还只是左右眼之间的视差,两眼之间的距离只有几厘米而已。如果眼距或瞳距扩大到几万米呢?"

"开什么玩笑?巨人国吗?谁两眼离得这么远?"

"当然不可能是同一个人的两眼。如果在地球的两端,分别有两个人或两台望远镜观察同一颗星球,那不就像两只眼睛分开在地球两端了吗?还有,地球一直在自转,如果从外星看过来,你每天抬眼望天的出发点都不在同一个位置,可以说是每天眼距都不同。眼距越大,视差效应就越大,两地或两人的观感不一致,谁对谁错?"

"那两人将各执一词,吵个不休?还是各自怀疑自己?"

"今天的人类已经变得稍稍明智了一丁点,不争吵,也不怀疑和否定,而是互相合作,调整视差效应和时差。不过,我们今天不说那种大尺度的观察问题,以后也许有机会接触到。"

大尺度的视差效应

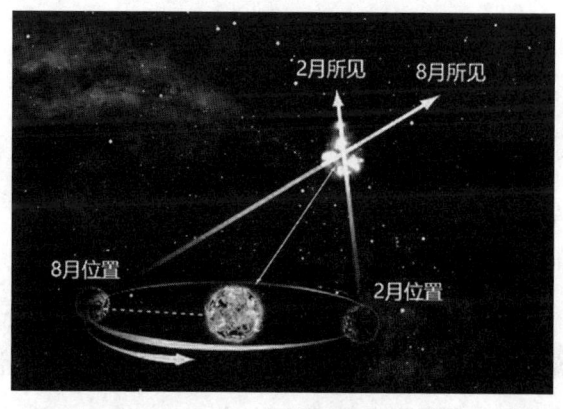

地球绕日公转,使你在8月和2月处于不同的位置——即使你生活在同一地点。图中的两个观测点可以类比于人的两眼。在不同观测点,同一颗远方的星球会出现在不同的位置。

"小尺度的，问题不大吧，有点误差，我们也能适应。"

"是吗？那就回头再看看我们刚才遇到的问题吧。我们互相问答自己在哪里时，实际上都没有答对，当然，也不可能答对。你当时的回答是，在那个桥上，那个路灯旁边。可我并没有问你的脚下是什么，你的周围有什么东西，我问的是，你这个人在哪里。我的回答相对具体一点，提到周边的路名和建筑，可我又不等同于那路和建筑，我这个人本身在哪里呢？我也说不出。我们好像都成了悬空的存在，无法定位自己了。听起来有点荒谬，可这就是事实。如果不借助其他物体以及物体与物体之间的关系，谁都回答不了一个人或一个东西在哪里。如果空间是空的，没有物，那么，连那个问句都将失去意义。"

"啊？你在哪里，这么个简单的问题，怎么被你变成了一个没有答案的问题了？"

"这问题真的简单吗？'哪里？'就一个词加一个问号，却是个巨大的疑问。其实，有没有答案不重要，让问题留在你脑里，这一点更重要。宇宙才不管你的眼睛怎么看它，甚至啊，从宇宙的角度看，有没有地球，也不是什么大不了的问题。"

"那太可怕了。"他睁大眼睛，正要看清对岸的鱼竿，听到这里，马上转过头来，看着马克："一个没有地球的宇宙，很无聊吧？"

"这至少说明你能想象出一个没有地球的宇宙。可你能想象出一个没有宇宙的地球吗？"

"对了，这也正是我想问你的问题。地球在宇宙中是怎么做到悬空而不坠落的？如果没有宇宙，那地球放在哪里？悬在空中？可本来就悬在空中啊，空中不也是宇宙吗？"

"别急。我们在刚才的基础上举一反三，再来一个小小的思想实验。你能想象出什么都没有的空荡荡的空间，可你能想象出一个不在空间里的钓鱼人,或者一张不在空间里的椅子吗?"

他盯了一会儿河面不停滚过的波纹,放弃了,说:"哦,不行,我还真想象不出。"

"所以,你也可以把那一串问题放入这个大空间里去想象一下,那些也不过是空间问题而已。前几天,我们聊过空空荡荡的宇宙,你现在可以用眼前的景象再验证一次看看:如果把我们眼前的所有东西全部移走,天上的,地下的,连宇宙中的所有星系和最微小的粒子都移走,那会剩下什么?"

"剩下的是空间。我们谈过这个。"

"嗯。我们一直处在空间中,却几乎忘了空间的存在。不这么想象一下,都不一定能意识到这个最根本的存在。以后思路遇到关卡,我可能会不厌其烦地反复问这个问题。空间无处不在,无所不包。所以啊,不了解空间,就不了解世界,也了解不了你自己。要认识空间,最好的起步就是在想象中清空所有物体,在你的脑里留出一块空的空间。"

"空间空不空不都是3D的吗?画个3D的图就可以理解了,不一定要想得那么极端吧?"

"真要画图,3D还是不够的。3D、三维空间是以前的说法,以后最好不要这么说了。"

"为什么?"

"你回头想想看,当我们商量见面地点时,我们说的是某条街几号什么楼旁边的台阶下的河边长椅。这几个信息确定了一个三维空间里的位置,也就是我们现在坐着的这地方。"

"这三维不就是3D吗?"

"光有三维,我们见不到面的。我们还约好了时间,就是日期和几时几分。时间是构成世界的一个极为重要的维度,但这个维度也问题多多。"

"时间很好确定啊,年月日,时分秒。我们约时间的时候,我是一听就明白了,难道你当时听出问题了?"

"那是因为我们距离近。你把距离拉远想想看,比如,一个亚洲人和一个美洲人预约视频通话时间,如果只说'星期天下午一点'是会误事的。因为不同的地点有不同的'星期天下午一点',北京时间'星期天下午一点'在美国西海岸是'星期六晚上九点',在美国东海岸则是'星期天凌晨零点',如果在美国夏令时期间,还要再各减一小时。时间怎么可能是一目了然的?问题多着呢,以后再说吧。回到我们刚才用到的我们自身的例子,那就是,空间三维加时间一维,就成了四维,有了这四维,就可以搭建出一个最少条件的时空了。零维是点,一维是线,二维是平面,三维是空间,四维是时空。有了四维,我们才可以确定一件事情。"

空间的维度

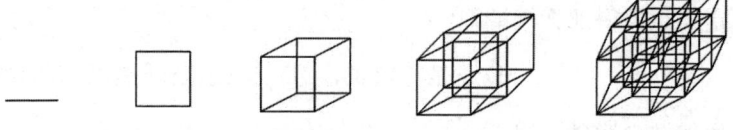

从左到右依次为:零维、一维、二维、三维、四维、五维。其中四维空间和四维时空是不同的概念。五维以上的高维空间将在最后一章里提及。

"但是,我今天想确定的是那个地球仪问题。"他又来个单刀直入。

"先别急,那个地球仪问题也可以加上一个时间维度,放到四维里去想。没有那四个维度,我们都没法约个时间地点见面,何况那么大的问题呢?"

"那是因为我们太忙,距离太远,才不得不约时间和地点。地球不慌不忙的,才不……"

"不一定哦。"马克还是想让他先别急着奔向那个问题。联系到前几天聊过的空间问题,他抢着说:"你已经明白了,如果全宇宙只有你一个人存在,那么,问'你在哪里'这个问题将失去意义。那是因为没有一个相对的人,也没有一个相对的位置,就无法定位你在哪里。你知道这个叫参考系。今天用于定位的工具,比如地址、地图、地球表面的经纬度、手机导航、汽车导航,还有作为时间概念的明天、下个月、明年等等都是因为拥有相对的参考系才言之有物,才变得可以理解。否则,你贸然问,现在是什么时间?恐怕没人能回答。钟表都有小误差,答不准;时区之间有时差,调不准。即使不提刚才说的那种跨洋跨国的时差,就在同一时区里,北京的上午八点和西安的上午八点也不是同一个时间,是人为规定两地的钟表都调到同一起点才造成了同时的假象。幸好我们在同一个城市里,可以忽略这些微小的差别。"

有了之前的聊天作为铺垫,安得很顺利地进入这个话题了:"我预感到这个'时间'也是个麻烦事儿了。那三维空间确定后,再加入时间维度,就不只是空间了,还叫四维空间吗?"

"这个问得好。四维空间实际上是另一个概念,先不谈它。等你真正理解了时间和空间,就会明白它们俩是密不可分的,我们就用'时空'这个词吧,叫四维时空,而不叫四维空间。以后遇到事情,尽量放入四维时空去思考。如果要和我商量什么事情,也尽量把时间和空间说明白。"

"好的,这个挺简单的。三维很直观,完全没问题。四维时空无非就是再加上一个时间箭头嘛。"

"是挺简单,可这已经是人类认知的极限了。因为,对宇宙的探测至今都还没突破这四个维度,没人见过第五维,更多维度的时空都只在理论和想象里。我们谈时空,现在就只好局限在这个四维的结构里,就像被束缚在网里。"

"看来人类也没什么了不起的哈!大脑里就四个箭号。"

"你看,你不仅用上剃刀把事情简化到坐标轴上了,还能用箭号理出不同的方向,很好。所以,勇敢一点,不要害怕,就四个箭号,时空问题没那么高深的。"

他觉得这只是马克在鼓励他,人类没什么了不起的,但想要悟透时空,怎么可能是一件易事?人类之间的理解都已经这么困难了,人与物之间,人与时空之间,有多少鸿沟需要跨越?其中任何一条鸿沟都不会比眼前的这条河短浅。他茫然看着河面,现在,连一条河都让他感到高深莫测了。

"都说时间像一条河流,一个三维的物体放在河里漂是很直观的事,我的大脑可以处理。如果这河流是时间呢?时间一直流逝,箭头不断前移,一个物体在时间里漂流,这个有点难捕捉,总不能每一秒钟画一张截图吧?可即使用高速相机连续拍照,也赶不上时间的流逝,况且照出一大叠照片怎么算流逝呢?没法实现这种简简单单的流逝感啊。怎么才能画出三维的东西在四维里流逝呢?"

"一百年多前,有个叫闵可夫斯基的人已经帮你解决了这个问题。一个物体在三维空间里移动,留下的是轨迹或路径,在四维时空里留下的则是世界线、世界面和世界体积。这三个术语中'世界'一词太大,用在这里显得有点不着边际,也许改成时空线、时空面和时空体积才比较好理解。一件物体在时间的河流里,或者按你说的,在时间的箭头上,每发生一个事件,或每隔一段观测时间就标出一个点，连起来就是那个物体的事件序列……"

"那不就是我们常说的历史吗？物体的历史？"

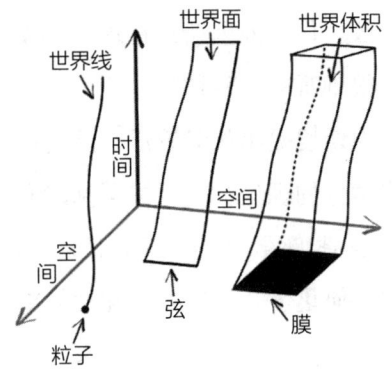

世界线、世界面与世界体积

这是根据赫尔曼·闵可夫斯基（Hermann Minkowski，1864—1909）提出的概念，结合最后一章提到的弦论绘制的概念图。每个事件都可以用三个空间维度和一个时间维度来定位。世界线是物体在四维时空里的运动轨迹或路径，线上的每个点标出的是物体在每个时间点上的空间位置。

"是的，事件序列串成了历史。"马克说完，手脚并用，在椅脚和地面交界处比划着，让他想象一个架空的闵可夫斯基时空坐标图，然后捏着一颗小石子，继续说："如果这是一颗粒子，一个单独的点，那它在时间里走过的就是流形的连续轨迹，是线条，叫世界线。二维的，比如一根极细极细的弦横着拉过了，就成了世界面。三维的，比如一艘大船，自带点、线、面，从时间里驶过了，就成了世界体积。可惜，我们眼前这条河太小了，被整治得看不到船了，我们只好看看河面上的那片小叶子……对，就是那个。它曾有过在时间里从发芽到凋落飘零的历史，放到普通的坐标系里，可能不好想象。这种场合，闵可夫斯基图就派上用场了，一旦放到他的那个图里，就好理解多了。"

"嗯，多亏了这个人，想出这么个直观的图。不过，这个好像也不是什么了不起的发明，迟早总会有别的数学老师或漫画家想到这种表示方法吧？"

"也许吧。不过，在真实世界里，既不存在维度，也不存在点与线。这些都是没有体积的存在，是人类用来描述世界的概念，而不是真实存在的物体。记住这一点很重要，不理解点、线和维度，就很难解释世界，但也别忘了这些都是虚无的概念。至于闵可夫斯基这个人，他和爱因斯坦的关系可不一般。他是爱因斯坦在瑞士苏黎世联邦理工学院的数学老师，曾经用很难听的外号称呼这个特立独行的学生：懒惰的狗！但是，等到爱因斯坦提出相对论后，这老师信服了，开始研究怎么用数学来描述学生的理论。闵可夫斯基时空就是他研究的结果，从那以后就成了描述四维时空的好用框架了。在这个框架里，时间被空间化了，被几何化了，然后时间和空间就可以合在一块，用几何学来计算了。"

说到几何学之后，马克注意到他听得有点迷糊了。安得一方面觉得，那些事情交给科学家去研究就好了，坐等他们来告诉我们结果就好了，又不是做那种专业的，何必费心费力？另一方面他的好奇心被撩拨起来后，就不愿意停下了。谁知要等到猴年马月才会有人整理出关于整个世界的全套答案，自己也有腿脚，不妨试试看，能走多远算多远吧。马克觉得时间到了，既是该送他回家的时间了，也是把问号提高几层，给话题做个小结的时间了。

"你永远等不到完整的答案，也永远不会有那么一个人能整理出全套答案。敢那么说的科学家肯定会变成暴君，小心他们玩坏科学这个词。有多少利益集团就盼着人们变成单纯的受众，单纯的消费者，单纯的受控者？如果你也长成那样的人，那么，即使被吸干，被碾成粉了，除了一句'你不懂，别瞎问'，人家连一句解释都懒得给你。再说了，并不是所有的科学家都是可信任的——他们的三观倾向、利益纠缠、性格和人格，以及具体的生活都会影响答案。只要能看出这几点，对未来保持警惕，你就会明白，关于世界的解释和研究,不应该仅仅由一小部分人垄断,更不应该自己就缴械投降,消极等待。每个人终究都得走出自己的路,应该自己去寻找答案。当然,我们需要借助前人的、他人的智慧和研究成果,就像我们现在要回家了,需要借助阳光和灯光看路一样。"

天色渐灰,两人起身,离开长椅。马克说,回家后会找出一段闵可夫斯基的原文发给他,让他好好品味一下。两人没走出几步,安得回头给长椅照了一张相,说是要带回去给妹妹看。马克让他转达一件小事给他爸。他听后有点得意,觉得自己快要取代爸爸,升格成马克的朋友了。

牛顿的苹果和康德的苹果

几天后,安顿把马克发来的一段话翻译成中文念给安得听。那段话来自闵可夫斯基的《空间与时间》里兴奋的宣告:

Gentlemen! The views of space and time which I want to present to you arose from the domain of experimental physics, and therein lies their strength. Their tendency is radical. From now onwards space by itself and time by itself will recede completely to become mere shadows and only a type of union of the two will still stand independently on its own.

——Hermann Minkowski, *Space and Time*

先生们!我想呈现给你们的时空观起源于,并发威于实验物理学领域。它们的倾向是激进的。从现在开始，空间本身和时间本身将完全消退，变成阴影，只有两者的一种结合仍将独立地存在。

——赫尔曼·闵可夫斯基《空间与时间》

他为什么这么兴奋？他要宣告的是开拍科幻大片吗？父子俩对这段话没有产生多少共鸣，他们一致觉得闵可夫斯基像是在自吹自擂，虽然体会到了时间和空间被结合在一起时，发现者的那种难以抑制的兴奋之情，但这几句话还是显得乏味。和它相比，他们更享受网上搜索到的那些不同国家出版的世界地图。看到英国地图时，他们把橡胶人放在那上面，顺便聊到了牛顿的苹果和马克的吸盘。他们觉得万有引力已经可以解释这一切了，再也问不出什么好问题了。

"你们太幸福了，幸福到没问题了。"马克听完，哈哈大笑，说，"那就不要再自讨苦吃了。"

"还不是被闵可夫斯基那几句话挑逗的？说实话，我们更想知道你是如何自讨苦吃的。有了那几句话当开场白，你就上台来吧，说说看，从这已经被牛顿大神推平、厘清了的地方，你还能问出什么问题，又是怎么问出问题的。"

既然提到牛顿的苹果，那就从这个故事说起吧。苹果落地，以及伽利略的比萨斜塔实验里的那种铁球落地，这类现象被称为自由落体。物体的自由意味着不受外力影响，完全根据自己的本性或意愿行动。但是，当牛顿问苹果为什么会落地的时候，他是不是已经意识到苹果是不自由的？也就是说，苹果落地这一运动不是苹果自身决定的，不是出于苹果的本质、本性或本身的意愿，而是受到了外在因素的影响。其他形式的自由落体也一样,自由落体真的是自由的吗?不,是被迫的——这就是我们要做的事情了,即使是从老套的故事和平常的现象里,也可以继续想下去,问出新问题。

简单地说,谁都知道,那是引力的结果。水往低处流,人往高处走,真的是本性使然吗?不,那是外力的影响。自然运动不自然,不是发自本性的,不是自发自主的,而是被迫的。所有的物体和运动都要放在场里,由外力加以说明,而它们各自的本质或本性全都模糊不清,无从定义。思考世界时,本质论、本性论和中心论都经不起推敲。如果一个人能吸收这一百年来的一些重要科学发现和理论、原理,那他一定会做好放弃的准备,不再对这类概念产生偏执。

安顿对马克的过度引申有点不满,不过,两人最后还是在一个认识上达成了一致。那就是,有些事情不说还好,一说就厘不清了,因为人类的认知已经被庞大的语言系统所蒙蔽。各种抽象概念本来起源于思维,却又反过来束缚着思维。上下左右的定位就是一个典型,而且人们把这种定位扩大到社会生活的方方面面,然后把自己框定于其中,简直就是画地为牢。但是,离开语言,人类的认知又会降低到动物水平。当一个圆圆的红果子被命名为"苹果",并普及开来后,你只要和人说起"苹果"这个词,对方就会知道是一种什么东西,哪怕空口无凭,双方的手上并没有一颗苹果。这种命名在描述和理解无形的时间和空间时,尤其重要。

就以苹果为例,来看看认知的困境吧。假设你眼前有一颗苹果——不是宇宙,没那么复杂,仅仅只是一颗小苹果而已,问题也很简单:你怎么知道那是一颗苹果?你可以说,根据颜色、形状和味道就可以做出判断。其实,这么一说,就意味着,你已经先有了关于苹果的概念,以及对颜色、形状和味道的认识了。光线、气体和苹果本身一起合作，通过视觉和嗅觉把信息传递到你的大脑，大脑经过搜索和匹配之后，找到一个预存的苹果概念，两者一致，"这是一颗苹果"的结论由此得出。当我们谈论时空时，如何保障这个"一致性"将是个大难题。大脑里的时空概念和眼前的时空现实都有很多问题，需要先厘清后才可以寻求两者的一致。在感知苹果的过程中，人的认知能力是一个中心问题。整个苹果概念都是人类创造出来的，而且无法保证百分百符合眼前这颗苹果的真实。比如，你并不了解它的分子结构、DNA序列、有效抗氧化成分和微量元素的含量，尤其是作为抗氧化剂的极微量的多酚，它决定了苹果的色泽与香气。你为什么不根据多酚，而是根据色泽与香气来判断苹果呢？苹果真的是红色的吗？你考虑到色盲人的认知方式了吗？不同的动物对光波的感受能力不一样，有的动物甚至根本就没有颜色概念。人眼只能感知到特定光波范围内的物体，只能看到人眼能看到的世界；嗅觉系统也只能捕捉到特定的化学信号，然后靠连锁反应，将信号逐级传导，在你的神经里"显示"出香味。这一切都意味着，人无法真实地看到这个世界的本身，只能认识到事物的表象，而且，这种认识还深受思维的影响。所以，一个人，怎么敢妄称自己能看到真实？

别看这么通俗易懂的小例子，你理解了上面说到的这个苹果，就有可能理解康德哲学的几个重要概念：感性、知性、理性和物自体。因为这几个概念都可以在刚才的表述中一一找到对应：苹果是物自体，色香味是感性，大脑里的概念是知性，由苹果落地得出的万有引力定律是理性。如果把话题扯远一点，这还可以和量子力学相通：物质不具有唯一的确定性，它总是受到观察者的影响。说到这里，你闻到一丝令人绝望的气息了吗？我们永远无法认识物自体，无法认识世界本来的样子。

牛顿的苹果和康德的苹果

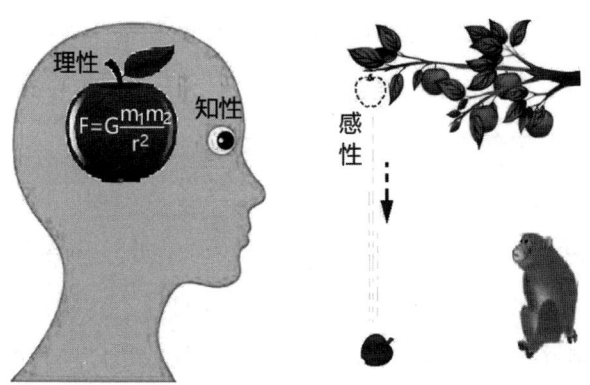

伊曼努尔·康德（Immanuel Kant，1724—1804）："没有感性则对象无法给予我们，没有知性则对象不能被思维。"

还可以把绝望进行得更深入一点。刚才提到的颜色、形状和味道等概念还算比较实在，而苹果还有另一些抽象的属性，比如"甜美""对称""可爱""漂亮""喜气"等等。类似地，时间和空间本身已经够抽象了，但要认真思考它们，还需要更抽象的语言和概念，比如"空虚""无限""弯曲""相对性""膨胀"等等。这还没完，在那之上，还有"苹果是天然美容品""每天一个苹果，医生远离我"之类对苹果效用的归纳总结。对应到时空问题上，可能就是时空的意义、价值、规律、定理等等。

今后，怎么让安得理解并应用那些抽象概念将是一件吃力的事情，这对三个人都是一种挑战。好在他们都有点自知之明，也明白在学校教育之外，在日常生活之上，还有很多尚有可为的天地。一个人不一定要拥有建筑设计师或土木工程师的执照才可以思考居住空间的变化和意义，不在钟表行业的人也可以思考时间。这是一种妥协，不得不放弃一些严格的专业要求；也是一种进取，不再画地为牢，能把自己的认知世界哪怕只拓展一厘米也是一种值得肯定的努力。把科学作为职业是一条路，把科学当作一个考察对象放入哲学和人生里思考，也是一条路，两者并不冲突，也不应该相互否定。

安得自己显然不会想太多，两个大人也不准备涉及太深。两个大人各有各的世界，安得也一样。这么三个人，即使把他们各自生活中的不相干的事都撇干净，只剩下三条线，也还是各自不同的线，连起来后，看似三角形，实则三棱柱，而且还不规则，有相交，有平行，但各个侧面的高度并不一致。三人的故事已经开始了，就在这种不规则三棱柱上，今后将步步展开，层层递进。

马克和安顿有着大致相同的时代背景和教育背景，但不知何时开始，两人在具体问题上的看法分歧渐行渐远，共识逐渐减少。马克本来还想再说几句，可听到他对闵可夫斯基的评论后，自己也觉得还是要实际一点，先回到眼前的这个现实再说。因为他知道，对时空问题的思考将危及最神圣的信仰系统，什么天道、天意、上天、天堂、地狱、上帝、神仙、未来、命运，更遑论天降伟人之类的，都难逃被质疑、被挑战的命运，而一个人，要有多坚强才可以直面无依无靠、不被控制、抛入虚空的自己？不过，奇妙的是，一旦脱离现实，这种智识上的讨论却又往往能使他们之间达成一致。靠着这种看似矛盾实亦自然的方式，他们保持着良好的友谊，并正在惠及安得。

百年大傻问

没想到，隔天晚上，安顿就把儿子打发给马克了。

一个这么简单的问题，问的人自己都觉得不好意思，答的人也觉得是个傻问题,父子双方都觉得有点烦了,就再次联系马克。

安得是在阳台上,看着星空,随口一问:为什么黑夜是黑的?

当爹的刚开始也想随口一答,因为是夜晚呗,因为太阳下山了呗。但他马上意识到那只适用于年幼的女儿,对这个儿子显然不够。结果一聊开,从昼夜交替、地球自转公转到日月运行,各种原因都列举完了,儿子还是不满意。

安得的疑惑也是被自己的随口一问激发出来的。任何方位的天空上都有无穷无尽的空间,会发光的星球虽然稀疏,但星球的后面还有星球,繁星的后面还有繁星,在无穷无尽的空间里,发光星球的数量在理论上应该是无限多的。虽然来自远方星球的光亮在长距离传播后会逐渐衰弱,但距离越长,一路上发光星球的数量也就越多,亮度的衰减和数量的增加就可以互相抵消。无限多的星球交相辉映,无限多的光相加合成,所造成的效果,应该是无限大的星光总亮度,眼前这星空应该亮瞎眼才对啊。所以,夜空黑得没道理。

"岂止没道理,简直就是大逆不道。"马克接过他们的问题后,用愤愤不平的语气附和起他的质疑。

黑色的白伞是否存在?中世纪的欧洲就曾辩论过这种问题。我们要接着中世纪辩论白色的黑夜吗?黑夜黑,难道不是天经地义吗?好像是。不过,要先点出几个需要注意的细节,比如,视野不是直线,而是按视角扩大的扇形,并且是立体的。可视范围实际上是一个立体视角构成的圆锥体,而不是一条直线一样的"一路上"。圆锥体的体积远大于直线,所以,可视空间远大于"视线",其结果将是可见的星球数目更多,星光总亮度应该更亮才对。再比如,散布在太空中的星际物质可能遮挡了星光。但是,它们遮挡无限星光的同时,也会被光加热到发光,小则反射来自别处的光,大则自身也开始向外发光。只要时间够久，这个发光的效果也不容小觑，那么，这个星空就应该叠加上更多的光。还有，地球的大气层造成的散射效果使得阳光普照，天空中的任何方向在白天都是明亮的，而在夜晚，大气层则用自己的"显示屏"造出了星空的假象。如果没有大气层，我们看到的天空就会和卫星拍到的太空照片一样，星星更少，星光更暗，背景更深，一片深邃无边的黑暗。可问题是，即使在那些太空照片里，那些没有了大气层的遮挡、深邃无边的空间里，为什么也看不到无限大的星光总亮度？放大视野来看，不只是地球的夜空是黑暗的，更广阔的宇宙里，大部分空间也都是黑暗的，虽有星光点缀其间，但黑暗的面积更大，总体上看，黑暗压倒光明。当然，这些都不是造成星空应该更明亮的主因，但我们先把这些细枝末节排除出去，就可以逐渐聚焦到主因上。

听到这里，安顿补充说："可能还有一点，就是人类的眼睛。人眼的成像系统与视觉细胞有局限，无法接收到全部星光。"

"是的，这个对人类来说，影响很大。可是，灵敏度更高的天文台至今不仅没发现恍如白昼的夜空，却很自然地发现白天的地球外空也是黑的。所以，问题不在这些细节里。"马克想尽快跳过这些旁枝末节，就直接发来三句话：

你们刚才的讨论里，正反两方共享着同样的假设：
1. 空间上，宇宙无限或时空无限。
2. 时间上，宇宙永恒或时空永恒。

只要这两个假设成立，夜空就应该如白昼一样明亮。反过来说，如果夜空是黑的，则这两个假设不成立。那么，现实是什么？

"现实是,夜空是黑的。现实是,我原以为自己问了个类似于'红旗为什么是红的'的傻问题,原来还真不是。"

"所以,那两个假设成问题了吧?怎么办?"马克直逼问题的核心。

"你要推倒它们?宇宙不永恒了,不无限了?这太暴力了,是不是应该到别的地方去找答案?"

"那两个假设简直就是两条天理,有人敢推翻吗?鼎鼎大名的天文学家开普勒和哈雷也问过你这问题,也没能找到合理的答案。大约两百年前,一个白天当医生,晚上爱观测星空、寻找彗星的德国人奥尔伯斯总结了这个矛盾,后来人们就把这个问题称为奥尔伯斯佯谬:理论上,我们看到的星空应该充满无限星球,它们无限密集,有无限亮度。但在现实中,为什么我们看到的不是无限明亮的星空呢?如果你有疑问,你并不孤独,至少开普勒、哈雷和奥尔伯斯也曾经这么问过。"

"原来前人早就思考过这问题了。差不多两百年过去了,这问题弄明白了吗?"

"从结论上总结一句,那就是:问题和假设都被推倒了。既看到了不黑的夜空,也否定了永恒和无限。奥尔伯斯提出那个佯谬是在两百年前的1823年,从那以后,过了大约一百年,那两条假设先被推倒了。又过了大约五十年,人类第一次间接看到了恍若白昼的夜空。"

"一百年前到底发生了什么,能把宇宙掀翻啊?"

"那可说来话长了。我都准备入睡了,被你们叫起来。如果你们意犹未尽,找出爱伦·坡的《我发现了》读读看。第一个对这个奥尔伯斯佯谬给出正确解释的就是他,一个诗人兼侦探小说家,不是科学家哦。好了,来日方长,睡觉最优先哈,晚安。"

理论上的无限星空

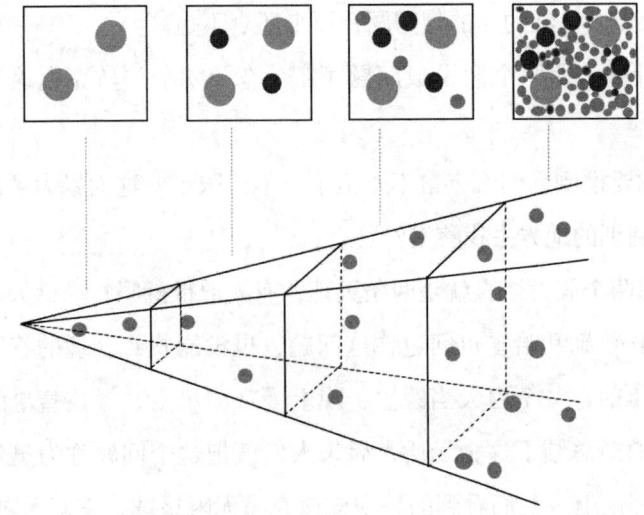

理论上,如果无限遥远,就会有无限星球,我们看到的星空应该是层层叠加的效果,无限密集,无限亮度,就像图中最右侧那部分所显示的那样,无限星光密密麻麻地布满整个夜空。但在现实中,为什么看不到亮如白昼的夜空和无限明亮的满天星?约翰内斯·开普勒(Johannes Kepler,1571—1630)、爱德蒙·哈雷(Edmond or Edmund Halley,1656—1742)、海因里希·奥尔伯斯(Heinrich Wilhelm Matthias Olbers,1758—1840)曾在这个问题上探究过。性急的读者可以直接跳到"六月·森林"找答案。

确实很晚了,但安得还不想睡。折腾了一会儿,考虑到明天还要早起,安顿就示意儿子停止纠缠,就此打住。

"这……好吧。晚安。"他不太甘心,口头上答应了,心里的疑问却更大了。

熄灯后,窗外的夜空显得更黑了,几颗星星被反衬得更亮了。到底是更黑,还是更亮?他更迷糊了。

I do not know what I may appear to the world, but to myself I seem to have been only like a boy playing on the sea-shore, and diverting myself in now and then finding a smoother pebble or a prettier shell than ordinary, whilst the great ocean of truth lay all undiscovered before me.

——Isaac Newton

二月·大海

世界因观察方法的改变而改变

我不知道世人对我的看法如何，我只觉得自己好像是个在海滨游戏的男孩，有时为了找到一块光滑的石子或比较美丽的贝壳而高兴，而真理的海洋仍然在我的前面未被发现。

——艾萨克·牛顿

观"光"列车

他们选择在最冷的那天去看海。

高铁的车厢里,五个人围着一张小桌对坐。安泽带了一本书,才翻了几页,就放下了。她从来就不喜欢在狭窄的空间里读书,更不喜欢在人多的地方读书。这使得她在学校里常常不能专心,想读点自己喜欢的书,就只能回家。像今天这样的列车小旅游,她总会带一本书,但往往看不了几页就会显得烦躁。幸好车窗外的风景在雪后格外洁净、清晰,她和妈妈就换到靠窗的座位,享受起窗外的自然风光。

她的眼睛很快就感到有点疲劳了,因为轨道两旁飞驰而过的树一直在扰乱视线。她知道那些树实际上并没有移动,深深地抓住土地的根系分毫不动,飞快移动的只有列车,但为什么我们坐着不动,树站着也不动,两个不动的物体之间,却在快速地拉开距离呢?

"你们以前的老师也不教这样的问题吗?"她问坐在对面的大人们。

安顿很理解当一个老师被学生问到这种问题时的感觉。"我们的物理老师可不会理睬这个。他们会说,那不是傻问题吗?背下牛顿三大定律就够应付考试了。"他仿佛回到中学教室里,开始挖掘记忆里残存的一些知识。

其实,对那些基础理论,安得也已经有了大致的了解。和上个月要回答"哪里?"时遇到的那些空间问题一样,速度也是一个相对的概念,不先确定一个参考系,就没法谈速度。就像现在这车厢里,桌面上的水杯是静止的,没有速度。但在列车外,地面上的人如果看见它，一定认为它是运动的，而且和车里的人看车外的树一样，飞驰而过。所以，当人们谈论速度之前，都不得不先说清楚这个速度是相对于什么的速度。

"这是常识，但不一定是正确的。"马克安静地听完父子俩的对话，看着水杯，插了一句话。

在常识里，想要理解位置、速度和方向，观察者是谁是一个最为重要的前提。每个观察者都倾向于认为自己是静止的，或者那个观察点是静止的，他只看见别人在动，在变。这就像每个人都觉得自己有道理，别人有问题一样。如果把观察者抛出地球，他马上就会感觉到，在浩瀚的宇宙里，他自己就是相对的，和他所看到的所有相对的物体并无二致。而且，他身边所有的方向都是可变的，作为地球上的常识和习惯感觉的"头上"和"脚下"随时有可能变成"头下"和"脚上"，所有人都可以倒着走，横着走。这有点反常识，但通过那一串地球仪问题，在安得那里，这已经变成常识了。所以，当一个人的上下左右前后都是无穷无尽的空间时，只有找到一个参考系，他才能理解自己和他人的位置、速度和方向。空间定义了距离、尺寸、形状、位置、速度、方向，甚至那些看起来与空间无关的概念实际上也是由空间定义的，比如颜色，其实是光波的长短决定的，而长短就是一个空间概念。但是，反过来，这些物理量和概念全都加起来也不足以定义空间。空间和运动一样，是不可能孤立地给出定义的，就像在这个车厢里，如果不用车外的物体做参照，那么，所有乘客都不可能通过车厢里的东西，比如桌面上的水杯，来确认列车是否在运动。

"这个车厢像不像地球？"说到这里，马克问安得，"我们在理论上都知道地球不停地在转，但身体却感觉不到这一点。如果车窗都关上，再拉上黑窗帘，戴上耳塞，你还能感觉到这列车在行驶吗？"

"那肯定感觉不到。"安得回答道,"当然,最好再加个假设,铁轨非常平滑,列车连一点颠簸都没有。"

"好,你好像进入状态了。'感觉不到'的意思就是,你无法区分列车是静止的还是正在行驶;而'无法区分'的意思则是,静止和行驶是平等的、平权的。既然都无法区分了,那物理学定律也不必分别对应两个不同的参考系。这就是相对性原理的基本道理了:物理学定律对于不同的惯性系是等效的。一个静止的参考系和一个匀速直线运动的参考系是完全等价的,适用同样的物理规律,力学动作的结果没有任何区别,这就是无法区分的原因。"

安顿不觉得这反常识,反驳说,你这只是把常识说得抽象一点而已。安得觉得两人都没错,但可以把话题从抽象降到具体。他联想到他自己的经验,就逮着一个机会,插话说:"行驶中的车厢和地球是有点像,这个问题,我以前想过。如果地球真的在高速转动,那我跳起来时,虽然只有几秒,但地球在我离地期间转过几米甚至几十米了吧?那我应该落地在一个几米或几十米远的地方啊。我试过几次,希望自己能靠这个成为世界跳远冠军。可每次都落回原地,冠军梦破灭了。"

"你的这个想法可不得了,这可是当年地心说的终极武器呢。据说托勒密对地心说动摇过,后来就是因为这一现象才坚持认为地球是宇宙的中心。跳起来,又落回原地,证明地球是静止不动的嘛。"

"现在我知道了。如果在列车里,跳起来后,也还是会落回原地,但这并不证明列车是静止不动的。所以我觉得,光靠这一点就可以打破地心说了。"

马克向他竖起大拇指,说:"嘘,别让托勒密听见了。要不然,他会哭晕在埃及——他是希腊裔罗马公民,以希腊语写作,但生活在埃及。古代最伟大的天文学家,统治人类一千多年的世界观,竟然被一个十几岁的小屁孩两句话就给推翻了!现在,你可以跳过托勒密时代,进入伽利略和牛顿的时代了。实际上,你可能是被相对性原理在不知不觉中推进来的,把这学到手后,你可以用它来反观日常生活经验了。在家里,在这车厢里,或者在飞机机舱里,你都可以一样地走路、看书、吃饭、蹦跳,只要列车和飞机是平稳行驶或飞行的,那你就感受不到差别。你们说的符合常识,指的就是这种经验吧?"

托勒密的宇宙模型

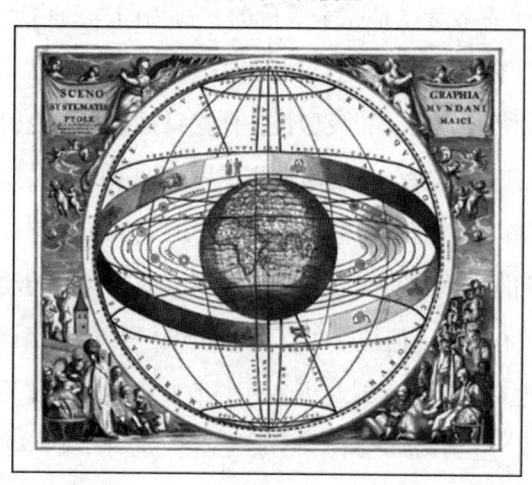

克劳狄乌斯·托勒密(Claudius Ptolemy,约100—170)提出的以地球为中心的宇宙模型:太阳、行星和黄道十二宫环绕地球。图中圆球周围环绕着寓言场景及天球、古地球仪等。[图片来源:安德烈亚斯·塞拉里乌斯(Andreas Cellarius,约1596—1665)著《和谐大宇宙》(*Harmonia Macrocosmica*)]

"嗯,多亏了这个原理,安泽,你可以试试看,再看几页书,就像在静止不动的家里一样。"安达靠着她,尽量让她感觉到更多的安全感。

"我觉得火车没动,只看到地面上的东西在很快地后退。这让我分心了,看不下书。"安泽实话实说。

哥哥立即纠正她，说："我们刚才说了那么多都白说了，你显然没跟上来。地面上的人现在看我们也觉得我们在快速前进，而他们自己却是静止不动的。"

"哥哥说得对。静止和运动是相对的概念，它们取决于你选择什么做参考系。"马克没有很好地体会到安泽的感受，自顾自继续说下去："所以，伽利略说，静止的参照系和运动的参照系是平等的，相对的，权重都一样，没有谁更特殊，坐标还可以互换——大约四百年前的科学原理哦，多么了不起的思想！"

"你们说得太远了，四百年，呵呵。"安泽有点不愿意跟上他们的话题。

"那我们快进一百年，把进度条拉到牛顿那里吧。不过，我们还是为托勒密感到可惜。如果他多一点怀疑，就可以接近这个原理，就不会陷入地心说了。他都达到安得的水平了，有过同样的疑问了，他那时代没有列车和飞机，但也有马车呀，人在地球上不就和在马车厢里一样吗？不过，这个相对性原理能成立，还需要有两大假设护驾：时间是绝对的，空间是绝对的。你跳起来时用的钟表和落地时用的钟表是同一个，所处的空间也是同一个。两者都是绝对的，均匀的，与一切事物无关的，不受外界影响的。你怎么跳都改变不了时间和空间，是吧？"

"那当然。要是跳一跳就能改变时间和空间，那我岂不成了跳远冠军加跳高冠军了？"

"这就牵涉到我们对于空间和时间的理解了。时间的绝对性不仅意味着你起跳时和落地时用于计时的钟表是一样的，还意味着全世界的时间都一样。我说的不是钟表的款式和牌子，而是被钟表计测的时间。'绝对'的意思是，如果钟表都是靠谱的，那么，任何钟表在任何地方计时得到的一秒或一小时都是一样的长度，谁也改变不了。而空间就像一个绝对坚固的钢筋水泥大舞台,谁上谁下,你怎么演都改变不了舞台。"

"如果有个演员能改变舞台,那他可以囊括全部影视大奖了。"安得开玩笑说,"这岂不是和我的跳远冠军梦一样没谱吗?"

最昂贵的科学书

艾萨克·牛顿的《自然哲学的数学原理》(*Philosophiæ Naturalis Principia*)成书于1686年,1687年首版印数80册,先后印行了数百册。图为2018年3月在马德里的西班牙国家图书馆展出的原著。2016年12月,在纽约佳士得拍卖会上,一本首版原著被一位匿名者以约370万美元的价格买下,成为有史以来最昂贵的纸质科学类书籍。[图片来源:《新闻周刊》(*Newsweek*)]

书中对时间和空间定义:
I.绝对的、真实的、数学的时间,由其特性决定,自身均匀地流逝,与一切外在事物无关,又名延续;相对的、表象的、普通的时间是可感知和外在的(不论是精确的或是不均匀的)对运动之延续的度量,它常被用以代替真实时间,如一小时,一天,一个月,一年。
II.绝对空间:其自身的特性与一切外在事物无关,处处均匀,永不移动。

"世界跳远冠军也赶不上你现在的速度。"马克打开手机里的地图导航,指着屏幕,接着说,"你们看,从我们上车的那个车站到大海之间,有个表示空间距离的数值。坐上列车,花上时间,有了速度,就变成我们在时空里运动了。距离、位置和方向是关于空间的概念,而速度是空间加时间的概念。只要一加入速度,空间和时间就没那么……"

"没毛病呀,问题在哪里呢?"安得觉得马克像在照本宣科,就有点不耐烦了,"那个常识错在哪儿啊?今天这车窗外一闪而过的每一棵树都在证明它是对的呢。"

"问题是,空间是不是一个固定不变的空框架,或者空空荡荡的舞台?时间是不是永恒不变的,和任何人和事物都没关系,自顾自地流逝呢?"

安顿举手,笑了笑,说:"你这么问,我就知道答案应该是否定的。可从古至今,人们不都是这么一种感觉吗?空间和时间与我们的存在与否无关,都是不以人的意志为转移的,都是看不见摸不着的。谁能改变时间?没有啊。没有任何人可以打败时间,连历史上最强大的人都死了——不管是什么死因,都可以说他是被时间打败的。但和他们同时代的哪怕是最弱小的人,也一样拥有时间。在拥有时间这件事上,没有任何一个人会比那个最强大的人缺斤少两,不对,缺时少分。读不读伽利略和牛顿都一样,时间的性质不会因为一两本书就变得不一样了。"

"那,空间呢?"马克问。

"空间好像还好点,没那么霸道吧?谁能改变空间?如果不是指房子装修之类,而是作为结构的空间整体,绝对没人能撼动吧?你买个房子,买的不是钢筋水泥和木材,而是想占有那个空间,即使那是冰冷的、机械的空间。但占有只是一时的,或者搬家,或者死亡，或者倒塌，人终究有一天也会退出那个空间。所以，空间就是个……空空荡荡的篓子吧？"

安顿正要用双手比划篓子的形状，列车突然震动了一下，就在几秒内，明显地降速后又瞬间恢复了平稳行驶。桌面上的水杯被震得摇晃了几下。幸好杯里的水不多，没有洒出来。

"列车前方出什么事了吧？这急刹车，差点把我的书甩出窗外了。"安泽有点惊魂未定的感觉，但说出话来，语气却很淡定。

等到列车安稳行驶了一段后，大家才都安定下来，又回到刚才的话题。

"你看，列车有意见了。你不是正说着空间和时间都是固定又均匀的吗？这么一震，不固定了，不均匀了，参考系从惯性系变成非惯性系了。实际上，那种固定又均匀的空间和时间只存在于中学生作业题里，在现实世界里是特例，很难找到的。"

"可刚才列车一直都是匀速前进的，震动一下才是特例呢。"安得摇晃着自己的上半身，夸张地重演了一下刚才急刹车的那一幕。

"那我们就得好好说说这个速度问题了。今天，我们一起坐在列车里，特别适合聊这个话题。"马克把话题拉回到刚才的那个相对性原理，接着说，"从伽利略到牛顿，一个涵盖天地的科学体系大功告成了。在三百多年前，那曾经是个多么美妙的体系和原理啊！从苹果落地到日月轨迹，整个世界没有它解释不了的。牛顿之后，人们大都相信，科学的大厦似乎已经接近完工。时至今日，大部分人类都已经接受了他们的科学，并以此为常识构建了自己的时空观和世界观。但是，一个致命的问题出现了……"

"速度？"安得很快抓住了重点。

"是的，速度。这是理解新时空观的钥匙。"

"哦？"安顿掏出手机，打开灯光，"要说速度，谁也赶不上这家伙。光速最快嘛。"他一边说话，一边晃动着手机，"这手机可感谢光速了。多亏了这光速，互联网和国际电话才没有明显的迟延。电磁波和光一样快，绕赤道跑一圈好像只需大约0.1秒吧，这个速度让全球任何角落都可以即时通话了。"

这时，列车服务员走过来，礼貌地提醒他不要把灯光对着其他乘客。等手机放下后，她就走开了。

马克看了一眼她的背影，稍稍压低声音说："嘿，你们看，刚刚走过的那个列车服务员，我们看她走得不算快吧？可是，车外的人看她就不一样了，比世界短跑冠军都快。应该是列车的速度加上她步行的速度，对不对？"

安顿也看了一眼她的背影，很有把握地说："那肯定的。当年物理老师教的，两个物体的运动方向相同，就要速度相加，方向相反，就要相减。"

"但是，如果她是一束光，那就不一样了。伽利略和牛顿的原理在她身上都将失效。"马克一边说着，一边掏出自己的手机，打开灯光。然后，他把那个放在桌上的手机也拿过来，转身弯腰，把两只手机面对面地合在一块，竖立着放到车厢过道的地面上。两只手机发出的灯光在明亮的车厢里显得比较微弱，但还是可以看到两道光束在过道里分别向前后两方照射。

"看，你的手机发出的光射向前面的车厢壁，我的射向后面的车厢壁。假设这里是车厢的中点，你们觉得哪一道光会先到达？"

安得的上半身伏在桌上，来回摆动了几下头部，看着两道手机的灯光说："当然是我爸的先到达咯。"

安顿一只手扶着儿子的背部，也附和道："车厢的前进速度在帮我呀,光速加车速;而你的光束反向而行,光速减车速。我躺赢啊,哪儿不对劲吗?"

有几个乘客注意到过道上的手机灯光,欠身看了下手机,又看了下他们几个人,不知他们在玩什么。马克眼含歉意,向他们微微点头后,赶紧收起手机。等到大家都坐好后,他说:"现在该麦克斯韦出场了。"

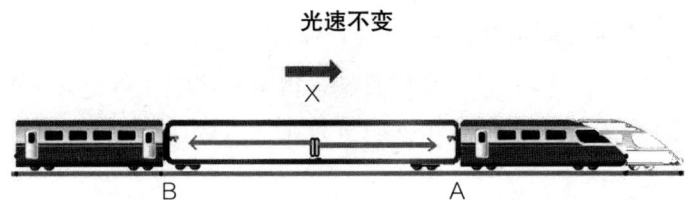

图中车厢的中点处 X 是两只手机,分别向前后方发出灯光。不管车速如何,也不管从车里还是车外看,两束光线将同时到达前后车厢壁。

第一个科学家

"谁?麦克斯韦是谁?"

话音未落,马克从包里掏出一本麦克斯韦的传记递了过来。书的出现往往也靠一种时间和空间的机缘,有些书堆满桌面或店面,也少有人问津。这本传记如果不是恰好出现在此时此刻,对于安得来说,可能就和那些书差不多了。可现在,他一接过书来就迫不及待地读起来,而且饿虎扑食似的,几乎是倍速快进,比平常的阅读速度和效果高出一大截。

十几分钟过去了,连安泽都觉得奇怪,怎么大家都不说话了。

"嘘。"安得用手指示意妹妹别出声。

"嗯，他在看人类历史上第一个被称为科学家的人。在麦克斯韦之前，没有'科学家'这个词，都是用自然哲学家来称呼这一类人。麦克斯韦是古今中外这一类人里仅次于牛顿和爱因斯坦的家伙，也许能排全人类第三。不过，排名不重要，反正他本人看不到了。"马克看着安泽，低声说："如果你以后也有这种巧合的机缘，遇到好书，一头猛扎进去，像大热天跳进游泳池，多经历几次，不知不觉中，阅读速度就会变得越来越快。"

安达觉得马克讲的快速阅读没必要，读书的问题从来就不在于速度。安达离开大学多年了，专业原著读不下去，而科普书往往满足于陈列知识点，看多了，反而会产生一种无助感，甚至会有一种虚脱的幻觉。因为放下书后，还是无法把书中的知识融入自己的生活和思考。那些知识像是放在真空玻璃里展示的贵重物品，漂亮，也确实是真实的，只要睁大眼睛也能看得纤毫毕现，但终归还是隔着一层玻璃，不在同一种空气里。读完后只会得出一种感觉，那就是，那些知识毕竟还是他人的，无法内化成自己的一部分，你只被期待为单纯的接受者，读完之后，什么也做不了。那种巨大的落差带来的无力感阻碍了知识的启发作用，结果什么也无法延伸进你的人生。那些书更像是专业或职业的炫耀品，而不是亲近孩子们的教育载体。香车宝马固然好，公共列车也不错，而她现在更想要两个小孩撒开腿，跑步健身。在这个意义上，她觉得马克也许就是个陪跑者或还算不错的跑步教练，比那些单纯陈列知识的书本要好一点。

在这之前，马克已经预先给了大家一个安心丸。他一直想让他们知道，虽然麦克斯韦和爱因斯坦的方程式很难，但作为非专业者，不妨跳过方程式，直逼它们背后的那些原理和思想。理解那些原理和思想,并不需要太多的科学知识,也许需要的想象力还更多一点。如果能够反思自己受过的教育,对司空见惯的日常现象还保持好奇心,那么,靠想象和聊天就有可能一步步深入他们的世界。

詹姆斯·克拉克·麦克斯韦是天才中的天才,15岁就发表论文,16岁就进入爱丁堡大学,34岁就写出了科学史上最优美的方程组,被誉为影响世界的十大方程之一。没有依赖实验,没有工程项目,仅仅依靠一颗大脑,辅以纸笔,他就预言了电磁波的存在,推导出电磁波的速度,并把光纳入电磁波考察,用一套理论统一了光、电、磁。他的理论长期无人承认,连他自己都没想过要用实验去证明它。他临死前办了一个讲座,空荡荡的教室里,只有两位听众。麦克斯韦方程组完美地解释了除量子效应之外的所有电磁现象,开启了现代文明。今天,这个信息时代最基本的物质载体就诞生于他的理论,最前沿的通信科技和最精确的探测科技都是基于他的理论发展起来的。牛顿力学统一了天上和地上的运动规律,带领人类走出蒙昧时代,开启了第一次工业革命;麦克斯韦的理论则统一了电学、磁学和光学,开启了第二次工业革命,带领人类走进文明时代。

"我知道他为什么这么伟大了。"看完这些介绍后,安得突然叫起来,"Maxwell! Max Well,他这名字不就是最好、最伟大的意思吗?"

"那是姓。"安达马上纠正他,然后又自言自语似地说,"你看这里,他去世那一年,正好爱因斯坦出生。"

马克也似乎进入玄学境界,补充道:"神奇啊,伽利略去世那一年,正好牛顿出生。难道真的是冥冥之中自有天意安排?"

> 1642年，伽利略去世，牛顿出生。
>
> 伽利略·伽利雷（Galileo Galilei，1564—1642）去世于1642年1月8日。
>
> 艾萨克·牛顿（Isaac Newton，1642—1727）出生于1642年12月25日。这是按英国当时采用的儒略历登记的。儒略历是一种由罗马共和国独裁官儒略·恺撒（Gaius Julius Caesar，公元前102—前44）于公元前45年公布执行的历法，有别于当时欧洲通用的格里高利历。这个日期可能不准确，因为牛顿作为偏僻小村的农民的遗腹子和早产儿，生日记载马虎草率，有可能出生于圣诞节前后，但被记录为圣诞节。
>
> 1879年，麦克斯韦去世，爱因斯坦出生。
>
> 詹姆斯·克拉克·麦克斯韦（James Clerk Maxwell，1831—1879）去世于1879年11月5日。
>
> 阿尔伯特·爱因斯坦（Albert Einstein，1879—1955）出生于1879年3月14日。

"还有霍金。"三个大人中，安顿对斯蒂芬·霍金（Stephen Hawking，1942—2018）最熟悉，他说："霍金喜欢说自己出生于伽利略死后300年，他没机会说的可能还有一个，他于2018年去世的那一天，如果爱因斯坦还活着，那天正好是139岁生日。生于伽利略的忌日，死于爱因斯坦的生日，再看他的成就，这人也是被上天选中的。感谢这些人的接力赛！此起彼伏，一个接着一个，保证人类的文明进程不至于中断。如果把他们当作科学史甚至文明史上的时间刻度，历史会不会显得更有趣？"

"肯定会。为什么非得用帝王给历史分期？这比那些帝王将相的上台下台有趣多了，也有意义多了。这才是文明的传承。说到文明，如果有高级文明的外星人看到人类的历史，可能会觉得麦克斯韦才是最明显的文明里程碑，因为从他开始，人类才知道电磁波。如果我们人类自己看自己的历史，麦克斯韦也是一个特殊的的起点，因为，刚才说了，他是第一个被称为科学家的人。在他之前，连牛顿的巨著也只叫自然哲学，不称科学……"

"是因为谦虚吗？"安得问。

"正好相反，在那个年代，'自然哲学'这个词才真正的高大上，'科学'和'科学家'在麦克斯韦之前，可不是什么好词。那两个词里含有一种弦外之音，听起来像牙医和钟表匠一类的，指的是一种专业技能和技工。自然哲学作为哲学的一个分支，则是关乎天意的智识，即使不是终生专注追求，也不失为一种博雅的娱乐，哪是那种谋求金钱的苦差事所能比拟的？"

"历史上，不为名利所动的科学家也不少啊。"

"有是有，但科学最初就是因为和利益沾边，才逐渐崛起的。哲学的收益是空洞的，而科学的收益则是实在的。当发明、制造、实用或专利比高见获利更多，更受尊重之后，'自然哲学'这个词就显得迂腐了。1840年前后，有人提议根据意为'医生'的英语单词physician新造一个词physicist，或者根据意为'可证明的知识'的scientificus新造一个词scientist。法拉第呼应说，别选physicist，因为一个词里含有多个's'的发音，既不便于说也不便于听。"

苦孩子法拉第（Michael Faraday，1791—1867）只上过两年小学，长大后在书店里打杂，装订书籍之余，得近水楼台之便，从书报中自学了不少知识。22岁时，靠旁听演讲结识了一位著名的化学教授，进入他的实验室当助理。那位教授第一次写给无名小辈法拉第的回信里有这样的句子："先生，我愿是你的顺从、谦恭的仆人。我很乐意为你效劳，我希望这是我力所能及的事。"法拉第没有辜负这么慷慨的赞誉，他发现了电磁感应原理，提出了电解定律，发明了人类历史上第一台电动机和发电机，提出了"场"的概念，并提携了比他年轻40岁的麦克斯韦。他第一次看到麦克斯韦的论文就大喜过望，却花了5年时间才找到作者。法拉第可能是历史上最伟大的实验科学家，但少年失学，在数学方面有点捉襟见肘。而麦克斯韦正好相反，很少做实验，但数学功力极强，两人简直是完美的结合。初次见面5年后，麦克斯韦方程组诞生了，法拉第开创的电磁学在麦克斯韦的手里得到了完美的证明和总结。

虽然，法拉第倾向于选择scientist来称呼自己和同行，但麦克斯韦在他去世时发表的悼词里，仍然称他为哲学家："也许下一位如法拉第般伟大的哲学家能发展出全新的科学，而我们今天很可能对此一无所知。"今天，在英国威斯敏斯特大教堂里，法拉第和麦克斯韦在两块地砖下比邻而居，牛顿也在那里，占据着最显眼的位置，霍金也于2018年归葬在那里，名副其实的济济一堂。时空大师们会在那里商量什么呢？

从今天来看，麦克斯韦的悼词里提到的"下一位如法拉第般伟大的哲学家"其实就是他自己。可是，再也没有人称他为哲学家了，从他开始，科学从自然哲学里分离出来，他被正式称为scientist，科学家。这个英文单词的词源scientificus来自古希腊，在1600年左右才进入英语。单词的原意"可证明的知识"定义了后世对科学的基本态度：科学是可证明的知识，而不是直觉的或幻觉的知识。这个定义给后来对时间和空间的研究带来了大麻烦。

"时间和空间还用得着证明吗？"

"在历史上，一直到麦克斯韦那个年代，对于大多数人而言，时间和空间确实是不证自明的。麦克斯韦并没有直接论及时间和空间的问题，所以我们也不准备在他的理论里停留太久。他用电、磁和光'三斧头'终结了经典物理学，开启了现代物理学。记住这点，我们就可以把话题推入下一个时代了。"

"那可不行，你至少简单说说怎么个终结法和开启法吧。"

"好吧。他为电磁学进行完整统一的描述时有一个特点惹事了。伽利略和牛顿不是都强调参考系吗？麦克斯韦根本不指定任何参考系，不考虑任何物理环境的区别，靠他那个方程组就能算出电磁波的速度。没有相对物，也能定义速度，那岂不是不把伽利略和牛顿放在眼里，把相对性原理和经典力学视若无物了吗？麦克斯韦预言了电磁波的存在和恒定的传播速度，而相对性原理告诉我们，物理规律在一切惯性系中都是相同的。把电磁波的传播速度放进相对性原理，就会得出一个怪论：电磁波的传播速度在一切惯性系中都是相同的，而光也是一种电磁波，所以光速在任何惯性系中都应该是一样的，既不会随着参考系或观察者的变化而变化，也不参与其他速度的合成。这就违反了从伽利略到牛顿所揭示的原理了。不过，这在麦克斯韦那里还暂时只是一种矛盾，虽然大逆不道，眼看着就要冲垮经典力学了，但麦克斯韦自己可能并没有那么强烈的感觉，还在小心翼翼地希望能从以太之类的介质上找到解释，寻求和解。但是，他提出矛盾，提出方程组，就基本上预告了经典物理学的终结。电磁学形成之前只有自然光，电磁学形成之后才有了人造的电、磁、光，以及利用电波传送的各种技术发明。麦克斯韦在临死前，还欣慰地看到了贝尔和爱迪生利用他的理论发明了电话。可以说，他的大脑就是现代文明的火种。"

安达对这类宏大论题有天生的抵触感，她轻声地，带点疑问却又不期待回答地说："这么说，听起来像是在谈中国历史，注重的都是人物评价呀历史地位之类。那个活生生的人呢?"

"要不,我来说吧。"安得还需要更多的细节去理解那些理论之间的矛盾,但对于这段承上启下的历史已经把握住了,"历史在麦克斯韦那里触电了,发光了,加速了。可以这么说吧?"

"这个说法比我的强多了,谢谢。"

"可你说麦克斯韦那么大的一个天才,怎么就解决不了那些矛盾呢?"

"他一生不幸。前半生,虽为贵族之后,但少年丧母,求学时受排挤,被讥笑。到了后半生,学术上,无人理解;工作上,筹建实验室,整理卡文迪许手稿和资料等琐细事情,占用了他大量时间;生活上,妻子久病不愈,长期的压抑和看护使他筋疲力尽。48岁半,就因癌症去世了。"

厢座两侧的气氛突然变得凝重。大家注意到马克特意把数字精确到半岁的用意,却不知该如何继续这个话题。

安顿是个救场高手,虽然也惋惜地叹了口气,但很快就振作起来了:"这不还有爱因斯坦吗?那些矛盾在呼唤爱因斯坦出场呢。要不怎么这么刚好,就出生在麦克斯韦去世的那一年呢,我说了嘛,接力赛啊。"

追光的少年

爱因斯坦在普林斯顿的家里,墙上一直挂着法拉第和麦克斯韦的肖像。他一生对麦克斯韦极为推崇,以至于有人戏称他是麦克斯韦的隔世弟子。

爱因斯坦的爸爸和叔叔曾合办过一家电器设备小工厂。负责技术问题的叔叔影响了小爱因斯坦，使他从小就对电磁学感兴趣。爱因斯坦自称小时候智力发育比较慢，很多同龄人已经思考过的问题，他都还没想通，只好多问多想，常常保持警觉，不让自己掉队。结果，对有些问题，他一不小心，就异想天开了。16岁时，他遇到一个百思不解的问题：假如我以光的速度追光，会看到什么？后来上了大学，他抱怨教科书陈旧僵化，教授们连新近出现的麦克斯韦方程组都不讲。于是他经常逃课，自学麦克斯韦的理论，找到了在学生时代最使他着迷的课题：在任何条件下，电磁波的速度都是绝对的，永远不变的，不取决于任何参考系。如果把这运用到他16岁时的那个问题上，由于光也是一种电磁波，答案就会变成：他追他的，光还是按光自己的恒定速度前行，他看到的将是一束仍在以光速前行的光，而不是因速度相等而看起来像是停滞不前的光。这个答案像一道霹雳，在他的脑里炸开了，他以自己的方式发现了新旧科学之间的矛盾。当时的科学家都想方设法从牛顿的绝对时空里去找参考系，找介质，来解决这个矛盾。但爱因斯坦在一个市级专利局工作，像武侠小说里的扫地僧，不混圈子，也没有什么历史包袱，思路清奇得像天外来物。他注意到，既然麦克斯韦没有指定参考系，那就干脆拿起剃刀，把条件剃光，用懒人思维来做个简单的假定好了。没错，就是一个假定：光速永不变！如果要表达得准确一点，那就是，光在真空中的传播速度总是固定的，与发光体的运动状态无关。连麦克斯韦有点犹豫的那个以太都被剃掉了，根本不存在什么以太，光速不依赖于任何介质。别小看这个假定，一个少年时代的疑问捕获到了光的终极本质和诡异的光速，最终颠覆了人类的时空观。而这时，他不过是专利局里一位名不见经传的小职员，而且刚刚入职两年，年方26

岁。他第一次问到追光问题时是16岁，10年后提出狭义相对论时是26岁。正好又过了一个10年，也就是36岁时，他提出广义相对论。

这两套相对论既高深难解，又简洁易懂。这么说，明显地自相矛盾，但这矛盾却可以经由对我们日常生活中的直觉和直观的反思得以消解。之所以让人觉得难解，其实就是因为它们处处与直觉作对，日常生活的经验反而成了理解的障碍。如果愿意改变出发点，改变思维方式，或者像个未受过学科教育的少年，那就可以发现，其实相对论的原理并不比牛顿力学难多少。它们虽然不合情，不合理，却合乎逻辑，合乎想象，只要顺着它们的推理走下去，一个美妙的新时空就会在眼前徐徐展开。

光速

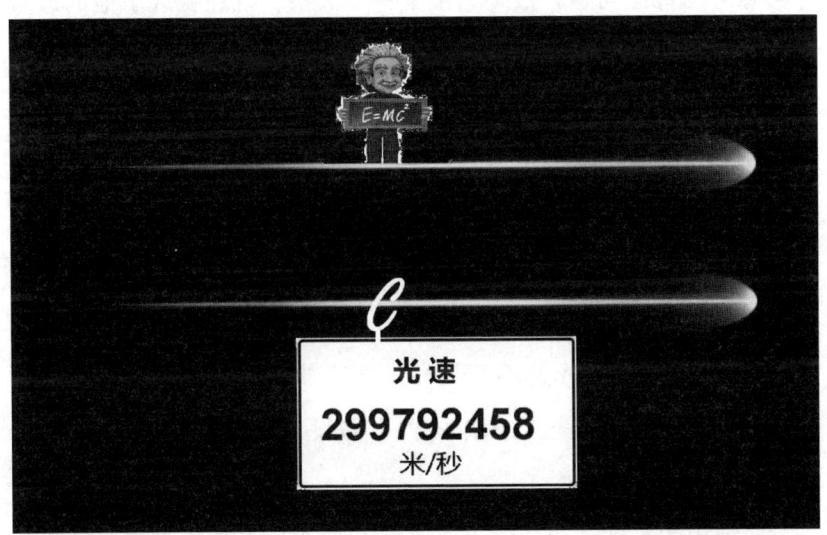

在任何条件下和任何参考系里，光速都是固定的，每秒299792458米，全宇宙最快，没有之一。麦克斯韦和爱因斯坦都曾用符号V来表示光速，但今天的科学界通用小写字母c表示光速，取自英语中表示恒等和常数的constant，和拉丁文中表示快速的celeritās的第一个字母。

"光速加车速等于光速，光速加宇宙飞船的速度也等于光速，光速加光速还是等于光速，光到底是什么，这么霸道？这是要推翻数学的加法吗？光+1=光，光+2=光，光+光=光，还讲不讲道理了？"安得对光的这个个性有点不满，觉得它太执拗了，一点都不变通。

"是的。光子是一种没有静止质量的粒子，没质量就没负担，所以就跑得快。你要超过光速，就要变得质量小于零，那是不可能的。没有质量，就不受外界影响，再多的速度叠加上来也找不到可以施加影响的着力点。但在当时，这个想法太离经叛道了，简直就是《皇帝的新装》那个故事里的小孩，不理会各种假设和条件，把一大批科学家都在寻找的以太当作皇帝的第一件新装否定了，然后，手指指向另一个世界：看，光速不变，光速最快。这个从16岁开始思考的奇怪问题，最终结出了一个大果，现在变成了他的最重要的原理。相对论有两大原理，一是从伽利略和牛顿那里发展出来的相对性原理，一是从麦克斯韦那里发展出来的光速恒定原理。前一个原理，我们刚才已经提到过了，你们也感觉到了，它并没有那么反常识，爱因斯坦只是把它的适用范围扩大了。让相对论变得离奇的是后一个原理，而且这两个原理之间是有矛盾的，伽利略和牛顿肯定不同意光速恒定原理。为了解决这个矛盾，需要一个新的理论同时满足两者。'光速不变'和'光速最快'最初都还只是未被验证的假设，但就是这么简单的两个假设，再加上一些几何推算，一个全新的理论就诞生了。"

仔细想想，什么叫作学习和理解？是不是大多数人都只接受和自己的经验相符的内容？一旦超出经验，往往就会止步不前，而经验又受原先的观念限制，与观念不符的经验往往在进入思考之前就被剔除出去了。伽利略的比萨斜塔实验的结果就与当时多数人的经验不符，可那不过是拿两个铁球扔一下就可以验证的事而已，是什么阻碍了当时的人们去扔铁球呢？说白了，就是观念，观念让人止步不前，自己说服自己放弃了。光速也一样，在那之前，没人拥有这种观念，日常生活里的直觉和当时科学界的主流共识都不支持光速不变的假说。横空出世的爱因斯坦在当时是孤独的。比起那个时代的科学家们，今天的我们理应更容易学习和理解这个假说，因为一百多年来的科学发展为我们铺好了道路。

"既然这样，刚才那两束手机灯光肯定没有快慢胜负，它们会同时到达车厢的前后壁。"安顿一边说，一边亮出手掌，"我们都赢了！"

马克和他合掌一击，补充说："严格来讲，那得在真空中。在这列车里，各种东西都会对光速形成微小的影响，比如，刚才走过的那个列车服务员。"

安得一直忙于消化马克刚才的那一通长篇大论，听到他们又回到眼前的这个现实，就先放下那些原理，抓住这个实例，说："如果她是一束光，那不管从车内看，还是从车外看，她的速度都是一样的？"

"是的，从车外看也不会变得更快，列车开得再快，她也还是光速，光速已经是最快的了，没法再快了。这不符合常识吧？所以，我们就要说说光的常识了。光到底是什么？光，或者严格一点说，可见光是人类观察世界，认识世界的第一个工具。没有光，世界将一片黑暗，所有关于时间、空间和运动的概念将无从产生。麦克斯韦把光也归入电磁波，可为什么人眼只能看到光，却看不到其他的电磁波呢？那是因为在太阳给予地球的电磁波里，能量最强的就是光。而人类，当然，还有其他动物，在进化的过程中，逐渐发展出能感应并接收这个最强能量的器官，也就是眼睛。如果人眼能看见可见光之外的电磁波，比如无线电波、微波、红外线、紫外线或X

射线，那所有人都会怀疑人生，任何一种世界观都要被改写。你就想象一点吧，如果你一眼就能看透每个人的身体，包括肚子里的食物残渣，别说你的审美观了，你自己要能不看吐了，就算个狠人了。哦，不，也许会因为看到太多的东西，人脑的容量处理不了那么多的视觉信息而死机，至少在最初那几千年的进化时间段里，所有人都会被那些无处不在的波和线缠绕得头晕脑涨。人类现在这么看世界，不多不少，只看到可见光所呈现的那一小部分，不过是物种进化的一个有点偶然的结果而已。还记得康德的苹果吗？你看到的世界只不过是光进入特殊构造的视网膜，和里面的化学物质发生反应所产生的结果而已。"

电磁波谱和可见光

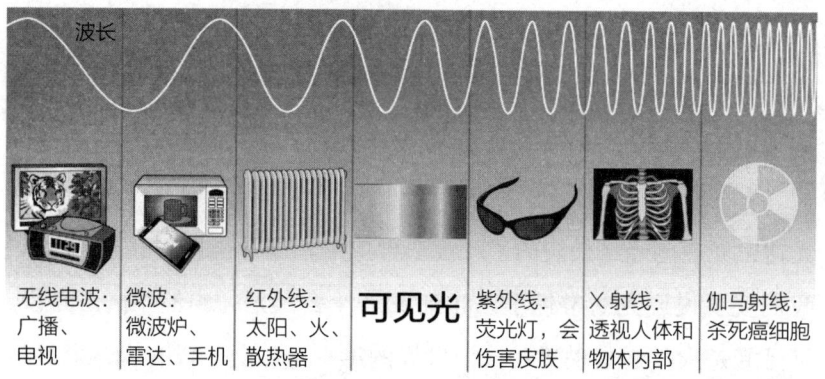

图中可见光所占的那一小部分，就是人类肉眼认知的极限范围。这张图中的分类在下文会多次提到，用于帮助理解宇宙中的光、电磁波和颜色的变化。[图片来源：编译自《大英百科全书》(Encyclopedia Britannica)]

"那知道了麦克斯韦的电磁波和爱因斯坦的光之后呢？"如果马克的大脑里或者嘴里有个快进的按钮，他真想按下它。

"这两个人改变了人类对时间、空间和运动的认识。你们到今天为止问过我的所有疑惑,实际上都和光速有关。光速是宇宙中所有的物质运动和信息传播的速度上限,并且独立于源头和观察者,不会随着参考系的变化而变化。注意哦,光速不变可不只是火车平稳行驶、匀速行驶的那种不变。它的'致命'之处在于,它不仅自己的速度不变,而且相对于任何参考系都不变。如果我们这趟列车就是真空中的光,那任何人在任何地点,也不管他们在以什么速度前进或后退,看到的都一样:我们在以光速前进。速度是在空间里以时间的推移来完成的概念,与空间观和时间观关联最大、最紧。别以为你坐着不动,就没有速度,整个地球都在转呢。而速度一变,时间、长度、质量、能量都随之而变。一旦发现速度有了极限,很自然地,就会让人起疑心:时间和空间会不会也有极限?当光速挑战常识里的速度概念,实际上也就是在挑战人类习以为常的空间观和时间观本身。《圣经》里,神说'要有光',于是就有了光。爱因斯坦是不是也有点那架势?"

安顿很理解女儿的感受,觉得马克又扯远了。他自己则被那些名词缠住了,有点头疼,诉苦道:"听着有道理,但这些名词太折磨人。相对论认为光速绝对,却又连着相对性原理。又是相对,又是绝对,听得我都想像复读机一样重复几遍,可是每句话都有点绕口啊。"

"不仅绕口,还绕脑。"安得对那些名词本来就没有多少先入之见,他倒是听得进去,正期待着下文,也期待着学点走捷径的方法,就问道:"说到大脑,我很好奇,麦克斯韦和爱因斯坦那两颗大脑到底是什么做的?大部分的科学家都是做了很多实验才总结出了一点什么东西,这两人可好,拍拍脑袋,就整出个惊天动地的大理论。"

"还真的是拍脑袋想出来的,而不是在实验室里研究出来的。电磁波是先被麦克斯韦的大脑想出来,然后才在真实世界里被发现的。麦克斯韦不是一个实验科学家,爱因斯坦更不是。麦克斯韦筹建了剑桥大学的卡文迪许实验室,是第一任主任,多少还做点实验,而爱因斯坦则几乎没有做过任何的实验,凭其天才径直推导出理论。有一次,爱因斯坦和他的夫人艾尔莎在美国洛杉矶的威尔逊山上参观天文台,听工作人员自豪地介绍完那些望远镜后,艾尔莎淡定地说,我丈夫只需要一张旧信封的背面就够了。这还真不是骗人,虽然她说得有点幽默、夸张。相对论的论文没有引用任何科学文献,几乎就是自说自话,不需要任何实验设备,不需要大量的人力物力,只需要在头脑中想象一个实验。光靠大脑就能创造出这么伟大的理论,这种思想实验既证明了人类的智力,也证明了不受教条限制的自由思想的重要性。百年之后,当我们想起这些,都会觉得有幸与爱因斯坦同为人类,人类确实不笨,还是有前途的。"

　　"怎么没有实验?不是有个迈克尔逊-莫雷实验帮了他吗?"安顿还记得一点那个故事。

　　"很多教科书都这么写,其实并不符合事实。那个实验是迈克尔逊和莫雷两人在美国为了验证以太的存在而做的一个实验,结果以太没找着,却证明了光速在不同惯性系和不同方向上都是相同的。但是,爱因斯坦构思狭义相对论时并不知道那个实验的存在。那个年代可不像今天,学术论文和科研信息可以在网络上发表、展示和传播。他当时地位卑微,和其他科学家没什么来往,也不理会别人是怎么想的,用他自己的话说,'只坚信绝对运动是不存在的'。'扫地僧'一不小心鼓捣出一个大庙来了。"马克说到这里,眼睛发亮,却又马上退缩一步,说:"唉,你们可别嫌烦啊,这可是人类迄今为止纯粹理性和智力的巅峰之作,值得多说几句吧?"

"那是。可我们在山脚下的人,怎么办?他那么一思想实验可好,连我所知不多的几个可怜的物理法则都被颠覆了,做了那么多练习题,辛辛苦苦学会的对于'运动'和'速度'的认知也被掀翻了。"安顿似乎还在为他的中学物理辩护,"我理解牛顿力学只是相对论在低速状态下的一个特例,匀速运动也只是一个特例,但是你能说牛顿错了吗?难道世界上真的就没有什么是绝对的,都是相对的?"

"那不是爱因斯坦的本意。他并没有涉及哲学意义上的相对与绝对,到了晚年,他甚至不喜欢别人继续用'相对论'来称呼他的那个理论。因为光速不变,光速绝对,他觉得用"协变论"来命名也未尝不可。当然,名词造成的困扰也确实存在。'相对性原理'和'相对论'这两个词,光看字面,长得很像嘛。叫相对论容易使人片面关注相对性原理,而忽视光速的绝对性。相对论实际上是由一个相对和一个绝对共同构成的。绝对的那个来自麦克斯韦,是革命性的;相对的那个来自伽利略和牛顿,只是一个进化,因为它已经比较自然地融合、统一到相对论里了。不过,用于时空问题,这个名称却恰到好处,因为绝对时空观被它打破了,这个名称可以很好地提示人们,时空从此变成相对的了。"

安顿想到一个有趣的比喻:"牛顿和麦克斯韦打架了。然后,前来劝架的爱因斯坦用一套相对论摆平了双方,证明了两人都是对的,只不过给牛顿安上一个前提:速度别太快。"

"没错。与其说牛顿错误,不如说牛顿有限正确。其实,爱因斯坦也是有限正确。今天,广义相对论和量子力学也出现类似的问题了。它们在各自的领域里都有效,可一结合就会出现矛盾。不知道以后谁能出面协调它们,摆平它们。"

安达听完马克的话，用手肘碰碰儿子，悄悄地补上一句："你说呢？麦克斯韦发表第一篇论文时几岁来着？几岁上大学的？你感受一下。"

他握紧拳头，压在桌面上，说："我还有一年呢！"

"那我还有5年！"一直看着窗外的安泽，突然回过头来，说了一句。

马克安慰他们说："不急不急，不用写论文，想出个好问题也很好啊。爱因斯坦16岁时问的那个问题就……"

"那我就用一年时间，先追上那个追光的少年再说。"安得好像看到了一线希望，兴奋地打断马克的话。

"那我还有6年！"安泽又补上一句。

14岁的爱因斯坦

爱因斯坦于1893年在慕尼黑的照相馆拍摄了这张照片。两年后，他退学离开德国，前往意大利与家人团聚。[图片来源：《时代》(*Time*)杂志，ULLSTEIN BILD / GRANGER COLLECTION]

恍若隔世

旅途的疲乏在一夜熟睡之后,消失殆尽。窗外是冬日灰蒙蒙的大海和空无一人的海滩,一片肃杀之气。凛冽的海风被隔断在宾馆之外,大厅里还留着一些节后的装饰布置,但客人不多,对它们大都熟视无睹。

早餐过后,阳光逐渐变暖。窗台上的残雪正在以难以察觉的速度细细地融化。不远处,大海在沙滩上横吐泡沫。在两大片灰蒙蒙色块的结合处,那些越积越大的泡沫像一团团大雪堆在阳光下颤抖。偶尔大风吹过,又像是有外星来的怪物钻入泡沫,一大群不约而同地向同一方向蠕动,摇滚,和大海一起吐纳呼吸。

两个中年人坐在窗边,开始感慨人生。

大海里的那些小鱼小虾,一生只有几十天或几百天。从人类的角度看,寿命太短暂了。可是它们会不会也觉得自己度过了漫长而艰辛的一生?

如果地球外有高级文明,那里的生命体看我们会不会觉得人类也不过就是些小鱼小虾?

你说,昨天路上的那几个小时在另一个时空里也会是同样的长度吗?

我们现在在这里休假度过的一个小时,和还在工作的同事们的一个小时相比,会是一样的长度吗?

就在现在,地球另一头可能有个人正坐在窗边发呆。我们在这里聊天的十分钟,和他发呆的十分钟,是等值的吗?

"等等，爱因斯坦本人说过：你把手放在火热的炉子上一分钟，感觉起来像一小时。坐在一个漂亮姑娘身边一小时，感觉起来却只像一分钟。这就是相对论。"

正说到这里，安得端着一杯水走过来，在他们中间的地毯上坐下。安顿只好把这个少儿不宜的话题收住，做个总结："有个词儿叫心理学的时间箭头，说的也是这个意思吧？要是相对论就停留在这俏皮话的感觉里，事情就好办多了。我觉得它没能深入人心的最大原因，就在于我们体验过的速度，即使是最快的飞机，和光速相比，也微不足道，以至于无法靠直觉感知到那么一丁点的时空变化。恐怕我在有生之年是体验不到了。"

安得把手里的水杯递给他，说："别担心，等我以后坐上极快极快的宇宙飞船，到太空遛一圈后，回来向你报告。"

"那你觉得你会看到什么？"

"俯瞰地球，全人类都在团团转，哈哈哈，昨天看到的列车窗外的那些树就不值一提了。"

马克听到这里，说："才一天一夜，你就跳出来了，视野不一样了。都说先理解了那些概念，才能改变自己的时空观和世界观。其实，更好的顺序可能是，先清空自己的时空观和世界观，才能理解和接受那些概念。而你，趁现在年纪小，还没被太多的旧知识和旧世界观蒙蔽……"

"你的意思是我只好放弃治疗了吗？"安顿抱怨道，"哈哈，开个玩笑啊。趁热打铁，接着昨天的话题，来点他能理解的内容吧。我们那些无聊的感慨，不提也罢。"

"好吧。拿纸笔来。不过，在开始之前，有一点要提醒你，安得，你从接近光速的宇宙飞船回到地球后会发现，你只离开几个月，但你爸爸妈妈和妹妹都长大了一二十岁。所以,你可不能玩得太嗨了,去得太久,回来后就有可能认不得他们了。"

好了,你们可能听说过横渠四句,但没听说过马克四句吧?也许不够严谨,只是马克总结的极简版狭义相对论而已。看:

1. 光速:光速最快,恒定不变。
2. 尺缩:速度越快,空间越收缩,物体看起来越小。
3. 钟慢:速度越快,时间越膨胀,时间流逝得越慢。
4. 质能:速度越快,质能越大,质量和能量等价可互换。

理解这四句并不需要太多的科学知识,几乎每个初中生踮一下脚后跟都能够得着。简单概括起来看,也就是先假设光速不变,然后用它把牛顿力学重新推理一遍。结果发现,时间、空间、质量、能量一搭上光速都变样了,牛顿的那一套,除了万有引力外,都失效了。这个结论不一定非要到太空中用光速做实验,只要多观察、分析并反思日常生活里的细微变化,也可以得到粗略的轮廓。但是,如果没有培养出足以对司空见惯的日常现象和经典科学常识构成挑战的批判性思维,如果没有循循善诱的引导者,很多人就迈不出第一步。爱因斯坦本人就只是对时间、空间、速度等基本概念反复思索,找出矛盾,解决矛盾,用一场完全从自己的大脑里刮出来的大风暴,整出了这个全新的理论体系。我们不妨遵循大致相同的理路,简单地重走一遍爱因斯坦的推演之路。

还记得闵可夫斯基怎么称呼爱因斯坦的吗?懒惰的狗。懒狗爱因斯坦不爱上课,但爱读哲学书。有一个哲学家像麦克斯韦的论文一样直接刺激了他，那就是奥地利–捷克科学家和哲学家恩斯特·马赫（Ernst Mach，1838—1916）。马赫认为牛顿的绝对空间的概念既然无法实验，也无法观测，就不具备科学上的意义，应该从科研对象里剔除出去。世界上所有的东西都是相互联系和相互依存的，空间也不可能绝对地独立存在。我们能观测到的只有相对的空间和相对的运动，必须老老实实地放弃绝对空间和绝对运动的概念。马赫的哲学和麦克斯韦的科学像两颗大种子，在爱因斯坦思想的土壤里悄悄生根。直到1905年5月的某一天，他与好友迈克尔·贝索（Michele Besso，1873—1955）聊天时，谈到16岁时的追光之问，贝索提到了马赫的看法。他灵光一闪，预感到如果把麦克斯韦和马赫联系起来，打通科学和哲学，就可以走出困境，协调起牛顿力学和麦克斯韦电磁学。第二天，他又来到贝索家里，说："谢谢你，我的问题解决了。"大约一个半月后，他写出了一篇短短的论文，就是《论运动物体的电动力学》（On the Electrodynamics of Moving Bodies）。这篇论文像自说自话，没有引用任何文献，没有提及任何科学家，唯一提到的名字是贝索："最后，我要声明，在研究这里所讨论的问题时，我曾得到我的朋友和同事贝索的热诚帮助，要感谢他提供的一些有价值的建议。"论文从题目到写作风格都朴实无华，也没用什么高等数学，提出的假设也就两条，都简洁明了：一个光速不变，加上一个相对性原理。

"大科学家都是这么玩假设的吗？这都简单得有点不好意思了吧？"

"就是这么简单。当然，这两个假设都不是躺在梦中得来的，不是随随便便信口胡说的。在那之前，有着人类几千年的积累。那些积累到了一个时间点，产生了一次大突破。你可别小瞧它们，这么简单的两个假设至今还没被证伪呢。它们不仅可以推导出一套伟大的理论，而且还可以做出一连串已被证实了的预言。把这两个假设当作两个轮子，让我们上路，看看能推导到哪里吧。别紧张，推到哪里算哪里，算散步哈。"

时空协变，无处可退

停一停，请花几分钟想一想，什么是空间？什么是时间？什么是速度？什么是运动？你个人是怎么拥有这些认识的？

最初，那些不过是人类在漫长的摸索中总结出的一套经验而已，就像就学之前的小孩，一般只有直观的感受和经验的归纳而已。然后，一部分人经过猜测、比较、整理、反思、推理、实验、复合和研究，把它们提升为知识和观念，可以用来解释和分析一些现象，可以用同一个原理来反复重现相同的结果。如果一个人能这样理解那些知识和观念，那就不会太执着于时空的绝对性，就可以像爱因斯坦那样思考了。

拆解空间

首先来看看"距离"这个概念的相对性。一个人在运动中，比如坐在飞机、列车、汽车或宇宙飞船里，如何才能精确地测量地面的某一段距离？这是一件看似简单，实际上不可能完成的任务。运动中的人无法同时标注一段距离的起点和终点，只能先标注其中一端，然后再标注另外一端。两次标注之间，即使只有一秒，时间也流逝了，而那一秒里，测量者还在运动。另一种方式是，如果那段距离比飞机、列车、汽车或宇宙飞船短，那就可以先把它的起点和终点相对应地标记到后者上，然后在后者身上测量两点之间的长度。但这个方法也一样地无法做到"同时"，标记起点和终点也还是会有一定的时间间隔。如果靠多人合作来测量，各人都在运动中，事情反而会变得更复杂。多人之间的位置不同和信息传递的时间差会加剧误差。距离越大，速度越快，这个因不能同时操作而造成的误差就越大。所以，两点之间的空间间隔和参照物的运动状态息息相关，用距离、长度和间隔来保障空间独立不变的刚性是可疑的。

除了独立不变的刚性之外，空间还常常被赋予一个静止的特征。仰望星空时，地面上的人往往会认为自己静止，星辰在转动。反过来想象一下，如果站到某一星辰上回望地球，是不是又会认为自己在那里是静止的，转动的是地球呢？但是，这里所谓的"静止"都不过是从自身的参考系出发的感觉而已，看到的运动也只是来自那个参考系的视点而已。参考系不同，看到的运动和静止是不同的。这也是为什么天文望远镜必须适时调节角度以便以更好的角度接收外星光线。人类留在地球上，说自己是静止的，或者说自己是运动的，两种说法都对，也都不对，因为都是相对的。

这些也许都还只能算小瑕疵，动摇不了根本，但光速加入进来捣乱后，事情就变了。来看看光速如何改变空间，或者传统的空间观为什么是错的。

在传统的三维空间里，人们相信三维性质相同，各处都适用同一支尺子。空间不过是用于装物质的容器而已，物质怎么改变都改变不了容器，容器也不干预或改变物质，两者相安无事。

但是，当我们需要定位一个事件时，如果用之前聊过的世界线，把空间三维和时间一维还原成同一个物体经过的序列，那么，在不同参考系里，时间和空间的标度就会显得不一样，就需要用不同的尺子和计时器了。如果接受了光速不变的前提，那么，这个唯一不变的速度，就可以被当作校准时间和空间的常量。所有的物体都在时空里运动，运动中的物体不可能维持不变。那它们怎么变化呢？一只小鸟、一颗子弹或一支箭在静止状态下，碰到人的皮肤，最多有点扎人，有点痒，但它们加速后，撞上飞机就是一个洞，击中人就有可能致命。这就是物体在加速运动状态下变得更有威力的表现。这种因为运动而增加的威力称为动能，和速度成正比。速度越快，动能越大，叠加到物体本来的质量上，使物体的实际效果远超静止时的质量。这个加重后的总质量叫作相对论质量，以区别于静止质量。但是，速度越快，加重的效果越大，阻力也就越大，再加速也就变得越困难了。当速度逼近光速时，物体就会变得无限重，重到无法再加速，这就是光速不可超越的原因之一。

"像个大胖子，为了增加力气跑得快点，拼命多吃。吃撑了，结果跑不动了。人也有自己不可超越的体重。是不是这样？"安得有自己的理解方法，马克对这一点非常欣赏。

"但是，当这个大胖子的速度达到光速时，他就可以完成终极减肥瘦身了：体积变成零。在现实生活中，我们可以看到，在其他方面都相等的条件下，一般都是越瘦的人跑得越快，是吧？谁见过胖墩墩的跑步冠军？在宇宙里也差不多和这个道理一样，速度越快，物体的长度就越缩小，接近光速时，几乎变成一条竖线。如果物体以90%的光速运动，那么它将比静止时缩小80%。这时候，如果他手上带着一把静止时是1米长的大尺子，那个尺子现在就会缩短成只有20厘米长了。尺子上的刻度原来是1厘米，现在每个刻度只剩下2毫米长了。这就叫'尺缩'。"

尺缩

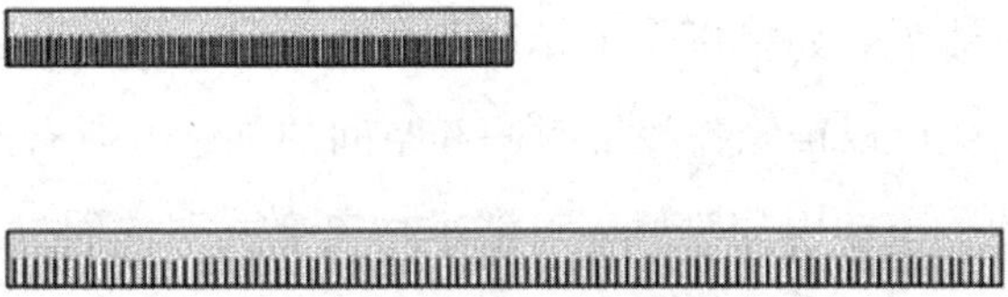

同一把尺子，如果放在地球上静止不动，就是下图那个长度；如果以接近光速的速度飞行，看起来就会像上图那样，整体变短，刻度变密。

这个发现前所未闻，足以颠覆三观，但基本原理其实很简单，简单到只需初一水平的知识就可以在一念之间完成这一观念的转变。距离等于速度乘以时间，这是小学就学过的数学吧？只要接受了光速不变的假设，光靠这一数学等式就可以推导出尺缩。我们来看看这个极端的速度将如何改变空间和时间。

假设那个追光的少年爱因斯坦，或者列车的速度是光速的一半，那么，光束只比追光者快半个光速吗？不，不管追光者的速度是多少，光速永远是光速，光束永远比追光者快一个光速。这就要求追赶者的长度必须变短，才能保持那个数学等式继续成立。当追速达到光速时，追光者的长度就必须变成零，才能保证光束继续以光速前行。

"假设，只是假设哦，如果超过光速呢？"

"从零往后退，是什么？负数。空间不可能变成负数吧？而且，达到光速的那一刻，时间就停滞了。再向前超过光速，时间也会变成负数。所以，只要负数的时空不存在，光速就不可超越。"

"等等，时间变成负数，不就是时光倒流吗？"

"那是幻想，是诗意。你见过时光倒流吗？安泽倒是想过哈。可惜啊，在你发明出时光机器之前，谁都没办法看到负数的时间。"

"既然光速不可超越,那如果有人站在光速胖子的肩膀上,向光速前进的方向踢出一颗足球,这足球的速度看起来会不会比光速更快?或者就想象我是那个16岁的爱因斯坦,骑着光线飞,然后我还继续加油、加速,用力向前,哪怕就加速那么一毫米,也不行?不行就算了,绝望之下,不干了,向前一跳呢?不就超过光速了吗?"

"不会,因为光速之下,空间已经被压缩到零,前面就是一个光速壁垒,所有的东西都冲不过去的。如果足球的速度低于光速1%,那低出的那个1%就是足球速度的上限。你向前一跳,说得像是要从某个'高处'掉落下去一样,可宇宙中并没有高低之分,掉落、飞升、前进、后退都无从定义。就算找到一个参考系,真的开始掉落了,假设掉落过程中的各种引力、摩擦力和太空小垃圾都不存在,这个自由落体会不断加速吧?加速一万年、一亿年,会不会就达到光速了呢?不会的。当它达到光速之后,就没有空间可掉落了,到了底儿了。反正任何速度不管你怎么叠加,怎么合成,最后都不可能超过光速。因为空间和时间都被速度限制了,到底了,碰壁了,就是不让你超越。"

"我能想象得到人和光都被困在光速壁垒里,什么东西都冲不出去的情景。也想象得到球体掉落到底儿了,再也掉不下去的过程。但是,最后到达的那个壁和那个底儿是什么?"

"到达不了,永远不可能碰到那个壁和那个底儿,最多也就是碰到个黑洞,它还不是终极形态,但已经把时空扭曲到不可思议的程度了。在黑洞的视界周围,时间极慢,如果你能从那里活着离开,哪怕只在那里停留一天,回到地球,你就会发现这里已过去几十年了。黑洞会吸收附近的所有物质,变成极为密集的空间。如果要把地球挤压成一个黑洞,那它就会是一个半径不足2厘米的小球。不过,今天先不谈黑洞,我们先在这里来个小结论:绝对空间不存在。我们接着谈时间。"

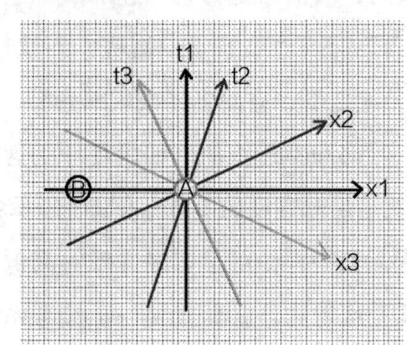

不同坐标系里,不同的定位,不同的时序

请立体想象图中的三个坐标系:黑色(x1,t1)、深灰(x2,t2)和浅灰(x3,t3)。

空间:同一个B点,在三个坐标系里拥有三个不同的数值,意味着空间的定位是相对的。

时间:如果A和B代表两个事件,那么,在不同的坐标系里,将出现不同的时序——在黑色坐标系里,A和B两件事同时发生;在深灰色坐标系里,A先B后;在浅灰色坐标系里,B先A后。

拆解时间

讲到时间,就不得不从钟表说起。钟表是工业时代最核心的发明之一,在一百年前还是一种只有少数人才能拥有的奢侈品——谁能更精确地计量时间,谁就显得高人一等。在接下来对时间问题的思考里,我们几乎每一次都要拎着想象中的钟表,先是放在地球上的不同地点,然后是地面和太空的不同高度,不同速度,不同引力,不同时空的环境里——实验——当然,只是思想实验而已。实际上,我们都已经很久不戴手表了,在大部分人的生活中,钟表已经被手机替代了，但也不碍事，只要是一种计时工具就行，哪怕是虚拟的、想象的也成。

当我们说远隔千里的两地同时发生了一件事时，这个"同时"是用钟表的刻度来描述的，比如某年某月某日某时某分某秒。人们总是相信两地的时间是平等的，同步的，一起以均匀的节律前进。当一个人在运动中，比如坐在飞机里、列车里、汽车里或宇宙飞船里，如果他看到自己的钟表是8点15分，他总是相信地面上的钟表此时此刻也必定是8点15分。如果目光所及的范围内同时发生了两件事，那处在中间位置的人必然会同时看到。如果列车准时5点到达，那就意味着，手机显示出5点整和列车到达这两件事将同时完成。这就是时间的同时性。

但是，一个运动中的人，比如昨天还在列车里的我们，真的能拥有这种同时性吗？如果车头和车尾同时发生了什么事，怎么做才能确定它们是同时发生的呢？假设有两束闪电从天而降，同时击中铁路上的前后两个地点，而列车正好在两个地点之间的中点，观察者又正好在列车车厢的中点，那么，当列车处于停止状态时，没问题，他能同时看到两个雷击事件，因为闪电击中两个地点而发出的光信号会以相同的光速，经过相同的距离到达他的位置。严格地说，列车要全透明，才能看得清；还必须是真空的，才能不出误差。但是，如果列车处于快速行驶状态呢？那他就会先看到前方的雷击，而后看到后方的雷击。因为光信号在传递的过程中，列车正在快速前进，导致他和前后两处的距离不相等。光速恒定不变，但距离变了。根据小学数学里的那个速度、距离和时间的等式可以得知，两束光信号到达他的位置所要花费的时间不相等了，他看到的两处雷击将是一先一后，而不是同时发生的，虽然这个时间差很微小。

同时性的相对性

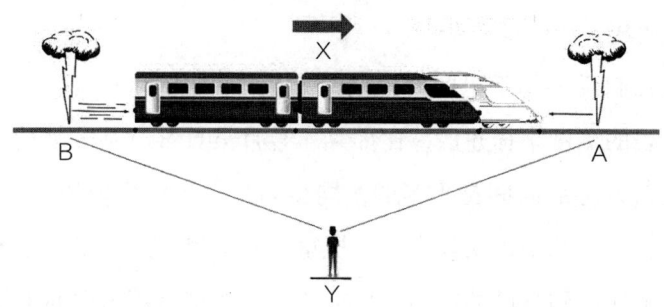

地面上静止不动的 Y 看到 A 和 B 同时发生。坐在快速行驶的车厢里的 X 将看到 A 先发生，B 后发生，A 和 B 不同时。

但是，对于站在地面中点位置的人，这两束闪电从天而降时，他看到的将是同时击中前后两个地点，不管列车正在高速行驶还是静止不动。两个事件怎么会既是同时的，又是不同时的？哪个才是正确的？答案是，两个都正确，也可以说两个都不正确。因为，对于两个事件到底是否同时发生的判断完全依赖于参考系。这就是时间同时性的相对性。或者用马克自己的话说，这算是一种时间的合成。我们之前谈过速度的合成在光速里是不成立的，但马克觉得，时间的合成却有可能成立。

现在回头想一想昨天，当我们坐在列车里的时候，车上发生的那些事情在我们看来都是在同一列车里发生的，也就是"同地"。但在车外的人看来，每一件事发生时，不停奔驰的列车都在不同的地点，也就是"不同地"。这种"同地"的相对性很好理解，在人们日常的观念中，早已习以为常了。相比之下，"同时"的相对性，却直到 20 世纪初才被发现，而且作为一种观念，至今还没普及。所以，我们需要先确立起一种认识，即两个事件是否发生在同地和同时，不是绝对的，而是因人而异，因参考系而异，具有相对性。

这还没完，在这基础上，光速这个捣蛋鬼又来了。来看看光速如何进一步改变时间，或者传统的时间观为什么是错的。

"速度"这个概念可以分解在不同的维度里。我们现在看到的这个玻璃窗户、这张桌子和这栋房子都是静止不动的。严格地说，因为整个宇宙都在动，没有任何东西是静止的，只是相对于坐在这里的我们而言，它们是静止的。但几十年后或几百年后，它们就会变旧，衰坏，倒塌，甚至变成粉末。在空间里看似静止的物体，其实在时间里也在变动。它们在时间里每时每刻都在变动，只是人们察觉不到而已。直到有一天房子倒塌了，东西毁坏了，人们才会突然认识到它们在时间里也经历了一段变化的过程。这有点像一个一动不动的植物人也会变老一样。

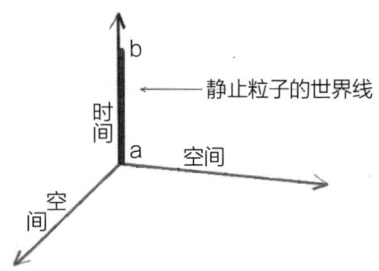

静止粒子的世界线

静止的粒子在空间上没有移动，但在时间线上经历了从时间点 a 到时间点 b 的变化。

在 1905 年的瑞士，火车的普及使得各地火车站的钟表校准成了一个大难题。那个年代可没有互联网和手机，远隔千里可以共享一个统一的报时。火车司机开到一个火车站时，是相信自己的怀表、手表或驾驶室里的小钟，还是相信当地火车站大楼上的那个大钟呢？那时的钟表工艺没那么发达，计时没那么精确，误差是难免的。经过多个车站后，积累起来的误差就有可能闯祸了，小则导致乘客误车，大则导致两列火车相撞。爱因斯坦在专利局里接到过那种致力于减少误差，校准异地时间的专利申请，在工作中需要思考如何保证不同地方拥有完全同步协调的钟表。但在工作之外，他却反其道而行之，怀疑各地钟表完全同步协调的可能性。这就像一个学生背得烂熟，考个满分，但一边答题，一边怀疑考卷本身，有没有可能整张考卷就是个笑话？我把每一道题都答对了，但他们把每一道题都出错了？

异地时间校准用到的主要原理和我们在列车里用手机灯光做的那个实验，以及用想象做的那个闪电实验是同理的，只不过要把距离拉大，把两束光的来源改为两个车站。光和电磁波的速度上限也为异地时间校准设立了一个上限，因为无线通信和有线通信的速度都超不过光速，两地之间的通信注定有微小的时间差，不可能在时间上是一致的。如果时间不绝对，那么会不会时间本来就是地方性的，局部性的，并不存在一个可以适用于全世界的客观的统一时间呢？这个问法肯定让当时的爱因斯坦惊讶和兴奋，并推动他和所有人逆行，因为他看到了真相：不同的地方有不同的时间，这并不是错误，而是必须被肯定的事实。异地校准时间只是出于人类的需求而做出的计算结果，但时间本身总是依附在计量时间的那个参考系上，所以，时间的普适性和时间的绝对性一样可疑。既然每个参考系都可以用自己的时钟在自己的地点来测量自己的时间，那么，不同的参考系就不可能拥有时间的同时性。如果不理解这一点，不同参考系里的人，比如闪电实验里列车内外的人，就有可能为两件事是否同时而发生争论。如果这让爱因斯坦听到了，他可能会说，都别吵了，你们各有各的时间，不必争哪个时间才是对的，才是真的，如果需要把本来不同时的时间强制统一起来，那就来我这专利局里申请异地校准时间的专利啊。

有一个最直观的现象可以帮助我们更好地理解这个问题。地球人能看到日月同辉吗？阳光从太阳到达地球要花8.3分钟，而月光从月球到达地球要花1.3秒，人们在7点整看到的是6点51分42秒的阳光和6点59分58.7秒的月光，而不是7点整的日月同辉。只要人在地球，就永无可能看到同时的阳光和月光，日月人三者永无同时的可能。

由于各个参考系中的观察角度都是等价的，没有绝对优先的观察者，所以，既不存在一个可以涵盖整个宇宙的全局时间，也没有任何一个局部时间是优先的或可以自居中心。这是不是意味着时间混乱，不可调和呢？不用担心，相对的、地方性的、局部的时间可以通过一些变换方程组来换算、验算和校准，即使是"天上只一日，地上已千年"的魔幻时间也可以通过方程变换来把握。

思想实验中只有一个光子的最小计时器

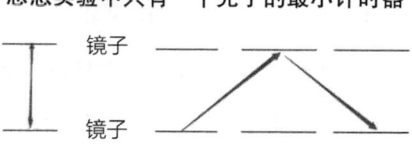

光子在静止状态和运动状态下走过的路程长度不相等。

在爱因斯坦酝酿相对论的那个年代里，钟表的精确度完全不足以验证时间的这种微妙变化。好在他有思想实验，可以超越当时的技术条件，在大脑里想象一个只有一个光子的最小计时器。光子在两面镜子间来回跳动，类似于钟摆的来回摆动或钟表的滴答声。把这个最小计时器放在地面，处于静止状态时，光子每次来回的距离都等于两面镜子之间的距离。如果有另一个完全相同的最小计时器放在高速飞行的宇宙飞船上，而且有一面透明的窗可以让地面上的人看见那个计时器，那他看到的光子每次来回的轨迹将是上图右侧的那种斜线。两相比较之下，可以很明显看出，由于镜子随着宇宙飞船高速运动，光子跳过的路程长于镜子静止时的光子路程。图中显示的只是光子的一次来回，更多的次数将累积起更长的路程，拉开更大的时间差，形成一种时间膨胀的结果。光速不变，镜子之间的距离不变，但光子走过的路程的长度不一样了，所以，当地面的光子跳完1000次时，宇宙飞船上的光子可能才跳完999次。请注意，这是两个计时器，后者比前者少跳一次，就意味着慢了一个时间单位。可想而知，宇宙飞船的速度越快，光子的路程就会越长，使得时间膨胀得越大；而跳动的次数越少，时间也就流逝得越慢，时间膨胀导致时间延缓。

在大尺度的宇宙时空里，这种路程和次数的差距会被放大，越接近光速，差距越大。在有的星球上，光子的一次来回；或者钟表滴答声之间的间隔，可能比地球上的一分钟都长，变慢的节律听起来懒洋洋的，像慢动作。如果宇宙飞船的速度达到光速，那就连滴答声都没了，因为光速逼停了时间，时间膨胀到了极限，就停滞不前了。

对光速的新发现要求我们放弃千百年来固定下来的时间观念。在那种观念里，钟表在宇宙的不同角落里都能照常"走"，放到地球、火星、银河系外、黑洞里都能滴答滴答地走在同一种时间里，而且滴答声的节律会是完全相同的，它们将在宇宙的不同角落里走过相同的刻度。然而，宇宙各处，速度不同，不仅钟表作为物体会因速度和其他变量而变形，时间本身也会变形。在接近光速时，时间就会变得极端膨胀，臃肿，慢吞吞的。即使同在地球上，坐在树下的人和坐在飞机上的人也会经历"尺缩"和"钟慢"，只不过那差别太小，小到无法被人类的知觉感知到。但只要速度够快，或放眼宇宙，或实际进入宇宙，相对论的效应就会变得很明显。如果你以光速的99.9%的速度飞行一年后回到地球，留在地球上的家人和同学都将变老22岁。降速之后，你被"尺缩"的部分将有可能恢复原状，但"钟慢"则无可挽回，21年的时间差将难以填补拉平。

好了，聊到这里，可以粗略得出结论：时间的绝对性和普适不变的同时性不存在了，时间是相对的。

A、B、C是否同时发生？

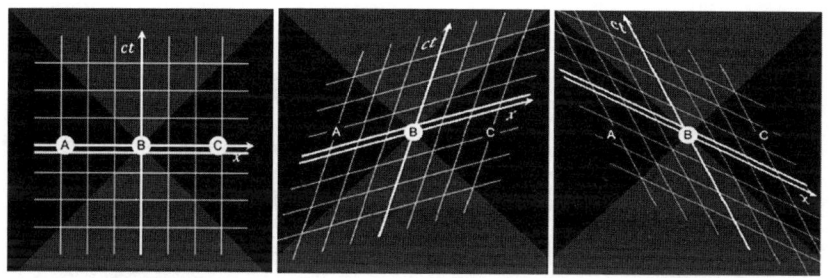

图中的白线表示同时的时间线，从下向上表示从过去向未来移动。A、B、C表示三个事件，在平面上似乎处于同一个高度，即发生于同一时间。事实上：左图中白线同时碰到A、B、C，表示这三个事件现在正在同时发生。中图白线只碰到B，表示现在正在发生B事件，C在白线下，表示事件已经过去，A在白线上，表示事件尚未发生。右图也是正在发生B事件，但和中图相反，A事件属于过去，C事件属于未来。从这个简单的比较也可以看出，事件的同时性不是绝对的，其先后顺序取决于观测者的移动状态。

退无可退

那么，是不是安坐不动，就可以守住传统的固定的刚性结构的空间和时间观念呢？

我们已经认识到时间和空间是一体的，所以"钟慢"和"尺缩"一定是同时发生的。如果有更多的人认可，这两个词甚至可以合并成一个新成语"钟慢尺缩"或"尺缩钟慢"——如果哪一天语文老师开始讲解这个新成语，那也许就标志着整个社会普遍接受了新时空观。当然，数学老师在这件事上可能会有优势，因为我们画过的那两套坐标图本来就应该是他们的拿手好戏。只不过，我们现在都生活在低速的世界里，靠直觉无法理解，即使理解了光速最快和光速不变也很难进一步理解时空的相对性。这就需要思想实验和想象力了。

但是，让我们在这里向前快进几步，先想办法尽快接近结论吧。理解了相对运动和绝对光速，接下来再往前走一步，就不难接受这一点了：既然光速不变，为了解释得通之前提到的那些现象，为了保持方程式有效，那空间和时间就不得不变。嘿，光就是这么霸道，像绝对独裁的国王，而时间和空间不得不臣服于绝对的光，随时被光改变，再也不是绝对的了。这听起来像是爱因斯坦命令空间和时间协同工作，以保证光速的绝对恒定。是的，事实就是这样，为了光速绝对，时间和空间的绝对性不得不被放弃。

继续想下去，连时间和空间都变了，人怎么可能保持不变？所有人无时无刻不在相对论的时空里，不管做什么或不做什么，都无法逃回旧的时空观了。唯一能做的就是，抛弃它。

"为什么必须抛弃？靠旧时空观，我们也活得好好的啊。进入新时空观，也不见得能得到什么好处，还要再学一套，累死人。"这是真心话，安顿真觉得有点累了。

马克一时想不到更好的类比，只好小心地说："对于小虫来说，人类大步行走的空间、速度和寿命都远远超出它们的理解能力。我们人类现在觉得刚好合适的传统时空观在小虫看来也是太大，太虚，没用，不可理解，不是必要的。如果会说话，也许小虫会问，为什么我要理解人类的时空观？我有自己的时空观就好了。可人类总比小虫聪明吧？怎么能和小虫一般见识呢？你就不怕外星人看人类就像我们看小虫一样？如果有一天，他们光临地球，那不就像人类踩死小虫一样碾压人类吗？相对于所有这一切时空的变化，人类太弱小，寿命太短，运动的速度太慢。结果，作为生物的感知能力无法获知空间和时间的真实特性，时空被我们自己蒙蔽了，人类变成陷在旧时空观里的小虫了。据说，爱因斯坦的小儿子曾问他为什么那么出名，他的回答是：一只瞎眼的小虫子在球上爬行，它不知道自己所走过的路是弯的。很幸运，你爸爸知道了。"

这个类比果然产生了反作用，安顿开始抗议了："得了，马克，你行行好，即使愚夫愚妇也得有一块自己的安身立命之处，不用都跟着你跑丢了。"

听到这话，马克只好长话短说了："我们回到日常生活，换个简单的例子看看。是的，如果北半球的人认定全宇宙都是冬冷夏热、春耕秋收，并以此安排自己的生活和生产，好像也没什么问题，南半球和地球以外的世界对他而言是不存在的。你信不信地心说或日心说，都不妨碍你日出而作，日落而息。从那些生活经验出发，你也可以做出有效的判断和预测，比如，明年冬天一定比今年夏天冷，今天从西边落下的太阳明天一定会从东边升起。但是，如果停留在这个阶段，人类就永远无法发现那背后的机制了。总得有一部分人先走，然后越来越多的人跟上，走得远一点，想得多一点，比如你，安得。"

"我在！"安得马上举手，像沉睡的木偶突然被魔术师手中的小棒点到一样，打个激灵，兴奋地说："你不是说过我没有包袱吗？那我直接接受新时空观，就不用学两套了，可以省下时间去玩别的。"

"不止你，你们整整一代人都应该轻装上阵才好。至于学的是一套还是两套，还不好说，因为旧的或者小的那套是新的或者大的这套在低速环境下的特例，有点像电脑或手机的低配版和高配版。和你们的中学课程安排不一样，我觉得先学大的，再学小的，更省力。有时候，你拿到新版或高配版后，看旧版或低配版就是小菜一碟了，这种感觉反过来就不成立。但不管怎样，你应该能体会到，这套东西并没那么难，是不是？"

"好像是这么回事。有时感觉轻松得像玩游戏，但要冲关，一旦冲过去，就理顺了。"

"说得真好！保持这种心态就好了，我们就是在玩一种游戏。你看，不用背什么公式、定理，也没有什么计算、实验，更没有作业和考试，我们不也聊到这里了吗？"

这真是一场思想的冒险。安得从来没有这么密集地接触过这么多知识。他在智力受到巨大挑战的同时，几乎能感受到自己的脑细胞在吱吱燃烧。是的，聊到这里，绝对时空不存在了。但他是作为一种结论来接受的，对这个推导的过程虽已心领神会，但和他爸一样，还有点不情愿。

说白了，相对论就是一种时空观，有人甚至直接叫它时空物理学（Spacetime Physics 或 Space-time Physics）。虽然，绝大部分人终其一生也不可能体验到接近光速的生活，但这并不妨碍我们理解和接受这些原理，并以此重建自己的世界观。当光速为世界划下边界，万物都只能在那边界之内运动，而人不过是万物之一，岂能逃脱？如果有人觉得躲在旧版或低配版里才有安全感，那也是虚幻的安全感。想象得稍微遥远一点，地球之外的文明有可能已经升级到高配版了，躲在低配版里的人类，会有安全感吗？眼见为实，这个成语听起来很科学，实际上可能会把人的认知逼停在个人感知的层面。爱因斯坦自己也没见过真空中的光速，也没真的骑着光追过光，他一生中乘坐过的最快的飞行物和我们一样，也只是普通的民航客机而已。他靠理性把空间、时间和速度联系在一起，放入动态的变化中去思考它们之间的相互关系，不仅颠覆了绝对时间和绝对空间的观念，而且还让时间和空间不得不通过自身的变化来适应光速。这消解了困扰过他的各种矛盾和悖论，也消解了伽利略、牛顿和麦克斯韦的冲突。现在，这么多伟大的科学原理，终于完美地统一到一块了，不用再打架了。

这不只是科学家的事，也不应该只是停留在论文里的知识。作为普通人，如果只限于隔岸观火，看人打架，看人和解，那就太可惜了。即使不是科学家，没有计划飞到太空去，也一样可以接受这些新知识，进而重新认识世界。看看那些过来人如何评价这个影响吧：

> 这种新的思维方式……远远高于理论科学研究，甚至知识论研究所取得的任何成就……相对论引发的一场物理学观念的革命，在深度与广度上只有哥白尼体系引发的天文学革命可与之相比。——马克斯·普朗克（Max Karl Ernst Ludwig Planck，1858—1947）

> 不仅带给我们新的物理学理论，而且教给了我们认识世界的新方法……凡是学习过他的理论的人，不可能再按他们过去的思维方式进行思考了。——阿尔曼德·波莱尔（Armand Borel，1923—2003）

他第一次把时间和空间纳入了物理学的体系,从而脱离了形而上学的束缚。——史蒂文·温伯格(Steven Weinberg,1933—2021)

从那以后,100多年过去了。各个国家、各种社会都发生了巨大的变化,但大多数人对时空的理解却几无变化,就好像这一切从没发生过一样。大人没治了,他们很难走出已经存在400年左右的旧时空观和旧世界观了。但是,今天16岁上下的人们,不管情愿不情愿,应该醒过来,追上那个追光的16岁少年。

无水之波

他们几个现在进入同一个世界了,像是同行的旅行者或战友,虽然装备不一,步伐不一,但还是为接触到共同的时空观而感到振奋。尤其是安得,觉得自己几乎和两个大人站在同一级台阶上了,抑制不住的自豪感都快溢出来了。安达催他们出去走走,说,这是度假,不是上课,不是开会。气氛切换了,但走在路上的安得,连语气都还透着兴奋劲儿。

海堤上的人影寥寥无几,每个人都包裹在厚重的衣服里,在辽阔的背景里,远看就像是刚才他们谈到的大胖子从宇宙降临到地球上。他们几个从外观上看也瘦不了多少,没多久就和"外星人队伍"以及海天背景融为一体了。冬日的海景,另有一番魅力,简直就是为他们的话题准备好的过渡空间,正在无声地迎接这几个刚从宇宙空谈来到地球现实的人。

"看到这实实在在的大海,我觉得啊,好像还是留在旧世界里比较舒服。"安顿边走边说,似乎又想退回去了,"这里的时间和空间,结结实实的,全都触手可及似的,甚至可以根据自己的体感来判断。"

马克很理解这种感受。在回忆起求学时期的一些琐事后,他说:"那些课本里的观点符合人类对确定性的需求,对一个坚固的、绝对的、真实的框架的需求,谁都不愿意被抛入一个处处都是相对的、随时可能被扭曲的空间。那种感觉也许就像人被塞进软绵绵、黏糊糊的橡皮泥一样……"

"空间不仅像橡皮泥,我觉得还可以让它像水波一样荡漾。"安得补充道。因为他一直看着大海,自然就联想到宇宙里波动不定的空间了。

"空间像水波,这个想法很好啊,别丢了,你留着以后慢慢深挖吧。不过,你看这水波,必须有水才能出波吧?水波要荡漾,一定要有水作为介质。你能想象出一种没有水的海浪吗?"

"除了绘画,不可能的。"

"也可以说除了光,不可能。光能在真空里传播,不依赖任何介质。水波靠水,声波靠空气,没有水和空气作为介质,水波和声波就没法形成,形成了也没法传播。可是,光不一样,不需要别的东西帮助,只靠自己就能前行。既然不依赖别的东西,那别的东西也就改变不了它,所以,它就可以保持自己不被外在的因素影响——这也是光速固定的一个原因。"

"放在人类身上,这不就叫自由吗?"安顿感慨道,"不依靠别人,完全按自己的意愿和节奏生活,而且还谁都赶不上,逮不着。以前都说像某某富豪那样实现财务自由,现在也可以说,像光一样。"

"哈哈,你的发现值得一个经济学大奖章。自由如光波,空间如水波……"马克边说边回头看着安得。

安得显然对财务自由还没什么想法，但似乎对波状的空间这个突然得到的形象念念不忘："不只是波动，眼前这无边无际的水波，也能令人联想到宇宙的无边无际。"

"可是，什么叫无边无际？无边无际是一种什么样的空间呢？"

安得的注意力显然不在马克的问句里，他一直看着远处。他的手指在空中停了很久，才慢慢说出："先别纠缠那些问题。你们看，那里有一艘船。我刚才一直看着它，它在逐渐变小。"

大家都顺着他指的方向看去。海天之间，一个小小的黑点，但在阳光下，清晰可见，确实是一艘船。

安顿提议大家坐在堤岸上，看看那艘船开到哪儿去。堤岸并不高，坐下来后，几乎可以平视那艘船。安得觉得有点冷，半躺着，把头靠在他妈妈的腿上。他侧着身子，轮流用左右眼睛单眼看船，玩味视差效应。

这次他没有怀疑自己的眼睛，但怀疑那艘船了："我发现船越来越矮了。不行，我得坐起来看看。它会不会碰到海平面的尽头？如果碰到了，那不就说明大海不是无边无际的？"

经过他的提醒，大家也都注意到了。但这和坐着看还是躺着看没关系，大海尽头的那艘船确实在逐渐变小变矮，让人担心它过不了多久就会沉入大海。

"看到这个，我又想起那个地球仪问题了。"马克一会儿看着船，一会儿看着他，断断续续地说，"海平面并不平，和陆地一样是弯曲的，有弧度的。距离越远，弧度越明显。那艘船每一步都只是向前行驶而已，但拉长了看，或者从空中看，就可以发现，其实它是沿着地球表面的弧度在下降。"

海天交接处的船影逐渐下沉

关于这一点，古希腊人知道得比马克多。有些古希腊人就是看到这个现象，才得出结论：地球是圆的。那时的船有桅杆，有风帆，逐渐变矮变小的效果看得更明显些。那不只是距离的问题，因为他们还观察到，帆船远到某个距离后会更快地沉入大海，而不是匀速远离。他们把这理解成船只沿着弧形下降的视觉结果，而那弧形正是地球是圆球形的证据之一。

眼前的情景还很容易让人联想到牛顿的大炮。牛顿设想过一个炮弹永远也不会落地的发射法：从高山上，水平方向，高速发射。速度越快，射程越远，只要速度超过某个临界点，就会出现一个神奇的现象：炮弹本想直飞，但万有引力一直把它往下拉，地球又是个圆球，结果炮弹的轨迹就会变成圆形，绕着地球飞，永不落地。其实，月球就是这样一颗大炮弹，绕着地球，既不会掉落，也不会脱离。而苹果落地，不就是因为它没有遵循这个发射法吗？出发点太低，没有瞄准水平方向，速度太慢，结果飞不起来，掉地上了。天上地下，规律完全一致。牛顿设想的那个临界速度现在叫第一宇宙速度，每秒7.9千米，既是保持炮弹做圆周运动而不落地的速度，也是发射卫星所需要超过的速度下限——只有超过这个速度，才可以让卫星飞出地球。

牛顿的大炮在当时没有条件做实验验证，只是牛顿个人的思想实验。在那个还在用马车的年代，他却能靠思想实验在头脑里提出几百年后帮助卫星上天的原理，这就是思想实验的威力。

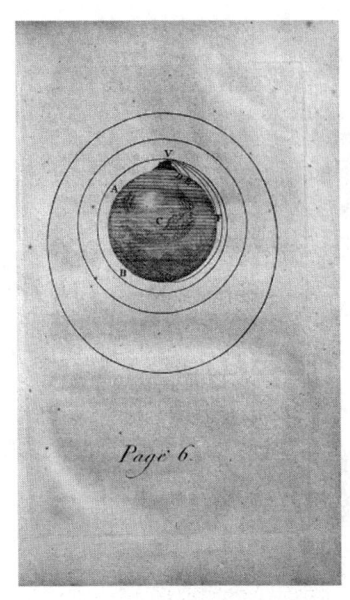

牛顿《自然哲学的数学原理》一书中关于炮弹的插图。[图片来源：美国数学协会（www.maa.org）]

安得跳过古希腊，直接用牛顿的大炮得出了相近的结论："从牛顿的大炮可以想到，我们眼前的这艘船是在下沉，而不是变小，炮弹不会变小的吧？我们快要看不见它了，那是因为地球是弧形的，而不只是因为太远了，是不是？"

"是的，就算拿个大望远镜，一个可以无限变大、看到无限远的望远镜，也没法阻止它最后从我们的视野里消失。准确地说，它当然不会消失，它只是沿着地球表面的弧度下降。如果大海另一端有人在看着它，就会发现，它正从海平面逐渐上升呢。"

安得的大脑里一直装着那个地球仪，很容易就理解了这个现象，并且举一反三地说："所以，从美国拿着最强最大的光学望远镜也看不到中国，反过来也一样，对不对？"

"为什么？"大家都以为安泽不在听，她突然这么一问，让人有些意外。

"因为望远镜的视线是直线，但地球表面是弧形的啊。"他也不确认一下妹妹是不是理解这些话，就转过头对马克说："这下我有点明白了，空间大小影响到了观察结果。小空间里的问题放入大空间来思考，就会变得容易些。"

"是的，像时空变化一样，世界因观察方法的改变而改变。"马克总结得有点勉强，好像不太切题。"你看眼前的这片海景，就很容易让人产生两种截然不同的观感。有人会感受到，空间上，浩瀚无边，时间上，万古长流。但也一定会有人想到沧海桑田，海域有限，地球有限，时空有限。"

马克说完，才发觉自己扯到没边了，这都感慨些什么啊？幸好，大家都听得有点累了，不怎么在意他说什么。难得的冬日海景，足以化解所有的尴尬和沉默。大家都专心看着大海尽头的那个黑点，一艘正在帮助他们验证地球弧度的船。

如果地球是平的

图片来源：英国广播公司（BBC。右下角的船只系作者添加。）

三月·草地

因为这个世界就是这样的

Thoroughly conscious ignorance is the prelude to every real advance in science.

—James Clerk Maxwell

彻底意识到自己的无知是科学中每一个真正进步的前奏。

——詹姆斯·克拉克·麦克斯韦

令人不安的理论

那次海边之旅的最后一夜,安得曾兴奋地说:"哦耶!我今晚要想想看这个可以用来做点什么。"

他心里想的是,小时候理解了地球转动,却没能提升跳远的成绩;这次理解了时间和空间竟然是可变的,说不定能利用起来,做点什么不一样的事情,整出个魔法或者超能力之类的东西来。但几个星期过去了,他不但没想出什么妙计,反而有点不安了。马克最后说的那几句话真的应验了:我希望这能让你不安,因为这本来就是一个令人不安的理论。

就像发生在眼前的突发事故一样,他看到在自己印象中本来亘古不变的人类的时空观出车祸了,被压扁了,被颠覆了。他用几天时间把自己脑子里那一团还不完全正确的理解由易到难地梳理了一下,再次发现它们并不难。这是他在笔记本里留下的几条想法:

1. 不存在一个优先视角,不管是要决定方向,还是要判定谁在运动谁静止。

2. 观察者和被观察者之间的相对运动将动摇空间和时间的根本结构。

3. 光速最快这一点,最容易接受。一旦接受了,为什么光速不可超越的问题或光速壁垒的概念也就迎刃而解了。

4. 光速不变,这个也难不倒我了。

5.为了保持光速不变,时空就必须变。卡在这里了,似懂非懂。这个表达怎么这么别扭,为什么不是相反的呢?如果让光速改变来迁就不变的时空就可以用直觉或常识理顺了。

至于狭义相对论本身,有了归纳得又简洁又整齐的"马克四句",他基本上能理解个大概了。但是,他的思维能允许时间和空间有一点点微小的变动,却没法把自己放入翻天覆地的时空伸缩和扭曲中去理解。不理解归不理解,那种庞大的视野和体系确实极大地满足了他的想象力和好奇心。

这些问题的悬而未决不能怪他的年少无知。要走入那个世界观,人类要修改或摈弃的东西太多了:中心化、绝对性、连续性、本质性、决定论、本性论、统一化、关系论、因果律等等。而要重新理解、重新构建的东西也不少:从物质世界到精神世界的底层规律,乃至人生的底层逻辑。理解世界,理解自己,理解规律,理解科学和思想的伟大力量,从来都不是容易的事情。但是,早点修改和摈弃,就可以早点理解,早点构建。未来世界不会属于旧时空观和旧世界观。

别说这少年,整个人类都还没做好准备接受新的时空观和世界观呢。要不然,怎么会一百多年过去了,绝大多数人还停留在旧观念里,而且还依恋那种绝对的力量、固定的世界?不同参考系之间是平等的,这一点不只是经典力学的基础,也不只是牛顿个人的哲学和心理学倾向,它还是这几百年里人类进步的一大原动力。通过引力万物互联的世界是一幅多么庞大的美好图景。伽利略的斜塔实验鼓舞人类的不只是物理学上的一个新发现——不同材质、不同重量的物体下落加速度一致,还有引力对万物、对众生都平等无欺的原则。那可是大约400年前就已经确认了的自然原理，是那个年代里，人类自己还无法在人类社会里实现的原则。科学的力量为思想作证，也为人类带来了勇气。绝对时空观不仅给人安全感，那种均匀的、延续的、不变的、超越表象的特质不正符合人类的心理需求和美学感受吗？那种脚踏实地、看表计时的惯性行为和踏实感怎么舍得轻易放弃？人类面对更多不确定性时的恐慌心理谁没有体会过？那种固定的、可感知的却又是无限的世界多么适合人类现有的有限想象力，又多么适合人类自己安身立命于其中。

都是那个爱因斯坦闹的吗？如果麦克斯韦不是年仅48岁半就英年早逝，也许他自己就推导出相对论了，就没爱因斯坦什么事了。如果爱因斯坦循规蹈矩，在当时的体制和旧世界观里陷得再深一点，再多一点思想包袱，再少一点哲学兴趣和思考，而且不是在钟表大国瑞士的专利局里审查钟表相关的专利，那么，他对时间问题就不会特别敏感，也许就会失去一个关键的突破口，人类就要再等下一个天才的出现了。

说到年龄，伽利略完成自由落体的思想实验，也就是传说中在比萨斜塔扔铁球的那一年是26岁，爱因斯坦通过思想实验提出相对论的那一年也是26岁，而牛顿成为剑桥大学卢卡斯讲座教授时也是26岁，在那之前，他一生最重要的三大成就都已经孕育成形：光学分析、微积分、万有引力。

如果今天年龄未满26岁的人能够更好地理解这三个人在26岁时做的事情，那他个人的未来，乃至整个人类的未来，都有可能拥有更大的希望。每个人的26岁都不一样，就像每个星球上的26年和26米具有不同的长度。即使同在地球上，每个人的26年和26米也不具有完全相同的长度，不论是物理的长度还是心理的长度。也许其他人会因此痛惜确定性和统一性的丧失，但安得的心里生出的却是另一种感觉。他现在觉得拥有一份自己专属的时空，哪怕和别人的差别极其微小，也是一件值得珍惜和自豪的事情。对他而言，"珍惜时光"这个词，以及每个人的人生不一样，每个人的一生长短不一等等，这些司空见惯的认识，都开始带上了另一层新的意义。

除了新的意义，他还看到一点奇怪的希望。人们普遍相信自己活在一个绝对的、确定的时空里，其实那更容易令人失望，因为那意味着一切都被决定好了。在那种世界里，人还能做什么呢？低级的，被决定了混吃等死；高级的，能做的无非是发现那些决定背后的规则。发现了又能怎样？还不是照样被决定？难道不是因为不绝对、不确定、可改变才更有希望吗？

安得发现自己可能正站在那个十字路口，对两种时空观和世界观都能接受，都没有敌意，但也都只是略知皮毛。马克说，爱因斯坦的理论是人类思考自然和时空的最伟大成就，是哲学洞察、物理直觉和数学技巧令人惊叹的结合，是人类最重要的智慧成果。被这么一说，就有点舍不得放弃了，虽然他觉得，那些赞词似乎也可以用在牛顿身上。这么伟大的东西能用来做什么呢？牛顿的那一套，早已融入实际生活中了，爱因斯坦的呢？

他想到的第一个用途是利用这个相对论来定位自己。他拿出最了解他的那个东西——手机，在地图上搜索自己的位置，然后看着那个圆点发呆。手机是怎么被定位的呢？马克说靠的是基于相对论的兼听则明和斤斤计较。手机在同一时间里可以接收到多个人造卫星发来的电波，电波里包含有发出信号的时间和空间位置的信息。利用多个卫星，交叉计算，就可以得出手机的空间位置——这就是多信源，为了兼听则明。卫星上的时间和地面时间在相对论里本来就已经是不一致的,再加上电波传输的时间差和钟慢效应,想要精确定位,就必须根据相对论校准卫星和地面之间的时空数值的差异——这就是斤斤计较。

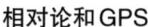

相对论和GPS

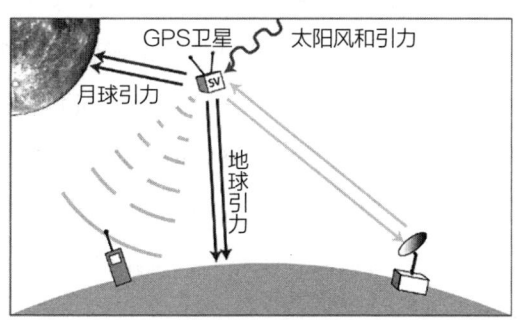

全球定位系统(GPS)的卫星高度在地球上方约2.03万千米,移动速度约每小时1万千米,由相对论的时间膨胀和引力造成的时间误差大约为每天7微秒。[图片来源:编译自纽约州立大学奥尔巴尼分校(www.albany.edu)]

理解到这些,实际上已经在不知不觉中迈入广义相对论了。这是他央求马克提前剧透的一部分,因为他觉得狭义相对论里有一个光速是绝对的,也非得在广义相对论里找到一个绝对的东西不可。马克说,那可能就是时间膨胀了。他的意思不是时间永远膨胀,而是指时间膨胀造成的后果不会消失。因为,即使那些导致时间膨胀的条件都消失了,时间恢复原状了,但时间膨胀的后果却无法逆转,时间差难以消除。如果把卫星上的钟放回地面,就会恢复到原来的时间节奏,和地面上其他的钟同步,然后,同时响起相同节律的滴答声——如果有滴答声的话。可是,在那之前在空中因引力差异累积造成的时间差却不会消失。

安得听完这个时间膨胀的绝对性，漠然无感。由于之前了解了爱因斯坦在专利局的工作，他对如何调整时间差更感兴趣。马克说，那是爱因斯坦在没有手机，没有GPS的年代里揭开的一个重大秘密。今天的科学家已经知道了，因速度引发的时间差要靠狭义相对论来校准，因引力引发的时间差则要靠广义相对论来校准。如果这两种时间差都不校准，那么，每天大约14米的偏差就会出现在他现在盯着看的地图上——手机找不到自己了。想到手机每天会跑偏14米，他终于在虚无的时空中抓住了一个确定的数值和形象。既然没人可以摆脱这个相对论的世界，那么，人在世界中给自己定位时是不是也可以参照这些做法？多信源，常校准，别跑偏了？每天跑偏14米，好像真的会丢失自己。

让安得感到不安的是，在不确定的可变化的时空里自己的变与不变。多信源会变，地理位置会变，时间更会变，数字甚至算式也在变。在成长过程中，他当然乐于接受变化，但这变化必须符合自己的期待，而且在自己可以理解、可以掌控的范围内。他还是有点依恋旧的教育，对那些变量和各种变换有点抵触，而对那些理论里声称不变的部分更感兴趣。即使是时间和空间这一对难兄难弟，相比之下，他也觉得空间更确定，更实在，也因此更可爱。

他的这些困惑，如果从单纯的知识里跳开一步，其实都可以归结到一个问题：在这个时空中，到底该如何自处？如果整个世界都是变动不居的，那岂不更应该有一个不变的核心让他成为他自己？如果连自己都被相对化了，那他作为独特个体的存在感在哪里？很明显，他不愿意让这些新学到的知识和原理把他的存在感像橡皮泥一样随意揉捏。他爸说过的那些宁愿留在古典力学的结实地面上的话，他现在开始有点理解了。

你所看到的世界与尺度相关

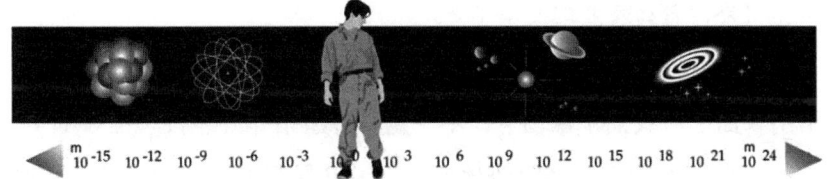

图中数字表示尺度,人类习惯于中间那一部分尺度所能衡量到的世界。在左右两端极小和极大的尺度下,还隐藏着很多令人不安的未知世界。

[图片来源:欧洲核子研究组织(CERN)]

变化与裂痕

"《变形金刚》和《西游记》都是什么时代写的?好像作者早就拥有马克讲的那些知识和原理了。"安得问他爸。

三月柔和的阳光在唤醒小院里的每一棵草。一些刚刚长出的嫩叶上还留着露珠。在他们谈话的过程中,露珠逐渐变小。那种无可挽回的变化,像微观世界里的沧海桑田。

为了更好地与儿子讨论,也为了揭开自己心中的疑惑,安顿最近啃了几本关于现代科学的读物。那些枯燥无味的书使他在获得新知的同时,也产生了不小的抵触。他老觉得有一种无形的东西把他往回拽,以至于和儿子一样,觉得还是把它们放在《变形金刚》和《西游记》的世界里当作想象力的产物比较妥帖,也比较安全。

"《变形金刚》系列始于20世纪80年代。《西游记》老早了,明朝的作品。吴承恩肯定不认识爱因斯坦。"

"我觉得那些作品靠的不只是想象力,说不定作者比爱因斯坦更牛,只是写着写着变成文学了。"

"也许人类中早有人悟透了,但由于各种原因,没说出来或说不出来而已。我们不像马克,不一定每件事情非要靠科学推导不可。你可以多和他聊天,多向他学习,但最好保留你自己的悟性,不要太迷信科学。"

安得有点惊讶。第一次从爸爸的话里听到这么明显的对马克的异议,他看到成年好友之间也有分歧,好像完整的世界有了裂痕一样。

"嗯,我也更愿意从这些作品出发去想象。但对马克讲的那些东西,我靠直觉啊,感到有点不安,却又觉得有机可乘。你想想看,如果利用速度越快,时间越慢的原理,是不是就可以发明出一种延年益寿的方法呢?"

"不是说生命在于运动吗?哦,在于快速运动。"

"非常快非常快的那种。然后,就可以像孙悟空那样改变自己了,一会儿拉长,一会儿缩短,孙猴子变成孙橡皮泥。还应该发明一种可以无限伸缩的衣服随身带着,免得穿现在这衣服,变胖时撑破了,变瘦时又显得太大了,漏风。"

"其实,你变不了的。因为在别人看来你的衣服尺寸变了,可是,相对于你自己的身体,它并没有变。"

尺缩钟慢都是相对运动产生的观测信息的变化,运动物或运动中的那个人自己是感受不到那种物理实质的变化的。爱因斯坦自己都说了,长度缩短,是由于测量者处于不同参考系引起的。每个人都用自己得到的观测信息来计算时间和空间,但处在不同速度、不同的引力和运动状态下,这个计算就只可能是相对的。我们警告过了，如果你在接近光速的宇宙飞船里待太久，回到地面后将会看到比你还老的妹妹。那是因为你们分开期间的运动状态相差太大，才显出衰老进程不一致。如果运动状态一样，哥哥就永远比妹妹更老相了。如果没有兄妹或同龄人做比较，甚至假设得更极端一点，地球上没人类了，那么，你回到地球时就不会感觉到自己的异样，因为没有比较对象了。相对相对，缺了一方就不成对了。不妨想象一下，外面的大路上，现在有一辆车加速到接近光速了。那我们看到的车身可能就只有小拇指大，司机的手表走得很慢，像达利画的钟表一样，一团面糊耷拉下来，时间快睡着了。可这只是我们在车外观察到的现象，坐在车里的人却是不一样的感觉。他们看着手表是正常的，摸着车里的方向盘和座椅也是正常的，感觉不出车里的时空变化。如果把这个想象放到宇宙里，比如，一艘1000米长的宇宙飞船，正以光速的99.99%的速度飞行，那么，在船外相对静止的观察者眼里，它的长度将是10米。可船里的人一定不会同意这个数字，因为他们所看到和碰到的时空并没有变化，如果他们测量、计算或感觉一下宇宙飞船的长度，一定还是1000米，因为他们的尺度也随之改变了。但是，一旦他们从宇宙飞船往外看，就会感觉到异样了。满天的星辰所处的时空被改变了，和我们在这里看到的不一样。所以，你继续穿这一身衣服就好了，进入宇宙飞船，怎么变都合身。

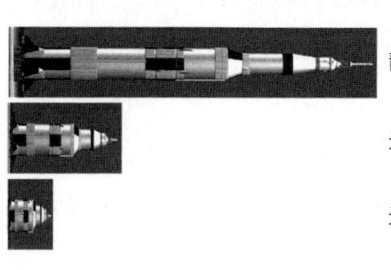

静止状态

光速的87%

光速的99%

长度随速度而变

同一艘宇宙飞船在不同的飞行速度下呈现出不同的长度。图中长度不是真实长度，仅为示意图。

"哈哈哈。"安顿一口气说了这么多,把这几天消化好了的知识全用上了,很有成就感,自己都掩饰不住地笑了。

"那就是说,衣服和人会同时伸缩咯?"

"应该是吧。只要你和你的衣服处于同一参考系,那么相对于你,衣服就不会变化。"

"但是,有一点不划算。如果我坐那个接近光速的宇宙飞船出去转一圈回来,我的同学们可能都上大学了,我还得继续留在中学,说不定和妹妹同班。"

"这怕什么?你转一圈回来,学到的东西远超他们,还可以顺便教给妹妹。那些东西哪是学校里能学到的?"

"那我就放心了。我要带上两样东西进宇宙飞船。左手一把尺子,右手一只秒表,到宇宙旅游,到处测量。将记录下来的数据带回地球,给科学家们再好好研究研究——我怎么总觉得哪儿不对劲,会不会他们搞错了什么?"

"好主意!但你的尺子和秒表每到一处,都会有不同程度的尺缩钟慢,也是个麻烦。记录数据时,别忘了记下当时的速度。"

"那这宇宙到底还有没有度量衡标准呢?"

"不是说了,光速恒定不变吗?只好用光速做标准了。"

"对啊,光!我好像有点理解了,为什么光那么重要。"

"这就对了。前几天,我和马克聊过,你们这年纪正好学这个,知识和经验不多不少,刚刚好,多了反而变成路障。我看你就比成年人理解得更直接。"

那是一次两个中年人缅怀青春的闲聊。如果时光倒流,回到中学时代,可以选择科学类课程,你愿意让哪一种时空观和世界观先入为主?在这个假设性的问题上,安顿和马克再次达成一致,都愿意选择这个新的时空观。当年学校里先学经典力学,后学电磁学,涉及新时空观的部分都一笔带过,语焉不详。在人生中那个重大观念的形成期,学习内容和学习顺序都很重要,而且一旦学完就容易被固定,被绑架,容易固步自封,再往前推不仅有难度,还多出一个愿意不愿意接受的问题。那种安排,看似由易到难,循序渐进,但实际情况是,止于易,不再进,被那些知识先入为主了。这个基础奠定之后,再学现代科学就不易吸收了,因为大多数人会把这个基础当作已经完工的科学大厦,当作金科玉律,当作常识。更重要的是,要理解新的时空观,关键不是学识,而是心态和理念。因为这是一组远远超出日常生活经验,似乎有违常识的理论。什么是常识?常识的特征除了"常"之外,还有"先"。"常"不必认真对待,科学不是拼次数人数,可怕的是这个"先":先输入的往往就成了常识。如果先学现代科学,哪怕只是理念和原理,那成为常识的可能就是新的时空观了,而旧的那一套,包括经典力学,就会变成语文课里的文言文那样的存在了——一种必修但可以靠后安排的内容。为什么学语言可以不按时间顺序从古文到现代文,从古文字到现代文字,而科学却要先学旧的,后学新的,甚至略过新的?虽然,二者有无法类比之处,循序渐进也有道理,但也许语文课里对文言文内容的顺序安排也有参考价值。那些不能理解新的时空观,也不理解这个顺序问题的人,不就是因为走不出青少年时期的教育和自己的日常经验吗?多少人一生都走不出青少年时期形成的世界观?安顿和马克都在成年后费了好大的劲才重新认识世界,虽然路径和程度不一样,尤其是安顿对以旧换新还有点不情愿,但至少也意识到了问题的存在。只可惜,人到中年才想到这些,很多过去的事情都无法改变了。时不再来,年少难再,他们希望下一代不要再重复这种遗憾。

"我记得马克说过，光速不变是我们这个世界之所以如此运转的原因之一，而不是结果。时空才是结果。因为，光是大王，而空间和时间像是文臣加武将，被逼着相互配合协调，有时还要变化自己来适应那个光大王，保证大王跑得又快又稳定。"

"这个比喻也不错。我们本来都不希望马克对你讲得太深，现在看来，你已经准备好了。现在可以说说我自己悟出来的一个重点了。时间的同时性和空间的绝对性不存在了，但时间和空间互相合作，协同着变化，时空的协变性出来了。抓住这一点，所有问题都可以迎刃而解。"

"这个总结还是太抽象，我得好好想想，慢慢理解。先记个笔记吧，可以当名言啊。"他一边写着，一边补充说，"我呢，至少有一点理解透了，那就是：速度加快，则长度变短，时间变慢。速度越快，变化越明显。这个不用记，已经印在我脑子里了。"

安顿看着他最近写下的几页笔记，摸摸他的头，赞赏道："很好很好。我们不一定要当科学家，但理解这些还是必要的。你长大后，干什么都得理解这世界不是？躲不开的。在我们的少年时代，当科学家是很多学生的第一理想。当然，能实现这个理想的人并不多。长大后才明白，当不当科学家不重要，重要的是要有科学思维和科学精神，要掌握科学的方法，这些都是生活中处处用得上的。我们现在谈这些，不是为了做科研，而是为了在厘清科学事实后启动思考，进入更高的境界。世界还会继续被拓宽，知识还会被更新，人类的视野还会继续被拓展，只要你掌握牢靠了，那些科学思维、精神和方法就可以帮你应对更多更复杂的变化。好在这些理论和原理也不比我以前学的那些东西难多少，即使跳过那些公式和演算，作为纯知识来理解，也不会失去太多的精华，对我们非专业的人来说，差不多也够了。"

"未来有多宽,未来做什么,我还没看清。我现在的感觉是先把这些当作游戏,当作一种很酷的智力训练和思维训练。"

安达走进来,加入他们的谈话:"好玩就好,先把兴趣和好奇心培养起来,慢慢来。说成智力训练,说成思维训练什么的,还是有点累人,你不需要那种压力,就当作跟着爸爸和马克慢跑就好了。"然后,她指着那些花草,对儿子说,"不过,也别忘了眼前的自然世界,多看看花草树木,这也是你的世界。"

"嗯,我会的。"他走过去,拿起一把小剪刀,一边当起园丁帮手,一边说,"我觉得,这些知识说来说去,科学家们争来争去,其实呢,如果时空是个人,自己会说话,用一句话就可以把他们打发走了:你们吵死了,关我什么事啊?我本来就是这样的。你们以前理解错了,那是你们的事。"

"好呀。这不就是爸爸和马克想要在他们少年时代就达到的境界吗?你能把这么绕的新观念看作是本来的世界,还轻轻松松地就超越了学校教的那些东西,我们大人都只好羡慕了。至于将来是否用得到,那是另一个问题。你能看到一个不一样的世界,明白了世界不等于你学过的那些教科书,世界不等于你大脑里的模型,不管以后学什么,做什么,机缘跟前,你就有可能看到更大的推进纵深,危机跟前,就有可能看到更大的腾挪空间,一定可以比我们少走一些弯路。"

这时又轮到儿子来安慰她了:"哎呀,各种参考系都是地位平等的。你还记得为什么叫相对吗?因为速度、质量、时间和长度这四个东西都不是绝对的,参考系一换,同一辆车、同一朵花的这四个数值会发生变化。但是换来换去,变来变去,前前后后的数值又都是真实的,谁也不能说其中的某一套是固定的标准,或者哪个参考系是唯一正确的,或者高人一等的。所以呢,不用灰心,你和爸爸的那一套也是真实的，至少在地球上够用了。"

"那也是。不过，人们一旦意识到了新的时空，哪怕有所不解，也会倾向于保持开放的心态和精神。即使只做到这一点，也算有所收获了。我就是这样安慰自己的。"

他觉得自己可以有点自信了，于是，压平了那几勺肥料土，就抬起头，说："等我学得再深一点，你以后有问题就问我吧。"

安达笑了："好啊，真是长大了呢！"

"老实说，这些天，脑壳被震动了。我现在能看到相对论诞生的1905年了，那是清朝同治年间，慈禧上台四年了，我可不想和清朝臣民共享同一个时空观念。"

一剑解围

几个同学闲聊时，难免有些事情牵涉到时间和空间。安得并不觉得自己懂得更多，但思考问题时，隐隐约约地察觉到自己能看出问题的前后方有一小段空间，比以前看得更清晰，更确定。这是一种奇怪的感觉，他多出来的那点知识和思维更多的是关于不确定性和相对性的，是更玄虚的东西，反而使他获得一种更坚实的背景和更广阔的视野。可是，当他不由自主地想把话题拓展一下时，发觉自己就是没法有条理地整理出这段时间里学到的那些时空概念。他花了点时间躲在房间里涂涂画画，最后想到一个奇妙的数字：四。他在笔记本上列举出几个"四"：

四巨头（名副其实的大头脑）：伽利略、牛顿、麦克斯韦、

爱因斯坦

四维时空：长、宽、高、时间

四个相对数值：速度、质量、长度、时间

概括狭义相对论的马克四句

当他和同学们分享这几个"四"时，他们的眼光像是看着一个外星人，一个接一个的问句把他难倒了。

"你觉得下一次考试会出现这些问题吗？"

"你觉得我们的物理老师不称职吗？"

"你觉得那些作业和考试还不够多吗？"

他刚辩解几句，才说到那些概念和数值会根据不同的时空观发生不一样的关系，就遭到斩钉截铁的切断："时间在哪儿都一样，当然是绝对的。"只有一个同学提出时差问题和季节问题，说全世界各地时间和季节不一致，东方的白天是西方的黑夜，北半球的夏天是南半球的冬天。他马上就辨认出那是入门级的常识，和他要说的是两码事，却又想不出如何区分这些不同的时间问题。还有个同学以为光年是时间单位，他反驳说，那是距离单位，是光在一年之内所走的距离，因为空间太大，只好用时间来表示空间。只有这个说法最后被接受了。他本来自信满满，觉得自己没白学，能讲得头头是道，结果却不尽人意。在节节败退中，他只好用这些说法来逃避：对对对，你说的都对，所以我才说很多人平常都不会意识到这个事情……没错，这种认识有道理的，符合我们的常识嘛……你和牛顿想到一块儿去了，了不起……这个问题绝不是你想象的那么简单……空间当然是真实存在的，但是，时间、空间和物质并不是三个独立的东西。这个最要命，我解释不了了……我不会说你这种想法是对还是错，我只能说你这也是一种看法，也是一种时空观……放心，你有很多同党，绝不是一个人……

听起来是不是很像马克的说话方式？他学到的不只是知识。

当他连续几次和同学解释不清后，就想到向马克求救了。可这时的马克有点像"懒惰的狗"，一点都不帮忙，懒得只给跳跃式的论点，不给方法。他说，爱因斯坦思考问题时，就不用语言，而是用活动跳跃的形象进行思考。所以，他也学着一半敷衍，一半跳跃似的说了几句：你就告诉他，空间是物体运动的果！他理解不了，你也没办法……你们先得像爱因斯坦那样思考和学习，然后才能接着谈下去……这些问题足够激发一个人的好奇心了，我也想快点看到答案呀，你们加油！

安得接受不了马克的敷衍，继续要求更多的解释。马克说着说着，突然提高了声音："为什么？因为这个世界就是这样的呀。"

"啊？！"

他听到这句话时，真的有种醍醐灌顶的感觉。他前几天就已经靠自己的领悟接近这个说法了。就像口渴喝水，迈腿走路，说不出那么多道理，但事情就是这样的呀，生活就是这样的呀。这不就是安达说的，是习得一个知识或思维的最高境界吗？如果能像爱因斯坦那样思考和学习，那你看到的世界本来就是这样的，而那个旧的时空观反而是难解的，需要费心费力去向别人解释的。这个突然降临的感受和认识让他豁然开朗，觉得不必再纠缠那些细节，也不再需要更多的解释了。

但在另一方面，他又有点伤感。回头看那些每天一起上学的同学，他第一次感到有点陌生了，他们很有可能并不是未来与他同行的人，有些路需要自己走。他看到了不一样的美景，但不知如何说出,而这句"因为这个世界就是这样的呀"将会在无数场合解救他。

现在,他理解了为什么马克会说:"所以,我不能只是简单地把答案挑出来告诉你。比答案更重要的是要学会像爱因斯坦那样学习和思考。在新的时空观和世界观下,你会找到新的学习方式、思考方式、研究方式。然后,你再回来看旧问题,你眼里的世界将会变得不一样。"

"那我们怎么做才能像爱因斯坦那样学习和思考?"

"慢慢来,我们可以把他当年走过的路重走一遍。我们不是已经从1905年出发了吗?接下来继续走,一直走到2017年,运气好的话,还可以看到2022年的新发现。"

先松口气,来个好消息

对时空问题做出深刻思考和重大贡献的那几位科学家和哲学家似乎都是人类中的异数。如果光看他们的传记和文章,固然可以获得启发和激情,但对于常人而言,更多的恐怕会是惊叹,以及随之而来的无力感,或干脆无感:太超越常人了,太遥不可及了,结果反而因此受到打击,甚至因差距太大而放弃了阅读——就像安达曾经担心的那样。在海边之旅后,马克有点后悔一路上对那几个科学家的伟大之处强调得过多,过于生硬,没有充分考虑到两个小孩的年龄。这次,他们连续几天长聊,虽然磕磕碰碰地重走了一遍相对论之路,但有意避开了那种适得其反的惊叹和强调,始终以平和的叙述体味那些人的实际生活以及与常人无异的诸多细节。

有一个好消息是,迄今为止的研究并未发现大科学家们的大脑有特异之处。勒内·笛卡尔(René Descartes,1596—1650)在哲学和科学两个领域里都有巨大的影响。他把几何坐标体系公式化，创建了解析几何，为后世的空间几何学提供了重要的基础。在《哲学原理》一书中，他发展了伽利略的相对性原理，并对伽利略未及完善的惯性定律做出了完整的表述。和他的思想一样，他的肉体在他去世后的几百年里的经历也堪称传奇。他1650年死于瑞典，葬于斯德哥尔摩，17年后被挖出，运回法国，重新埋葬。后来又多次移动，从万神殿到修道院，再到教堂。但那是一具没有头颅的遗骸，因为在最初运往法国的途中，他的头被偷偷砍下，卖给一个收藏家，随后又辗转到赌场和拍卖会。最后由一个瑞典科学家买下后，捐赠给法国政府，并在巴黎的法国国家自然历史博物馆里保存至今。解剖学家、颅相学家和人类学家都对那颗头颅做过研究。利用最先进的解剖学和考古学的技术扫描、探测了那颅骨中的残余物，建造了整个大脑的三维模型后，与其他102名现代人类的大脑相比较的结果显示，除了前额叶有一块突起外，笛卡尔的大脑与常人无异。而那块突起的区域，只与词语意义的加工相关，不足以造就他那成就斐然的一生。如果说那句千古名言"我思故我在"就是来自那块骨骼清奇的前额叶，或许还能被接受。但是，作为解析几何之父，作为17世纪欧洲最有影响力的哲学家和科学家，其累累硕果肯定没法从这个颅骨里得到令人信服的解释。

当然，这里还有个致命的问题：那颗头颅离开笛卡尔的身体后的经历太复杂了，以至于无法保证它真的属于笛卡尔本人。与此相比，保存状态更完好的爱因斯坦的头颅，据说确定性百分之百，毋庸置疑。爱因斯坦于1955年去世后，遵其遗愿，遗体火化，骨灰撒入住处附近的德拉瓦河。葬礼结束两天后，《纽约时报》(New York Times)一篇文章震惊了爱因斯坦的儿子汉斯（Hans Albert Einstein，

1904—1973）。原来，负责尸检的病理学家在爱因斯坦去世7个半小时后，悄悄取出他的大脑，并在火化之前偷走了。汉斯暴怒，但医生只解释，不让步。在他承诺将终生忠实守卫那颗大脑后，无计可施的汉斯勉强同意了。接着，医院也来要求他交出爱因斯坦的大脑，他也拒绝了，宁愿被解雇也毫不退让。失业后的他专心研究那颗大脑，拍照，测量，然后切块，用火棉胶包埋，浸泡在福尔马林中保存起来。听到这里，有人也许会毛骨悚然，但是，对于他的职业而言，那些只是样本和材料而已。带着那些样本和材料，他辗转各地，离婚，失踪，最后迫不得已在一家塑料工厂当流水线工人。多年之后，他还是无法发现那颗大脑的特异之处，只好将一部分切片分给一些医学研究机构，来促进这个课题的进展。他去世后，后人将他保存的那部分切片捐给了美国健康与医学博物馆。

令人意外的是，迄今为止，对爱因斯坦大脑的研究为数不多。有几个研究分别发现了那个脑里的神经胶质细胞含量、神经元密度、顶叶下部区域的宽度以及胼胝体的厚度优于常人。但也有研究得出相反的结论，比如人类成年男性的大脑的平均重量是1400克，而爱因斯坦的大脑只有1230克，明显不如常人。

爱因斯坦的大脑切片共有240块，每一块都有编号，标明它在大脑中的原来位置。其中第一个研究只针对其中4块大脑区域，分析了7个变量，抽样误差的可能性太大了。研究得到的28组数据中，只有一组的置信度超过门槛值。这说明那个研究可采信度不高，即使采信了，靠那么一点微小的差异来证明他是天才也不足为据。后续的几个研究也大同小异，以今天的标准来看，方法不够严谨，分析逻辑也有问题，往往是被自己的期待和预设的前提带入一个怪圈，非得找出根本性的差异不可。偷走爱因斯坦大脑的那个病理学家曾说过："爱因斯坦大脑的各项指标到目前为止都显示在正常范围内。"更为严谨的显微镜分析结果至今也没有发现爱因斯坦的大脑在细胞与结构方面与常人有任何本质的区别。况且，再怎么研究，只针对大脑切片来判断大脑这个精密复杂的器官也是不充分的。在几十年的时间里，有兴趣继续研究的人寥寥无几，这也说明大部分人不相信可以靠那些切片揭开天才之谜。

既然解剖分析大脑都无法确认他们异于常人之处，那从他们的生活经历来找找看吧。不过，听到这里，你是不是松了一口气？他们也没什么生理上的先天优势，你拥有一颗和他们相差无几的大脑。所以，请不要一口咬定，像爱因斯坦一样学习和思考是不可能的。

输在起跑线上

爱因斯坦在德国慕尼黑度过的中学生活是一段痛苦的记忆。学校是个富有声誉的牛校，但在聪明、孤傲、固执的爱因斯坦看来，那里严苛的教师、专制的校风和机械的学习方式都是难以忍受的。他在16岁时，退学离开了那里。在那之前，他父母曾资助过一个家境贫寒的犹太大学生。在这个大学生的引导下，他开始读一些简单的哲学书和科普书，并自学几何学。那个年代的德国，有一阵科普热，其中一套丛书《大众科学普及读本》对少年爱因斯坦影响不小。这些阅读经验和自学积累帮他打好了基础，怀疑权威、追寻原理的思想可能就萌生于其中。退学前一年，他的父亲生意失败，关闭了自己经营的电器设备小工厂，已经先行搬家去了意大利。退学后，他也去意大利和家人会合，并放弃了德国国籍，成为无国籍人。在意大利时，中断学业的爱因斯坦听说瑞士苏黎世联邦理工学院招收学生不要求高中毕业文凭，就前往苏黎世，参加了那里的入学考试。

在这一连串教育经历里，可以看出学校并不是重要的存在，爱因斯坦主要还是靠自学，并且在初中就开始阅读哲学了。他第一次投考大学时才16岁，走的不是一条常规的路。结果，考试失败了，他未被录取。为了复读备考，他一个人留在瑞士，进入阿尔高州立中学，寄宿在当地一个教师家里。

这一年的寄宿生活是爱因斯坦人生中最美好的时光之一。用他妹妹的话说，那里的学校"既没有丝毫的命令式口吻，也见不到任何培养权威崇拜的迹象……独立性和有理有据的思考比博闻强记更受重视，年轻人眼里的教师不是权威人士，而是在学者之外还拥有个性的人"。爱因斯坦自己也总结过，给他留下了难忘印象的是学校里的"自由精神，以及那些毫不仰赖外界权威的教师们的纯朴热情"，他在那里学到了自由行动和自我负责。

更大的教益和愉悦来自他的寄宿家庭温特勒一家。他们相处融洽，经常一起朗诵、散步、谈论哲学，爱因斯坦连圣诞和新年都是和他们一家一起度过的。他父亲在感谢信里曾写道："那些富有启发性的交谈特别有益于增进他的学识"，榜样的力量和良好影响会对他儿子"留下持久的效应"。爱因斯坦一生都尊称温特勒夫妇为爸爸妈妈，称赞男主人"无论说什么都是智慧的，并且首先是没有偏见的"。当纳粹势力统治德国时，爱因斯坦在给他妹妹的信里写道："我时常想起温特勒爸爸，以及他政治观点的先知般的准确。"那时，温特勒早已去世，但他生前对德国的不信任被验证了。当然，还有一个美好的，也许是最美好的记忆是，他和温特勒家的女儿玛丽的初恋。玛丽虽然比爱因斯坦年长一岁多，但她显然意识到两人的智慧有差距，她称爱因斯坦为"亲爱的大哲学家"，自称"什么都不懂，什么都理解不了"的"无足轻重的笨笨的小甜心"。

补习一年后，爱因斯坦终于如愿以偿，考入苏黎世联邦理工学院师范系学习物理。他在大学期间的懒狗式学习态度，以前已经聊过了。他从小就需要自由的时间和空间，需要自由地选择或安排自己的学习。经常旷课的结果是，有些考试只好临时利用同学的笔记应付了事。如果从学习成绩上看，爱因斯坦并不是个好学生，当然，他从来就不是个循规蹈矩的好学生。他曾说过一句失望至极的话："妨碍我学习的唯一事情就是我的教育！"

大学毕业时，爱因斯坦是那一届同系毕业生中唯一一个没有找到工作的人。这种毕业即失业的境遇使他感到还没走出校门就被所有人抛弃了。在意大利找工作四处碰壁后，毕业后第二年，他又回到瑞士，当了几个月的代课教师和家庭教师，然后，失业了。

这里引用一封爱因斯坦的父亲写的求情信。很难想象，在狭义相对论诞生仅仅三年之前，这一家人还在为他寻找第一份工作而焦头烂额，四处碰壁。

亲爱的教授：

请原谅我是这样的一个父亲，为了儿子的前途竟贸然给您写信……

我儿子因为目前的失业极为不安，而且时间越长，他就越认为自己没用；更严重的是由于我不富裕，他更认为自己是家庭的一个负担。由于我儿子尊崇您是当代最伟大的科学家，我才敢于请求您读一读我儿子的论文，并请求您写几个字鼓励他一下，以使他恢复对工作及生活的信心。如果您有可能替他谋得一个助理教员的职位,我将感恩不已。

　　我再次请求您原谅我的冒昧,而且希望您不要让我儿子知道我给您写过信。

在这封信之前,爱因斯坦本人已经给这个教授寄出两封自荐信了。在工作机会毫无着落的人生谷底,他无意中在杂志上看到一则介绍那个科学家的伯乐精神的文章,虽然素昧平生,但病急乱投医,连写两封信,希望能在伯乐身边谋得一份工作。自荐信如石沉大海,在爱因斯坦的眼里"极其友善而智慧的"父亲担忧儿子的处境,洞察到儿子的自尊心是如何被刺伤的。于是,他偷偷地寄出了这封信,当然最终也无济于事。又过了一年,爱因斯坦才靠同学父亲的帮助进入瑞士伯尔尼专利局,两年试用期满,终于于1904年9月转正,当上了最低级别的三级技术员。这个时间点,离他那惊天动地的奇迹年只有几个月了。

爱因斯坦的家教广告

大学毕业后的求职期间,爱因斯坦曾登广告寻找做家教的机会。这是1902年2月5日的《伯尔尼城市报》的截图,下半部分是爱因斯坦的广告,大意是:愿为大学生或中学生私下讲授数学和物理学,有教师资格证书,试听免费,地址:正义街32号1楼。[图片来源:马克斯·普朗克科学史研究所(Max Planck Institute for the History of Science),瑞士国家图书馆(Schweizer Landesbibliothek)]

奇迹年最初是指1666年。牛顿于1665年至1667年在老家躲避瘟疫期间，独自一人在微积分、经典力学、光学领域完成一系列重大的发明和发现，这些成就中的任何一项都足以让一个人名垂科学史。爱因斯坦的1905年是另一个奇迹年。那一年，爱因斯坦也是独自一人，几乎就是闭门造车，先后发表了六篇论文：《关于光的产生和转化的一个启发性观点》(*On a Heuristic Point of View Concerning the Production and Transformation of Light*)、《分子大小的新测定法》(*A New Determination of Molecular Dimensions*)、《热的分子运动论所要求的静液体中悬浮粒子的运动》(*On the Movement of Small Particles Suspended in Stationary Liquids Required by the Molecular-Kinetic Theory of Heat*)、《论运动物体的电动力学》、《物体的惯性同它所含的能量有关吗？》(*Does the Inertia of a Body Depend on Its Energy Content?*)、《关于布朗运动的理论》(*Investigations on the Theory of the Brownian Movement*)。后世津津乐道的是，这几篇关于光电效应、布朗运动、狭义相对论和质能等价的论文都具有划时代的意义，配得上三四个诺贝尔奖。但在当时，这些"奇迹论文"对爱因斯坦本人并没有什么帮助。奇迹年过去两年后，爱因斯坦想要离开专利局，结果申请当地大学的无薪讲师职位被拒，申请高中几何教师职位被拒，附上六篇论文都得不到一个面试的机会。

说了这么多，马克究竟想说什么呢？少年，你别怵，你别怂，别怕失败，要自信，要抗压，要随时做好准备，哪怕在低谷也不忘耕种。你要自学，不要依赖学校；要保有自己的一方天地，不惮于与周遭格格不入；要寻找良师益友，吸收智慧的力量。不要害怕，不要惊慌，你看看爱因斯坦的求学和求职，今天社会用来形容失败者的那些词全都可以用在他身上：输在起跑线上、笨鸟、退学、落榜、复读、补习、差生、差评、待业、失业、穷困潦倒。可是，如果站在他提出相对论和光量子理论的1905年，向这一路充满挫折和失望的过程回头望去，你难道会看不到什么不一样的东西吗？

想说的和说出的往往不是一回事。马克没法把这么多道理一股脑儿铺开在一个未经世事的少年面前，况且这些只不过是他个人的想法，未必适合别人。也许安得边听边想，想到的只是，原来逃课也不是坏事呢。面对同一个故事，两个人的想法往往就是两个平行宇宙。但是，安得至少接收到了来自马克宇宙的引力波，他已经比较清晰地感觉到在求知的路上，由自我行动和自我责任驱动的学习才是他应有的方式。

"你这就用上自我行动和自我责任驱动，自己读读看，读不懂也没关系，先读完再说。"马克想让安得自己去和爱因斯坦对话，便给他发去四段爱因斯坦的自述：

> ……有时，人们把学校简单地看作是一种工具，靠它来把大量的知识传授给成长中的一代。但这种看法是不正确的。知识是死的；而学校却要为活人服务。它应当发展青年人中那些有益于公共福利的品质和才能。但这并不是意味着个性应当消灭，而个人只变成像一只蜜蜂或蚂蚁那样仅仅是社会的一种工具。因为一个由没有个人独创性和个人志愿的、规格统一的个人所组成的社会，将是一个没有发展可能的不幸的社会。相反地，学校的目标应当是培养有独立行动和独立思考能力的个人，不过他们要把为社会服务看作是自己人生的最高目的。

……自由行动和自我负责的教育，比起那种依赖训练、外界权威和追求名利的教育来，是多么的优越呀。

……尽管摆在我们面前的课程本身都是有意义的，可是我仍要花费很大的力气才能基本上学会这些东西。对于像我这样爱好沉思的人来说，大学教育并不总是有益的。无论多好的食物强迫吃下去，总有一天会把胃口和肚子搞坏的。纯真的好奇心的火花会渐渐地熄灭。

……事实上，现代的教学方法还没有把神圣的求知欲完全扼杀掉，这差不多是一个奇迹；因为这株脆弱的幼苗，除了需要鼓励之外，首先需要自由——没有自由它将不可避免地会夭折。

安得看完这四段话，心中五味杂陈。每句话看起来都有道理，却又让人无从下手。身处现在的学校环境和教育制度里，这些话似乎都缺乏可操作性。他不知如何回答是好，犹豫了一阵，就盖上了电脑。不管是时间上还是空间上，对于他来说，爱因斯坦还是太遥远了。

电脑盖上了，大脑可没盖上。他觉得马克说的那些东西有点虚，相比之下，关于时间和空间的那些新知识反而显得更实在。可感觉本来应该是相反的才对啊，他自己也觉得有点惊讶，不知不觉中，新的认识升上来了，他终于把握住了。这种虚实易位的感觉有点像纸质的笔记本和电脑笔记本。小时候觉得写在笔记本上的东西是实的，电脑里的东西是虚的，现在不一样了。他在虚实之间犹豫了一会儿，打开笔记本，想要把这些天萦绕在脑里的那些想法留在纸上。

最初的几行文字像一条小路，带着他磕磕碰碰地从无序的脑回路中理出一些线索，那些新知和故事像两个轮子在帮助他，拓开自己的边界，超出自身的速度。

爱因斯坦的办公室

1955年4月18日，爱因斯坦去世当天，摄影师拉尔夫·莫尔斯（Ralph Morse，1917—2014）闯入爱因斯坦在新泽西州普林斯顿高等研究院的办公室，拍摄了这张照片。房间简单，书桌凌乱，空椅子保持着他最后一次起身离开时的模样。[图片来源：《生活》（*Life*）杂志]

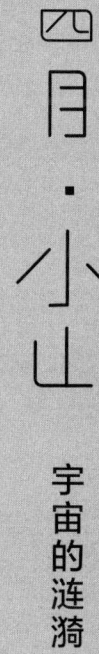

四月·小山

宇宙的涟漪

The most incomprehensible thing about the universe is that it is comprehensible.
—Albert Einstein & Sonja Bargmann

宇宙最不可理解之处是,它是可理解的。
——阿尔伯特·爱因斯坦原话,索尼娅·巴格曼改写

未来史分期

每次一想到引力波,马克都会陶醉于那种宏大的想象力与美感。

人类观察自然的手段,从古代的可见光到人造灯光,花了几十万年,却只是一个很小的进步。在麦克斯韦发现电磁波之后,人类的能力才得到了加速提升。借助电磁波,人类可以在极短的时间里把信息传送到远方,可以以极细微的尺度深入观察物质的内部。迄今为止所发现或发明的最新最强的观测手段,包括红外线、紫外线、伽马射线等等都还属于电磁波,还没跳出麦克斯韦的掌心。

"然后,就在2015年,更巨大、最巨大、威力更更强的发现来了……"马克聊到引力波,有点语无伦次了。

再过几百年,2015年也许会被当作一个里程碑来划分天文学,甚至划分整个科学技术史。那一年,你在做什么呢?地球人都在做什么呢?

那一年,人类第一次探测到了引力波。

2015年9月14日,美国的激光干涉引力波天文台(Laser Interferometer Gravitational-Wave Observatory,LIGO)第一次探测到来自遥远宇宙远方的"波浪"。经过大约半年的分析和确认,2016年2月11日,加州理工学院与麻省理工学院共同管理与营运的激光干涉引力波天文台宣布,他们探测到的是来自13亿光年外的两个黑洞并合所产生的引力波。事情就是这么一件事情,看起来不小也不大。每当关于科学新发现的报道出现,多数人只是把它作为一种新闻来接受。和这个发现本身相比,另一个次生的新闻引起了更多人的注意。2017年诺贝尔物理学奖授予三位美国科学家：雷纳·韦斯（Rainer Weiss，1932—）、巴里·巴里什（Barry Clark Barish，1936—）和基普·索恩（Kip Stephen Thorne，1940—）——斯蒂芬·霍金的读者，可能对这个名字不陌生，他是霍金的好友，两人之间有一些有趣的故事。这三位获奖的理由就是"对LIGO探测器和引力波观测的决定性贡献"。很多伟大的科学成就往往需要经过几年甚至几十年的等待才能拿到诺贝尔奖，而这一次，他们三人在宣布发现引力波的第二年就获奖了。实际上，如果2016年诺贝尔奖提名的截止时间不是1月31日，而是晚几个月，他们很有可能当年就获奖了。这个授奖决定的速度从一个侧面证明了引力波发现的重大意义。

如何捕捉引力波

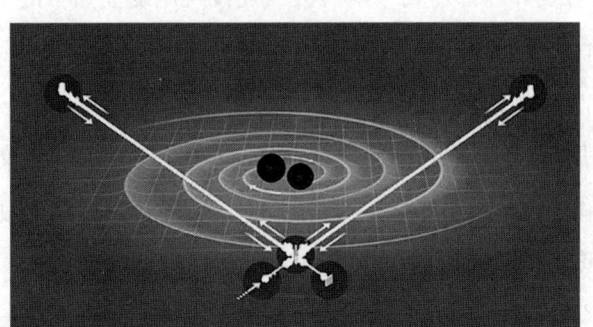

这是瑞典皇家科学院（The Royal Swedish Academy of Sciences）介绍2017年诺贝尔物理学奖的海报用图。（图片来源：瑞典皇家科学院）

"正好一百年啊！从1916年到2015年，这么凑巧，这是早就预言好的吗？会不会又是一个玄学之谜呢？"安得已经知道广义相对论是1915年提出的，但刚才马克说，让我们跳过1915年，先关注一下1916年吧，因为对引力波的预言是在那一年发出的。

这是安得第一次到马克家。家里比较简洁，东西少，有点空。比较突兀的是窗台边放着一架望远镜，不大，黑色的，和周围家具的颜色和线条都不和谐。马克说，那是个大玩具，没什么用，看不远，新鲜感过去后，已经变成一个笨重的摆设了。

马克一边给望远镜擦镜片，一边说："在这一百年的前面，还有三百年的科技进步值得感谢。"他的意思是，天文观测从肉眼发展到望远镜的技术进步主要在17世纪完成。磨镜和制镜工艺，以及对光学的研究催生了眼镜、显微镜和望远镜。牛顿的科研就是从研究光学开始的，笛卡尔也是，哲学家斯宾诺莎甚至以磨镜片为生。磨镜片是一种很有象征意义的职业，靠磨镜片就可以谋生的时代，之前不曾有过，之后也不再有。正是从那个年代开始，科学在本质上开始变得和古希腊不一样了。首先，出现了脱离哲学的独立倾向；其次，开始逐渐带上功利目标；然后，定量的、机械的自然观崛起。始于磨镜片的这一系列变化和发展，可以理解为人眼的升级，各种镜片像可以定制的高清视网膜，让人类看到了不一样的世界，形成不一样的世界观。天文学从中受益最多，包括今天的这台望远镜，往远点说，都应该感谢当年磨镜片的师傅们。

"不过，这一台太小了，看不清多少小星星，以后给你当玩具还差不多。"马克把镜片擦干净后，让他过来看镜头。

这是在白天，当然什么星座都看不到。镜片确实被擦得透明发亮了，可透过镜片看到的模糊景象简直让人怀疑马克刚才在磨洋工。安得把目光收回到室内，看了一会儿，忽然问道："你在这里生活得很简单，还是很复杂？"

马克没有回答，好像在想别的事情。每一次，当他的思绪从浩瀚无垠的宇宙时空收回到眼前的小屋里，那种惊人的对比和反差都让他难免怀疑自己。他答非所问,语气里带着一种感慨:"爱因斯坦不用磨镜片……"

"一个人活得那么复杂,会不会很累啊?"

"觉得复杂的是别人,爱因斯坦自己活得很简单,很纯粹,就像他的理论,很高深,却并不复杂。"

"真的吗?那你给我来个极简版的广义相对论吧!像上次解释狭义相对论那样,就用三四句话能说清楚吗?"

"我们来试试看吧。你还记得吗?我们说过,很多科学家追求简洁又完美的公式和理论,深刻的、高超的理论不一定要复杂。相对论的基本道理其实挺简单的,就是把伽利略和牛顿的相对性原理分两步扩展开来:扩展到时间和空间,就有了狭义相对论。扩展到非惯性系,就有了广义相对论。那些成果里,最吸引我的就是那个时间和空间的全新图景。最深刻的和最简洁的紧挨着,是不是?"

"不是,一点都不简单。"

"那你把那个笔记本拿过来,我来再加上两句。我们不磨镜片,磨纸片。"

马克在笔记本上先画出两个圈圈,小圈里写下两个字"狭义",靠着下弧线的横切方向上,写下"引力"二字,然后,在"引力"上打个叉。大圈套着小圈,写下"广义"和"非惯性系",然后,在大圈外用箭号导入两个字"引力",两字的下方打个勾。刚写完,又回头把大圈改为一团泡沫。都画完了,也不解释,就让安得自己去琢磨。

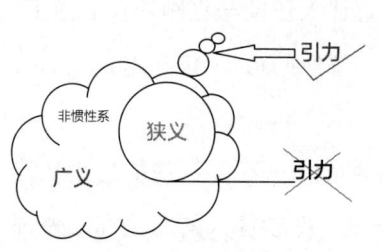

还没到两分钟,安得就领会了一半。他说:"你的意思是,狭义

相对论不考虑引力的影响，而升级版的广义相对论引进了引力，适用范围变大了？"

马克高兴地拍了一下他的笔记本。那上面原有的"马克四句"下面多了几个字，是安得不久前加上的："八字真言：光速、尺缩、钟慢、质能。"马克在那"八字真言"下面，另起一段，补上两句：

广义相对论：

5.重物附近，时间变慢。引力越大，时间越慢。

6.重物附近，空间弯曲。引力越大，弯曲越大。

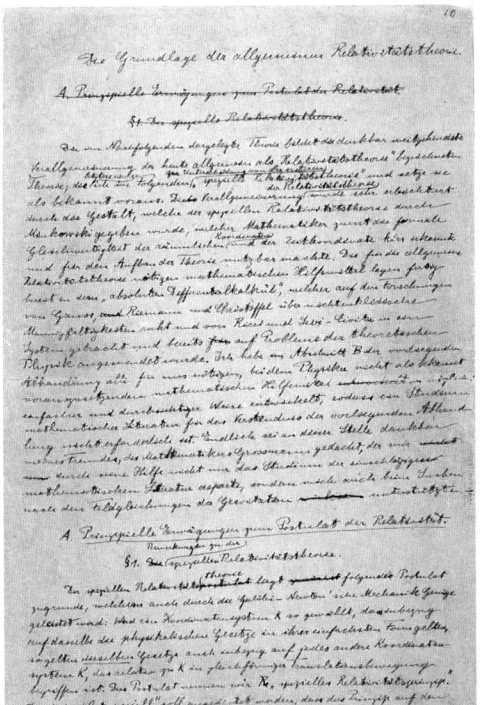

广义相对论手稿第一页

图片来源：希伯来大学爱因斯坦档案室（The Albert Einstein Archives at The Hebrew University of Jerusalem）

马克先从名词解释开始讲起。爱因斯坦在1905年发表的论文里并没有为自己的理论取名,它曾被不同的科学家称呼为洛仑兹–爱因斯坦理论、相对性原理(Relativity Principle)、相对性理论(Relative Theory)和相对论(Theory of Relativity),最后逐渐定名为相对论。"相对"一词取自"相对性原理",也可以包含"相对运动",指的是不存在绝对的优先的惯性系,所有惯性系的观察者都将对光速得出相同的测量值。那种惯性系所设想的是一种理想的环境,所有参考系和观察者相对于彼此都是静止或者匀速运动的。可是,我们都知道,这种绝对的静止和匀速运动只在理论上存在,现实中并不存在。十年之后,爱因斯坦提出广义相对论,拓宽了相对论的适用范围。从惯性系推广到非惯性系,相对论不再挑剔速度和参考系了,纳入了静止和匀速以外的所有方式的运动。1915年他首次使用"狭义相对论"(Special Theory of Relativity,或简写为Special Relativity)来称呼自己十年前的那个理论,这个定语"狭义",点出了它的局限,也就是在特殊的条件下才可成立,适用范围比较狭窄。新理论就顺理成章地被称为"广义相对论"(General Theory of Relativity,或简写为General Relativity)了,因为它更具普遍性,可以适用于一般的真实世界。原文Special和General的本意是"特殊"和"普遍"或"一般",日本翻译这两个理论时用的汉字就是"特殊相对论"和"一般相对论",早期的中文世界里也曾沿用日本的译法。

按惯例,马克接着又从故事入手,讲起安得最熟悉的伽利略的比萨斜塔和牛顿的苹果。这两个故事都是对于引力的研究,它们的另一个共同点是,都因缺乏确证,无法考证故事的真伪。在经典力学里,引力的作用是即时发生的,完全超越时间,超越距离。地球吸住铁球和苹果,和吸住月球一样,不是一种引力"出发——经过——到达"的过程。引力不依赖任何介质，完全不用考虑距离，也不需要经过时间，引力作用根本就没有一个过程，因此不存在引力的速度问题。如果非要给引力定个速度，那就是速度无限大。从地球到铁球和苹果，从太阳到地球，万有引力都是即时传播，超距作用，不受时间和空间的制约。这就和相对论的假设矛盾了。难道引力的传播速度竟可以超过光速？光速最快的假设可是狭义相对论的命根子，怎能容许万有引力更快？如果引力速度无限，岂不要逼着时空观又得倒回去，不得不承认宇宙无限，时空无限？

狭义相对论提出后不久，爱因斯坦就意识到了这个矛盾。苦思冥想之后，"有一天，突破口突然找到了"。他曾回忆道："当时我正坐在伯尔尼专利局的办公室里，脑子忽然闪现了一个念头，如果一个人正在自由下落，他决不会感到自己有重量。我吃了一惊，这个简单的思想实验给我的印象太深了。它把我引向了引力理论。"这个突然闪现的念头发展成一个著名的思想实验：无窗电梯。那实际上可以理解为一个密闭电梯中的比萨斜塔实验和苹果实验。爱因斯坦推想，在那种快速升降却又无法感知外界的环境里，自由落体是感受不到额外的引力和加速度的。一个人在那种电梯里不管怎么蹦跳，不管扔下铁球还是羽毛，都感受不到和地面有什么不同。这个结论，爱因斯坦说，是他一生中最让他感到快乐的想法。我们在列车上，已经体验过类似的快乐了。我们假设拉上窗帘不看窗外，就感觉不到列车在行驶，而且还从跳高跳远联想到地心说。只不过，我们想象的是参考系在水平方向上运动，不是在上下方向，而思考引力则最好想象上下方向的运动。其实，我们当时离这个思想实验只差半步了，可为什么就没能意识到呢？归根结底，就在于欠缺问题意识。拥有问题意识的爱因斯坦就不一样了，他一想就通：既然密闭的电梯里无法分辨静止还是加速升降，那么，物理定律在那两种状态下就应该是等效的，也就是说，不管有没有引力，结果都一样。这将引出一系列问题：难道引力可以无视？那引力到底是什么？更根本的是，引力到底存在吗？这个思想实验催生了等效原理，启动了他对引力的颠覆性思考。

引力及其引出的矛盾，耗费了爱因斯坦将近十年的时间，终于在广义相对论中得到了完美解决。简单地说，牛顿错了，引力的速度有上限，就是按光速，像水波一样传播，而不是即时的、超距的，不可能无关时间却拥有无限大的速度。更为重要的是，引力不是一种力，而是时空的几何结构所引发的一种效应。物质的存在和运动造成时空弯曲，而引力不过是时空弯曲的一种表现。好险呐，降伏了引力，光速保住了速度最快的宝座，时空有限的原则因此也保住了。

狭义相对论揭示了时空与质量和运动之间的联系，广义相对论则建立了几何结构的时空观，用时空容纳或消解了引力。广义相对论在时间和空间上都名副其实地对狭义相对论做出了扩展和升级。狭义相对论里的长度变化，到了广义相对论里就扩展成了空间变化，水平的变化扩展成立体的变化，尺缩升级到空间弯曲。至于时间，狭义相对论提出速度会改变时间，广义相对论在速度之外又加上一个影响因素，那就是时空结构，因为时空弯曲也会改变时间。引力，作为时空结构所产生的一种效应和作用力，容易被想象成一条绳子，比如太阳用绳子一样的引力拴住地球，使地球只能绕着它转，不至于脱轨甩出去。对于时间，引力的作用也有点像绳子。引力拖拽着时间，扯着不让跑，时间遇到它也没辙了，再怎么努力挣扎，也没法跑得像在平直空间里那么快了。引力越大，时间就流逝得越慢。而这条本不存在的绳子是随着物质分布和运动速度的变化而变化的，并不具有牛顿力学所宣称的那种绝对性,既非万有,也非万古。虽然引力被广义相对论降格为时空弯曲的表现,而不是真实存在的根本动力,但牛顿的引力理论在低速的世界里,在较弱的引力场里,依然有效。

从观感上而言,如果继续把时空比作舞台,那么,在狭义相对论里,舞台的变化是在平面上的挤压和拉伸,时空变长变短都是在运动的方向上发生的。在广义相对论里,时空有了结构,时空的变化是立体几何的,不只变长变短,还会弯曲凹陷,从各个方向影响周边的结构。时空不再是刚性的、不变的、绝对的,而是和物质相互依存,互为因果。一方面,物质的分布和运动影响时空;另一方面,时空的几何结构影响物质的分布和运动,正如美国物理学家约翰·惠勒(John Archibald Wheeler,1911—2008)所概括的那样:"物质告诉时空如何弯曲,时空告诉物质如何运动。"

想当年,牛顿的那个万有引力在三维空间里,完美到可以上知天文,下知地理,连日月星辰都听它的定律。所以,当爱因斯坦说引力本质上不存在,震撼的力度可想而知。这个关于时空的新理论,远远走在同时代人的前面,即使在今天,也超出了大部分人的认识。英国诗人亚历山大·波普(Alexander Pope,1688—1744)曾有一首诗歌颂牛顿:

> 自然界和自然界的规律隐藏在黑暗中,
> 上帝说:"让牛顿去吧!"
> 于是一切成为光明。

广义相对论提出后,绝大多数人无法理解,好不容易从牛顿那里学会了一些基本原理，以为看清了世界，没想到又来一个家伙，把那些基本原理颠覆了，这下又摸不到北了。于是，有人续写道：

但不久，
魔鬼说："让爱因斯坦去吧！"
于是一切又重新回到黑暗中。

"等等——'等等'这个词也是和时间有关的，不过我要说的是，我们这地球上，越靠近地面，引力越大，越往高处，引力就越小，对不对？"

"对，绳子的那一头在地心拽着呢。绳子越长，引力越小，要不怎么说，在空中飘呢？飘的原因就是引力小，因为在绳子的末梢嘛。"

"那为什么楼层越高的房子卖得越贵？一楼贴近地面，引力最大，时间流逝得最慢，比住在高楼上的人要长寿啊。楼层越高，住得越亏，时间跑得快，把命都亏短了。"

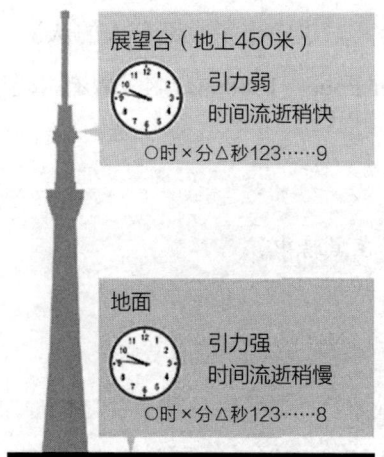

高度和时间

图为在日本晴空塔进行的光晶格钟实验。实验结果显示，高处的时间流逝得较快。详见后文。（图片来源：编译自《朝日新闻》）

"哈哈，这可能是个房地产开发商不敢披露的商业秘密。不过，高层和低层的这种时间差异非常小，不知道可以折算成多少钱。把楼盖到珠穆朗玛峰那么高，住顶楼的只比住在海拔为零的地面上每秒快0.000000000000965秒。"

"唉，只怪地球引力太小。"

这时，马克提醒安得要注意一下"引力"这个词。虽然可以继续使用这个词，但只是权宜之计，事实是，引力不存在，但不妨继续用这个词来指称那种效应和作用力，就像可以继续说颜色，而不必每次都用不同的波长来表示。现在，我们还是回到引力波吧。

一颗石头投入水中，或者一艘船驶过水面，必定会产生水波。同理，一颗星球放在时空里，不可能不产生任何影响。其中最大的影响就是，巨大的质量和运动会引发星球所在的时空产生波动，尤其是两个大质量的天体剧烈碰撞时，会明显地扰动周围的时空，引发波动，加速运动又推波助澜，把波动扩散到更远的时空。这就是引力波。实际上，大到日月星辰，小到人走路，猫爬行，鸟飞过，任何物体和运动都会使周围的时空产生这种波动。波再小，也有波峰波谷，水面上的小草小叶会随着波浪起伏。引力波也一样，被波及到的物体会有起伏和变形，可能在前后方向上变长，在左右方向上变短，因为引力波会在某一个方向上拉伸时空，在另一个与之垂直的方向上压缩时空，使物体或光在一伸一缩中来回变化。这么说，听起来挺可怕的，但实际上，躲在地球这个小角落里，能感受到的引力波极其微弱。人类这么迟钝，根本感觉不到来自外星的引力波，更不用说人自己造成的时空扰动了，那都小到没有任何工具可以探测得到了。

那科学家是怎么发现引力波的呢？马克不愿意在这么小的空间里聊这么大尺度的问题，两人都觉得应该找个视野开阔的地方试试看。

"走，我们带两根树枝登山去。"

最后一块缺失的拼图

山小，也不陡，但他们临时起意，没补充食物，连鞋子都没换，走到半路，就已经有点吃力了。幸好，一人一根树枝，这时派上了用场，成了登山杖。不久，他们就在一个相对平缓的空地上，找两块石头坐了下来。

"现在是白天，看不见天上的星星。可你一定不会怀疑，地球之外有很多天体吧？"

安得放眼天际，忽然想到海边之旅。在那次知识大轰炸接近尾声时，他们曾谈到如何正确地怀疑自己不理解的事情。马克当时说的那一套现在正好派上用场了，他回答道："嗯，它们肯定存在。你说的，眼见不为实，眼不见或为实。不过，我想到的倒是另一个问题：我现在看不见它们，可它们现在看得见我吗？"

"我们还不知道地球之外是否有外星人。至少现在，全宇宙谁都不理不睬这个地球。外星人没见过一个，引力波可是源源不断地找上门来。只是宇宙浩瀚，经过长途跋涉，那些引力波到我们身边的时候已经很微弱了，我们感觉不到。"

"连黑洞发出来的引力波也感觉不到吗？不是说黑洞的能量和质量最大吗？"安得闭上眼睛，想让自己变得敏感一点，看看自己体表的细胞是否能感受到哪怕一丁点的波动。

"你不用以身试法了，人体感觉不到的。但机器可以，比如这个……"

马克把手上的树枝横放在地上，叫安得把他的那一根交叉放上，稍作调整，摆成了一个L形。

这时，一阵大风吹过，树枝轻微晃动了一下。安得慌忙用手摁住那个交接点，把交接的角度细心地调整到更接近于直角。

马克看到他的细心和认真，说："你有潜质，长大后也许适合去LIGO做研究工作。"

"那我该选哪个LIGO？"

马克又从附近捡两根树枝，让他再摆出一个L形。

"虽然这几根树枝长短不一，我们就假设它们都是相同的长度吧。LIGO现有两个观测台，一个在美国的华盛顿州，另一个在路易斯安那州。两个一模一样的，你不用费心二选一了。为什么要由两座相距数千千米的完全一样的设施组成呢？一是因为设施周围会有很多干扰信号，仪器万一发生故障也会发出错误信号。如果有两个设施，那么，通过比较和交叉分析，就可以排除那些由本地环境因素造成的误差。二是为了与信号源构成一个三角形，可以用三角形的定理计算出信号源的位置。你看那里有两块大岩石，想象看看，如果那是两个黑洞碰撞，发出引力波，传到我们摆放的这个L形树枝上，那就只有一条直线。如果远处还有一个L形的接收器，那就有三个点了：岩石碰触点，再加两个L形交接点，三个点连成一个三角形，就可以推算出引力波来自哪里。当然，还有一个更重要的，引力波的绝对振幅也可以帮助我们推算出这个距离。"

激光干涉引力波观测台及其工作原理

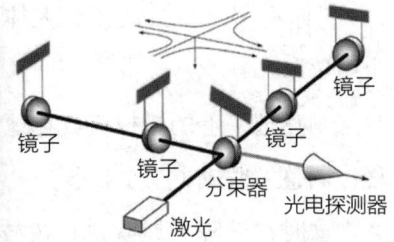

图片来源：加州理工大学（www.ligo.caltech.edu）

"引力波来自那么遥远的地方，是什么推动它长途跋涉来到地球的呢？"

"13亿光年的遥远的太空里，有两个质量分别是36个和29个太阳那么大的黑洞碰撞合并了。合并后的黑洞质量变小了，约等于62个太阳。先在这里停一下，刚才这几个数字，你发现什么问题没有？"

"36+29-62=3，丢了3个太阳？那3个太阳那么大的质量哪儿去了？难道黑洞碰撞，就像黑吃黑，吞下3个太阳，消化没了？"

"这个只能靠想象和推理了，因为谁都没见过那情景。两个黑洞相互绕转，经过数十亿年，逐渐靠近，愈演愈烈，并在最后一秒钟内，以大约一半光速的速度碰撞，合并成一个更大的黑洞。根据质能转化的原理，碰撞合并时会有一部分质量转化成能量，变成引力波，约等于3个太阳的能量就是消耗在这个引力波上了。这份巨大的能量推动引力波在宇宙中像水波一样荡漾着扩散开来，到达地球时，正好被LIGO探测到了。"马克指着地上的树枝，比划着说："这个就是LIGO的缩小版。原版的这两根树枝都长达4千米，中间是空的，是直径大约1.2米的管道，接近真空。管道相交处，也就是这两根树枝交界处放着一个激光发射器。每个管道的尽头则放着一面镜子……"

"要不，我们模拟得更逼真一点吧，"安得在脚边扒拉几下，抠出两块小石头，放在两根树枝的末端，"这就当作是镜子吧。请接着说。"

"谢谢。在正常状态下，两根树枝长度一样，激光的速度也一样，所以激光束从这个L形树枝交接处出发，到达镜子，也就是那两块石头的时间，以及折射回来的时间都是相等的。但是，一旦引力波波及树枝，就会影响时空，导致两根树枝的长度出现细微的差别。两束激光的速度不变，但距离改变了，那结果就是激光束在两根树枝管道里来回所用的时间不一致了。当它们反射回来，在交接处汇合时，就会出现和平常不一样的结果。"

"这类距离速度时间的数学题，我们做过好多了。"

"再加上你已经理解了的光速不变和时空可变的原理，这个探测器的工作原理就很容易理解了。"

"嗯。"安得用手拍拍树枝，说，"原谅我们人体吧。我们感觉不到这个引力波，它又微弱又稀少，可遇不可求。探测器辛苦啦。"

"确实要感谢探测器，这是人类靠自身的力量不可能完成的任务。幸好机器不知何为辛苦，没日没夜不停地工作，激光束不知疲倦地发射，折回，发射，折回。直到2015年，它第一次成功捕获到引力波。当时，那阵引力波只持续了不到一秒钟，大约振动了十几次。就是这么微乎其微的振动，都没能逃过那个探测器。刚才你也注意到了，我们这树枝被风吹动时，有了一点点轻微的晃动。引力波传到LIGO时，也是类似的情形，只是振动的幅度要小得多，只有原子核尺寸的千分之一。"

"这精确度和灵敏度太高了！"

"是啊，所以，需要像你这样既有庞大的想象力，又认真细心的人。"马克看到他被表扬得有点不好意思，笑了一笑，接着说，"这个观测结果如此重大，如此复杂，科学家们用了很长的时间去认证、分析、研究，到了2016年才确信被探测到的确定无疑是引力波。"

引力波是广义相对论中最重要的一个预言，也是最后一个未解之谜。作为人类认知自然最伟大的成就，相对论一直受到质疑，连爱因斯坦本人都曾对引力波将信将疑。他最初是因为引力波带来的变化过于微小，而断言对于地球人而言，引力波无法被探测到，可以被忽略。他本人曾两次否认引力波的存在，然后又修正回来。最有趣的是，在提出广义相对论20年后，爱因斯坦在1936年写的论文《引力波存在吗》里否定了引力波的存在。编辑认为他错了，退稿。他改写后投给另一家学术期刊，结论却变成肯定引力波的存在。而对于黑洞，他直到逝世前都没完全打消疑念。现在，这个迟到的观测结果总算为他释疑了，而且一箭三雕，不仅第一次探测到了引力波，也第一次验证了黑洞的存在，并通过引力波间接观测到了黑洞附近的时空扭曲。根据这次探测得到的数据，科学家们还推算出这个黑洞碰撞事件发生的时候，我们身处其中的这个宇宙才发育到现在的91%大。广义相对论的最后也是最重要的一块拼图找到了。至此，广义相对论的七大预言全部都被证实了。

广义相对论的七大预言

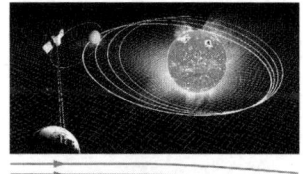

水星轨道近日点的进动：水星每次最接近太阳的时间总是比牛顿的计算结果晚半秒左右。广义相对论用太阳所造成的时空弯曲精确地解释了这个微小的误差。

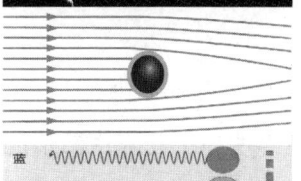

光线在太阳附近的偏折：详见"五月·球场"中的《世界的开端》VS《世界的终结》。

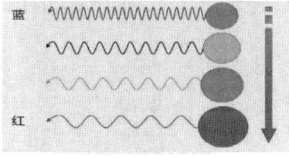

光波的引力红移：强引力场中移动的光子在远离而去时，能量会减弱，导致波长变长。波长越长，在人眼里就显得越红。

引力钟慢：详见后文。

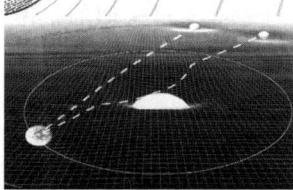

雷达回波时间延迟：雷达信号途经一个大质量天体时，往返时间变长，也称引力时间延迟。

黑洞的存在：这是人类历史上第一张黑洞照片，由分布在全球各地的8个射电望远镜组成的事件视界望远镜（EHT）拍摄于2017年，经过两年左右的数据处理及理论分析，于2019年成功合成出照片。照片展示了一个中心黑色、边缘明亮的环状结构。

最后一个被证实的预言就是引力波。

图片来源依次为：NASA、einstein-online.info、UCI、spaceandmatter.org、同上、《自然》杂志、美国物理学会（https://physics.aps.org/articles/v13/113）

最强信使和连续性

"如果你误过了1916年,哦,不是如果,你肯定误过了,那就不能再对2015年的发现漠不关心了。"马克起身,然后,顺手拉起他。

"我们小心一点,轻点走,免得我们发出的引力波惊动了这些树枝。"安得回头看了一下地上的小LIGO,忽然明白了马克送给他的那个地球仪,为什么要在底座嵌入一个L形铁丝。

他们继续步行。走过一段洼地,不久就来到一个小湖边。这里本来只是一个小池塘,雨季刚过,今年充沛的雨水,把它抬升成了小湖。安得捡起一块石头,往湖中投去。"请欣赏我发出的引力波!"说完,两人看着水面的涟漪,好像都有点陷入沉思了。直到最后几圈细小的波纹也消失了,湖面重归平静后,马克才醒过来似的,说:"我好想知道,当你的石头落到湖里,那些水草丛中小小的蜉蝣微虫,是什么感觉。"

"地震啦!海啸啦!陨石掉下来啦!"安得夸张地叫起来,自己把自己给逗笑了。

"面对宇宙,人类也差不多。几十亿只蜉蝣微虫而已,好不到哪儿去。"

他被马克的语气震住了,不知该说什么,却又不想被那种情绪感染,就提议说:"来,我们比赛打水漂吧。"

这个主意把马克带离了那个感慨。两人分别找到了一块扁平的小石片。安得掂量着手中的小石片,瞄着湖面,说:"上次我输给同学了,这次我要赢回来。"

"你会赢的,只要你知道神秘角度20°……"

湖面打水漂和太空"打水漂"

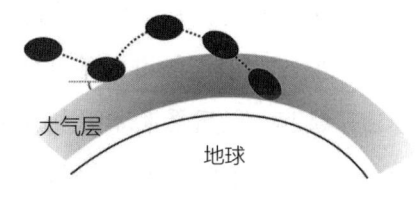

打水漂的最佳角度是20°。航天器返回地球时,利用打水漂原理,在大气层实现自然减速。

"什么?连这么点小玩意儿,也有科学可说吗?"

"嗯,你要是不嫌烦……"

"快说,什么窍门?我下次要战胜他们。"

"看我这小石片的横面,和水面的夹角大约成20°,这个角度打出的水漂最漂亮。因为从这个角度贴着水面削过去,石片与水面每次接触的时间最短。接触时间越短,你投出时加给石头的力就损耗得越少,水漂就会打得又轻又远……"马克一边说着,一边示范着,正要投出石头,忽然愣住了。

虽说池塘涨成小湖了,可这小湖还是太小了,尤其是从他们站立的这个位置看去,湖面的长度不足以验证他的理论。安得也感觉到了这一点,两人相视,忍不住一起笑了出来。

"我有时就是这么一个人。想得太多,忘了现实。"马克有点尴尬地说完,把手中的石片投出去,没溅起几片水花就到头了。

"这石子也是英雄无用武之地啊。"安得也投出去后,又半带安慰,半带豪情地说:"嘿,没事的。我们人类要是不这么使劲儿想,怎么会从水波想到引力波,从小池塘想到大宇宙。"

"可不是吗,那我们就接着往下想吧。其实,打水漂的小窍门里含有利用空间的秘密。听说过太空打水漂吗?航天器返回地球,接近大气层时,最佳的进入角度就是20°。第一次碰触,会被大气层弹出,跳起,然后受地球引力影响,在不远处回落。那情形和打水漂一模一样,经历几次弹跳和回落,逐次降低速度,最后自由下落,返回地球。这是利用打水漂原理做到自然减速,而不是向大气层横冲直撞,拼个机毁人亡。这个原理也适用于时间。对于时间,也要选好角度,自然减速,别横冲直撞。你这样感觉过吗?人在时间上,并不像沿着铁轨前行,而更像是在水面上打水漂似的,一个点一个点地跳跃?"

他快速地搜索了一下记忆,得出肯定的答案:"还真的是这样的。我现在只记着几个重要的时间点,生日呀节假日呀每学期的开学和结束,一年级,二年级,三年级……打水漂一样过去了。点和点之间的事情大都忘了。"

"对空间也一样。你只会记住几个地点,地点和地点之间的空间,往往被当作需要尽快跳过的路程忽略了。你会记住家和学校,记住旅游中的景点、站点、出发地和目的地,可更多的空间一定会被你忘记的。人就像石头一样,是在时空的水面上打水漂而过。"

"从家到学校的路上,我是连续地走着去的啊。旅游景点和站点也都是用飞机、列车、汽车和脚步连续起来的。我觉得时空应该是连续的吧?只是我们的感觉和记忆挑选了几个点留在记忆里,结果看起来是跳跃的。是不是这样?"

"不知道。我们不知道真正的时空是什么样的,只知道用人类能理解的方式感知到的时空是怎么样的。在天文单位的大尺度上,时空是可以用流形的世界线来描述的,可以说是连续的。但在量子单位的小尺度上,时空也可以说是不连续的,不稳定的。它时涨时落,有时还消失不见了,有时又叠加或坍塌。"

"量子再小,不也可以在时空坐标上的四个轴或四个箭号上标出来吗?不管多大多小,总有一个数值可以标出它的位置吧?每一个微小的点连起来不就是连续的吗?"

"可问题是,点的概念是人类为了方便自己而创造的,真实世界里不存在那种点。而且,严格来讲,四个箭号上的数值必须同时测量得到才可以准确定位时空,但实际上那又是不可能的。在微观尺度上,测了时间,就来不及测空间;测了长度,就没法同时顾及高度。没三头六臂,手忙脚乱的,不可能同时测量四个数值。测不准原理很有名,那是另一回事,从我们的话题也可以照此发明一个词,就叫:同时测不准。如果这个尺度变得更小,到了更微观的世界里,就会遇到一个极限问题。人类会在那里碰壁,无法测量到低于那个最小尺度的时空结构,时空的分割和定位也会在那里止步不前。所以,时空不可能无限分割,只能分割到极小尺度的极细微的点,也就是打水漂的极小版本。"

"会不会只是因为我们的比喻不恰当?如果打水漂的间隔这么明显,那改成冲浪呢?冲浪滑过的是一条不间断的连线,是连续的吧?"

"冲浪板和打水漂的石片是一回事,都是一种'点'。如果有个高手能打出连续的水漂,一个紧连着一个,也就是点和点之间的距离是零,那就和冲浪没什么两样了,当然,现实中那是不可能的。如果时空是连续的,那就得要求粒子全都紧挨着,没有任何空隙,或者意味着存在距离或长度为0的粒子,这在现实中也是不可能的。粒子本身就是不连续的,一粒一粒单独存在,时空如何连续?所谓的世界,所谓的变化,所谓的历史,在微观尺度上都可以看作粒子的存在和运动。粒子规定了世界的本质。"

"我有点受不了了。一会儿宇宙大时空，一会儿什么小粒子，它们联合起来欺负时空。"

"确实是这样。传统的时空观都快被它们欺负哭了。人要是认真去想，可能连走路都不利索了。你刚才说你上学走路是连续的？除非有引力波推着你，否则你不得不左右腿轮流迈出，一步一步地走，是吧？每一步都是断点啊，就像时钟的滴答声一样，是不连续的。如果滴答声连续起来，就变成汽笛了，会把人逼疯的。你每迈出一步，时钟每滴答一声，就有可能是一个时空的断点。你看那边，那两棵树之间，是空的，不存在第三棵树。我们可以用这个来比喻一下两次变化之间的时空存在：从一声滴答到下一声滴答，从上一步到下一步，有个时间差和空间差，但时间和空间却不存在于两声滴答之间，'之间'里没有空间和时间，就像两棵树之间没有树，两个人之间没有人一样。如果有，就连成一块了，也就没有'之间'了。有些最新的理论认为时空不是平滑连续的，而是离散的，通过一系列突然的、离散的步骤发生演化。虽然，主流的共识仍然坚持认为时空是连续的，时空的最小单位和量子化都不能等同于时空的离散化，但离经叛道的新理论也挺有趣的，而且，只要不涉及精确计算，普通人也是可以理解的。不过，对于时间，这一百年里，唯一得到证实的突破性认识只有相对论，其他的都还没得到足够的验证。你不妨多认识一些，做好心理准备，很快的，揭开时空奥秘的决定性时刻可能不远了。那个发现引力波的索恩说，到2050年，LIGO也许就能探测到宇宙早期的原初引力波。原初引力波肯定有助于理解时空的性质。2050年，不远啊，说不定我们都有机会见证时空奥秘揭开大幕的那一天。"

"好的,我慢慢消化。"安得觉得刚才的例子挺有帮助的,只是一时消化不了这么多信息,觉得还是回到打水漂,先解决刚才没机会问的那个疑惑吧:"刚才,你注意到了吗?水面被石子擦过,形成的一连串的水波都是圆形的。石子快速向前,本来应该拉伸水波,把圆形向前拉伸成椭圆形才对啊。是我看错了吗?"

"你没看错。很好,你观察得很细很准,水波是圆形的。这说明水波被石子激发起来后,就和石子的运动没关系了,水波内部靠自己的振动传播,石子往哪个方向飞,都不影响水波自顾自均匀地扩散。电磁波和光也一样,一旦发出,就不受波源或光源的影响了。不管来自手电筒、探照灯、太阳还是手机,也不管这类光源怎么动,光都不会参与光源的变化和运动,不受影响,始终保持自己固定不变的速度。"

"这么说,我得先表扬一下这水波了。你们坚贞不屈,不受影响,不管生在哪里,也不管石子走向哪里,都保持自己的标准圆形,干得漂亮。"

"不过,引力波没那么绝情,它多少还是会携带一些来自源头的信息。比如,测量引力波的偏振可以算出波源——就是那两个黑洞的轨道倾斜度。信息不多,但已经很珍贵了,引力波源那里发生的事情就是靠这么点蛛丝马迹去推知的。"

"那就多一个感谢吧,感谢引力波。"

"从水波、光波到引力波,事物有相通之处,宇宙的奥秘就在身边。不过,就像宇宙的涟漪就在你身边一样,就看你的感知能力了。"

"太小的涟漪感知不到,但可以理解得到。理解不到,还可以想象。"安得现在觉得这话题并不复杂,但比起那些细节和原理,他更愿意先让想象驰骋一会儿:"宇宙那么大,我不甘心只留在这里。我想去看看,看看太空是不是像这湖面一样涟漪荡漾,看看宇宙怎么从小池变成大湖。哦,还有呢,在宇宙的湖面打水漂,在引力波上冲浪……"

"好呀你,雄心壮志,说话算话哦。"马克拍拍他的背,半带感慨,半带鼓励地说,"幸运的是,你的年纪,配上现在这个时间点,很多看似不可能的事情将会逐渐变成可能。因为引力波的发现开启了人类探索宇宙的新纪元。"

"为什么这么说呢?你好像把这件事看得很重要。"

"是的。也许是我的偏见。可你想想看,人类观察自然的工具、手段和方法发展到这里,是个多么巨大的飞跃。很多人对这件事的理解局限于它和相对论或爱因斯坦的联系。但是,如果从科学职业圈跳出一小步,放眼到人类获得知识和利用工具的历史上来,你就可以看到更宏大的意义。"

引力波穿过半个宇宙来看你,被探测到时,已经筋疲力尽了,只能轻轻振动几下。可在波源处,黑洞撞击,震撼度远超地球撞上太阳。想当初,引力波出发时,那是何等的气场,何等的波澜壮阔。今天,它成为人类尚未掌握但已经接触的最微弱却最大型的工具了,而且,这可是人类迄今为止最奇妙的获取知识的途径——竟然可以通过引力波获知遥远的黑洞撞击事件。读书可以获取新知,未来读引力波也可以获取新知。回顾一下人类获得知识和利用工具的历史,可以看到,最初是可见光,睁眼就可以观察事物。然后发现了无线电波,实现了不受距离限制的即时通信,通过电台、电视台、手机和互联网等等,人们看得更远了,认知得更方便、更高效了。发现了红外线,发展出遥控器、热成像仪、红外制导仪器等等,人们可以越过空间操作远方的机器，看见肉眼看不见的物质内部。去过医院的人对X射线都不陌生，它们帮助医生看见身体内部。医生还可以利用伽马射线的超强穿透力杀伤细胞，治疗肿瘤。发现了紫外线，可以消毒，可以验证真假钞票，那都是肉眼做不到的事。这些工具和技术赋能于人类的眼和手，就像是把手变长了，变灵巧精细了，把眼睛变成千里眼和穿透眼了。这每一步都和空间有关，人类对空间的了解和利用更上一层楼了。现在，大部分人都对浸泡在电磁波里的生活习以为常了，可能不容易意识到，麦克斯韦在理论上预测电磁波的存在不过是1864年的事，从那时算起，至今也只不过160年左右。2015年，发现了引力波，想象一下，160年后，人类会利用引力波做些什么呢？很快的，有生之年，你很有可能看到引力波真正地成为人类的新工具。

"用来推我的背，让我跑得更快？可它又可遇不可求，不能预约，不能安排它正好在我开始跑步时到来吧？如果力量太小，只会使树枝颤抖一下，也没什么意义；如果力量太大，扫过这里，整个山坡、整个城市都被抹没了，那可不是闹着玩的。这么宏大又这么微小的波，我看不出它作为工具，对我的生活有什么用途。"

"那是因为刚刚探测到引力波，对它的了解还太少，还远远谈不上如何应用。对引力波的振幅、频率、波长、速度等主要属性都严重缺乏数据和分析。但是，我们可以接上刚才说过的人类观察自然的历史，往前推想看看。比如，在2015年之前，探索太空主要用光和射电，今后大量用上引力波是毋庸置疑的。人类在400多年前利用光学望远镜开始探索宇宙，但基本上还是基于肉眼的工作原理，看到的远方并不远。然后，红外线、紫外线、伽马射线……这些更新的观测手段都是利用波动现象来传送信息，观察自然。引力波也是一种波动现象，但是，这是人类迄今为止所发现的最宏大的波，最有想象力和美感的波。"

伽利略的望远镜

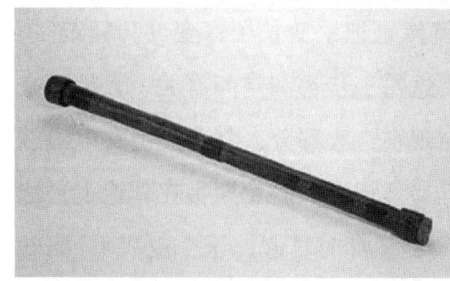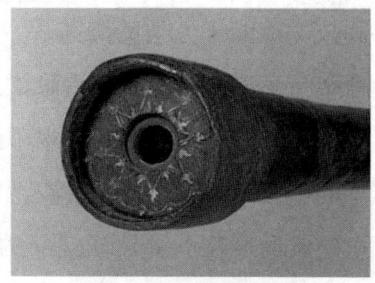

图片来源：www.newscientist.com

1609年，时年45岁的伽利略改造出了人类历史上第一个天文望远镜，并利用这台望远镜发现了月球表面是凹凸不平的以及木星拥有四颗卫星。这个发现不仅改变了人类对宇宙的认识，也把人类从对空间的固有观念里解放了出来，还把天比地美的神秘想象撕破了。天文望远镜的功能取决于集光能力，天体的亮度比距离对观测结果的影响更大。看得再远，如果目标天体是晦暗不明的，光学望远镜也会"失明"。所以，能看多暗和多清晰比能看得多远更重要。上个世纪开始启用的射电类望远镜解决了这个问题，但新问题又来了。地球的大气层、电离层、臭氧层和地磁场等层层阻挡和扰乱，使得射电类望远镜视野模糊。这个问题的解决方案是，把望远镜放到地球之外去。最为著名的就是1990年发射升空的哈勃太空望远镜，它可以观测到可见光、紫外线、近红外线等。请欣赏哈勃太空望远镜拍摄的天文图景：

创世之柱

两张鹰状星云"创世之柱"均由哈勃太空望远镜拍摄。左图是可见光下拍摄,右图是红外光下拍摄,均经过可视化处理。(图片来源:NASA)

危险的舞蹈

两个相互作用的星系交织在一起,合称Arp 91。(图片来源:NASA)

哈勃太空望远镜

图片来源:NASA

不难想象，如果古代人看到如此壮观的天文照片，极大可能会拒绝接受。但今天大多数人看到这些已经不再有震撼的感觉了。这个视觉冲击力消失的过程就是人类走出自身局限认识空间的过程。在这个过程中，感谢可见光和射电为地球带来了远方的信息，成为人类和宇宙沟通的信使。到了2015年，引力波被探测到之后，人类又多了一个工具，多信使的天文学时代开始了。多信使的意思是多种不同手段混合使用，就像人们在日常生活中传递信息会混合使用邮件、电话、短信、信息和嘴巴一样。大部分宇宙事件在发出引力波的同时也发射出传统的信使，比如可见光、红外线之类的。综合多信使带来的信息，就有可能提高对源头的定位和各种数据的精度，增加对源头事件的理解，校准对宇宙膨胀速度的估算。参照太空望远镜的发展历程，还可以预想，在不久的将来，引力波探测器也会被发射到太空中。减少了地面振动的扰动，就可以探测到更微弱的引力波，就可以"看"得更远，更暗，更清晰。这是人类的能力在空间里的延伸和拓展。

除了被动接收信息，解读信息以外，在更狂野的想象里，引力波还有可能用来传达信息，和地球之外的文明通信。比如，以某种编辑加工过的波纹，在心情好的时候，传出"我爱你"三个字；在地球危急的时候，传出"快来救我"四个字。也许有一天，引力波还会像X光一样被人类利用起来，一路扫描它经过的空间，逆向推导出一段惊心动魄的天文历史。它甚至可能被利用或改造成太空武器，星球大战变成星波大战，参战各方大抖引力波，用波浪拍死某个星球，用海啸冲垮某个星系……

"停停停，这画面太恐怖了，再想象下去就走火入魔了。"安得入戏太深，在被激发起来的想象力下，听得惊心动魄。

"哈哈，好吧。不过，到现在为止，说'太空'，说'宇宙'，甚至说'世界',都只是约定俗成的说法,实际上更好的说法应该是:空间。用上'空间'这词,就可以把刚才回顾过的遥控、通信、CT等利用电磁波的事例和未来的引力波利用串在一条线上来理解了。从极细微到极遥远,都是空间。别害怕,人类终究都要面对引力波带来的巨大影响和不确定的未来。你不妨想象美好的一面,比如,像深谙水性的冲浪高手一样,在引力波里来去自如,身姿矫健潇洒,享受瞬时万里、浪里白条的刺激和快乐。或者,像打水漂的石片一样,在地球外的湖面上,轻盈地漂过,抖出一道道波,让几十亿光年的空间里都留下你的传说。"

"然后,我把书包一扔,自拍一张,背景是火星和落日。"他听着听着也来劲了,顺着引力波撩拨起来的想象,打开了宏大的视野和积极的心态。

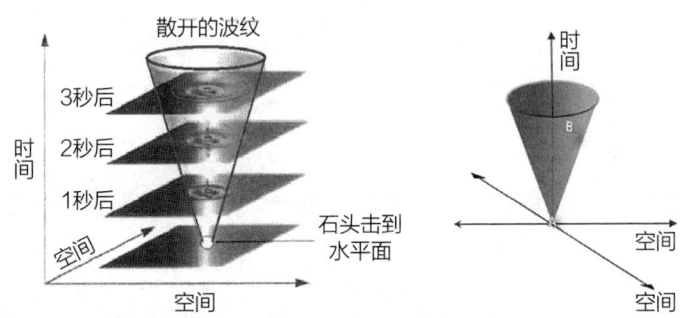

水面的涟漪和时间光锥

左图:打水漂产生的涟漪逐渐扩大的过程可以在时空坐标上画出一个圆锥体。

右图:涟漪随时间扩散的图形可以简化为一种时间光锥。光锥开口朝上,灰色体积表示事物或事件所能影响到的未来事物或事件所处的时空区域,称为未来光锥。关于时间光锥,详见后文。

(图片来源:编译自霍金《时间简史》)

坡顶上的哲学

两人离开小湖,向高处缓慢上行。湖边延伸出的一条小水沟挡住去路,两人用树枝当撑杆,跳过水沟。安得因过于依赖树枝,把重心都放在那上面,结果在落地的瞬间,失去平衡,差点摔倒了。马克扶住他,叫了一声"亲爱的泰勒斯",说幸好没摔到沟里,要不然一身脏,他妈妈要怪罪于他了。

"等等,你刚才说什么泰勒斯来着?那是什么意思?"

马克说,刚才他那一趔趄让人联想到古希腊人泰勒斯(Thales,公元前624—前547或546)的趣闻了。在柏拉图(Plato,公元前429—前347)的对话录里,泰勒斯曾经因为过于专心观察星空而不慎掉入水沟,被一位色雷斯姑娘嘲笑:"泰勒斯,你连脚下的路都看不清,谈何知晓天上的事情呢?"这不就是你刚才遇到的事吗?在亚里士多德(Aristotle,公元前384—前322)的书里,泰勒斯为了反驳哲学无用论玩了一票赚钱的游戏。有一年,他凭自己的天文学知识预测橄榄的收成,通过租入和租出榨油坊获得了不少利润。亚里士多德的点评是:"只要哲学家们愿意,他们很容易致富;只不过这并不是他们的追求。"有点扯远了,可那也许是你未来会遇到的事:不当书呆子,活在现实里,不管你未来做什么,研究什么,当什么家。

"那他是研究什么的?是个什么家?"

"在古希腊,哲学和科学不分家,泰勒斯既是科学家又是哲学家,而且既是科学之父,又是第一个哲学家。"

"哇,今天还有这种人吗?不分家的,打通科学和哲学的。"

"灭绝了。也许有几个珍稀动物一样的存在,但难成气候。今天的学术领域越分越细,每个细分领域又越来越复杂,隔行如隔山,不活个两三百岁,打不通的。打通两者或横跨两者的豪言基本上都是狂妄无知。"

"哦,如果我既不想当科学家,也不想当哲学家呢?"

"那你就可成为泰勒斯了。"

"这怎么说?"

"泰勒斯主要精通几何学、天文学和哲学。这三个也是我们今天理解时空、探索时空时最重要的学问。当然,虽说精通,但那个年代,公元前600年左右哦,总体的知识有限,你稍稍加把劲,也许就超过那个高度了。泰勒斯活着的时候并不知道自己研究的是什么学,也不知道自己是什么家,那些都是后世的区分和定位。说白了,他做的事情就四个字:好学深思。好学深思的结果,从几千年后来看,原来将一年的长度定为365天的是他,最早估算出太阳和月球的大小的是他,最早计算出金字塔高度的也是他……来,我们复制一下他在2600多年前做过的事吧。这事虽小,却是人类对空间限制的一个突破。还是用树枝来看看,他是怎么利用阴影计算出金字塔的高度的。"

他们选的时间不太幸运,接近中午了,太阳给直立的树枝在地上投下的阴影不长。最长的一根树枝戳在地上,阴影也就20厘米左右。马克让安得在树枝旁边站直了,然后张开手掌丈量他的阴影,大约16.5厘米左右。安得报出自己的身高是165厘米后,马克让他想想那根树枝的长度。

半分钟后,他突然说:"我还是更喜欢古代。"

"为什么?"

泰勒斯计算金字塔的高度

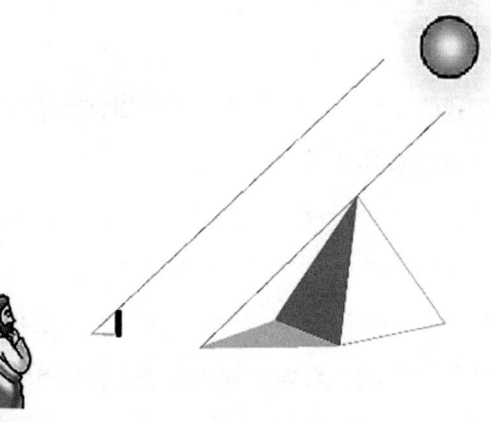

泰勒斯利用相似三角形的性质求出金字塔的高度。求金字塔的高度在当时是个大难题,但被泰勒斯转化为求阴影长度的小问题。遇到难题时,转化问题可求解。

"因为我算出来啦!"他憋了许久,叫出来了,"根据比例,树枝的长度是200厘米!对不对?现代科学太复杂了,古代的简洁明了。我要回古希腊,当个小泰勒斯。"

"接近了,接近了。你接近了泰勒斯,我们的模型接近了他的金字塔。计算金字塔的高度,大致就是这么个算法,只是因为它的形状和树枝不一样,多了一步而已。"马克顺着对方的思路讲完如何计算金字塔的高度后,看着他更加自信的表情,接着说:"泰勒斯的魅力就在于通过经验观察和理性思维来解释世界,追究万物的本原。对于我们之前提到的世界的可理解性,他可是身体力行,开拓了理性主义精神和普遍性原则的源头。他一生没有什么固定的职业,不囿于一隅,就是不断地观察和思考。你再学一些,就和他当年的知识水平差不多了。如果也像他那样好学深思,不断地观察和思考，那当个小泰勒斯不是不可能哦。万物之谜，等着你。"

"说万物，'万'这数量都太小了，何止万物，亿物、万亿物都不止呢。他们那个年代，每个人的平均知识只有一小杯，现代人则有一大桶，理应做得更好啊。"

马克顺便提醒他："别忘了，知识并不等同于智慧。不过，仅就知识而言，科学知识有个特别之处，那就是，由于旧知都被消化融合在新知里了，你不必回头去读古代科学家的大作，读新书、新论文就可以涵盖旧书、旧论文了。即使是托勒密、哥白尼、伽利略、牛顿、麦克斯韦和爱因斯坦的原著都可以不读，新书、新论文、新教材往往比原著还好读，还好用。这和人文类、社会类的求知方式不一样，当然，如果把科学当成历史或哲学来研究，那又是另一回事了，但也不必像某些领域那么膜拜旧物和古人。"

这个道理让他轻松了不少。他把自己带来的那根"手杖"放入草丛里，找到一根两米长的树枝，说："这个长一点的更适合我。"马克看着他手持比自己高出一大截的树枝，觉得有点滑稽。可没过多久，就越看越顺眼了，好像他的身高正在赶上长树枝。难道在这一两个小时里，他真的长高了？

上次来这里是去年的重阳节，时隔半年，正处于成长期的安得重登这个小山坡，已经感觉到山坡相对变小了，变矮了。没走多久，两人就到了最高处。高度不同，看到的风景也不同，而感觉变了，看到的风景也随之而变。小山坡也许正好符合安得现在的思考高度和感觉，虽然没有一览众山小的气势，但整片城市都在脚下，有一种看立体地图的感觉。

"如果我们手上真的有一张小地图，和这个巨大的立体地图一比较,是不是有点像我们从卧室看太空?时空问题最大的特性就在于浩瀚的尺度和巨大的能量,没有足够的想象力和思考力是没法胜任的。把这反推一下,也可以说,你多多思考时空问题,就可以培养训练出更大更好的想象力和思考力。"

"这一点,我似乎感觉到了,而且登高望远和看地图一样好玩。可问题是,一个城市和宇宙相比,小得微不足道,摧毁整个城市的事情,在历史上也不少见吧?"没等马克应答,他就手指远处,"眼前这个城市的北边,有摧毁,也有创建。我就是从小看着这个城市长大的,它和我一起长大,北边的那块新区还是最近新建的呢。我都能想象出怎么在时空坐标图里画出它们的世界体积。可宇宙就完全不一样了,我觉得没有可比性。宇宙没法摧毁,没法新建,也没法用实验复制或推倒重来——这个谁都不敢想象吧?"

"连疯子都不敢。所以,这也限制了整个人类对宇宙的认知。我们至今都对宇宙的历史和它各个阶段的形成条件所知甚少,也没有能力探测极远极古的宇宙,更无法复制当初宇宙形成的各种环境和条件。今天,很多流传甚广的天文理论,都缺乏实验结果和观测数据的支撑,看起来更像是想象力和哲学思考的产物。"

"所以,我们也可以像泰勒斯那样,科学和哲学不分家了?"安得对这个不分家的说法念念不忘。

"嗯。如果把古代当作人类的童年时代,那么,今天的少男少女为什么不可以也体验一把不分家的乐趣?所有好的时空理论,从古到今到未来,都是科学和哲学结合的果实。只要是理论,就不可避免地具备思考的性质;只要理论的视野够大,就不可避免地要在哲学的思辨之下推进。"

"那是不是也可以说:科学不够,哲学来凑?"

"究竟是哪方不够,哪方来凑,还真不好说。换一个比较友好的说法吧:人类越无知的领域,越需要哲学。今天,再也找不到能做到科学和哲学不分家的大学者了。连理工科内部的细分领域之间都隔行如隔山,谁敢横跨科学和人文?但是,这说的是作为职业的专业研究。我们非专业人士,反而可以跳出圈外,一方面对各方都保持敬畏之心,另一方面,不妨多方吸收,杂糅混合。不拘一格,也不拘一方,或许会有意外的收获。最要不得的态度就是自己把门关上,充耳不闻,画地为牢。你先不用考虑自己要当什么家,或者未来要进入哪个领域,也许你长大后要从事的工作完全不在今天的职业市场所提供的列表里,好学深思的训练和习惯,会让你在任何领域都受益。"马克说着说着,突然想到一个假设。现在说出这个还太早,可似乎没有比眼前这情景更应景的时空条件了。他指着山下的城市,说:"你想象一下,在这城市里,人啊车啊,各种会动的不会动的,都很有组织地共存着,是什么让这一切变得这么有组织呢?"

"市长?警察?钱?人的自觉?"

"都不是,最根本的是时间。如果所有能表示时间的东西,钟表、电脑、手机等等不约而同,突然集体罢工了,那全城就会陷入一片混乱。"

"混乱多少会有,可有那么严重吗?"

"这个且听以后分解。你的肚子是不是也在掐算时间,现在到饭点了吗?"

"手杖"的阴影逐渐变长。大脑吃饱了,肚子却变饿了。原以为只是遛个弯,没想到这一趟走得这么久。引力波对胃无能为力,再宏大的想象力也填不饱肚子。

两人下山后，买了两片面包和两杯饮料，边走边吃喝。安得一时找不到垃圾箱，就一直把空纸杯拿在手里。他觉得纸杯挺漂亮的，即使找到垃圾箱，扔了也有点可惜，就问马克："你小时候玩过传声筒游戏吗？就是用纸杯当电话机的那种。"他抬起手里的纸杯，指向马克手中的另一只纸杯。

"当然玩过。你要是想再玩一次，现在正好材料齐备了。"

"可没有绳子啊。"

"这个吸管是环保的，纤维质的，细心扯开来，就可以拉出几条丝线。你试试看。"

马克童心未泯，像个小学生一样，从吸管里认真地拉出几条断断续续的丝线后，合并起来搓捻几下，就成了两条细绳。接下来就很快了，纸杯扎孔，穿过细绳，打结固定，拉紧细绳，安得对着纸杯开始说话。马克把耳朵套进纸杯，听到了他的声音："我——要——改——写——三——体——"

轮到马克说话了，他对着纸杯提了一个建议："把纸杯当成星球——绳子就是引力波——"

安得用手指弹了一下连接两个纸杯的细绳，拿下纸杯，直接说："是啊，声波和引力波很像呢。"

马克也拿下纸杯，直接说："但声波和水波一样，需要依靠介质才能传播，在真空中就不行。声速本来就不快，传递过程中还容易被介质吸收、消耗，传不远。而引力波却不需要介质，速度等于光速，传几亿光年都余韵犹在。"

"啊，我知道了。所以，在大宇宙里，声波充其量就是个玩具级别的工具，理解空间、利用空间的终极武器还得靠引力波。"

"所以，引力波才是史上最强信使。"

马克补充完，又扯出另一个感想。他有点迟疑要不要说这么个大道理，但最后还是说了，也不管安得是不是能理解："介质，介质。声波和水波，和人一样，为什么走不远？你依赖什么，就会被什么牵制，被什么消耗。"

安得听完愣了一会儿，把当拐杖用的树枝放下了，纸杯也放下了，站起来，赤手走开了。

"好，好，我知道你的意思了。你不依赖什么，可你自己的东西还要我来帮你拿吗？"马克急忙把那些都收拾起来，两手满满地拿着两个人的东西，快步跟上他。

当天晚上，安得郑重其事地面对着卧室里的地球仪，像面对神像一样端详了很久，然后翻过来，把底部朝着窗外的夜空。灯光之下，嵌在底部的那个L形铁丝微微发亮。他对妹妹说是在玩魔法，对爸妈说是在接收引力波。看着一脸问号的三人，他拿筷子当树枝，重演了一遍山坡上的模拟实验。他还试着用最初学到的那个零知识证明来解说引力波探测。对一个迄今为止一无所知的遥远宇宙深处的某个事件，仅靠它发出的引力波在几十亿光年后的微弱信息，逆向推算出引力波来源处发生了什么，还要给那个事件定位定时，简直就是一个奇迹。安泽说，这个奇迹没意思，看不见，摸不着，完全感受不到。安得说，这样才好呢，如果大到能被人体感知，那人都活不成了，再大的话，地球被震动了，后果就难以设想了。引力波越小越好，宁愿不要探测宇宙远方，也不要震晕我们。三人都同意最后这个想法，但对其他内容却意见不一，理解也参差不齐，问了一堆为什么。他说，你们问树枝好了。古人用树枝给金字塔测高，是探索空间的一个突破，今人用树枝一样的LIGO了解遥远的黑洞，是更大的突破，而我们今天在山坡上用树枝，消灭了一大堆为什么，大大小小的问题里有很多都不成问题了。你们再问，我也答不出了。马克说，世界即视界，我只能看到我看到的世界，我现在看到的世界就是这样的。

"为什么世界是这样的？"

"为什么？因为世界本来就是这样的呀。"

最后，他累得只好学着用那句万能的答辩法收尾。

五月 · 球场

世界的尽头

The effort to understand the universe is one of the very few things that lifts life a little above the level of farce, and gives it some of the grace of tragedy.

—Steven Weinberg

能把生命提升到略高于闹剧水平,并赋予它一些悲剧的优雅的事情为数不多,了解宇宙的努力是其中之一。

——斯蒂文·温伯格

宇宙的外面是什么？

"那么，宇宙的外面是什么？"

"呃……呃……"

"你也不知道吗？"

"等等，呃……你这问题就像问永恒之后还有多久一样，会把人逼疯的。这是问题本身的问题，怎么说好呢？呃……我们还是先来把问题之前的问题拎出来看看吧：应该怎么理解宇宙的大小，应该怎么理解宇宙的里和外？"

两人差点把天聊死了。安得对这种问题从来不敢多想，直觉告诉他，别碰，别问，如果有一整天独自陷入这种问题里，那可能就再也出不来了。这几个月和马克相处下来，他仿佛看到自己的思维常常跑到一种无形的危险的边缘。越是未知的事物和奇怪的问题，越能激起他的好奇心。但在寻找答案的过程中，总是碰到更多的衍生问题，把自己都绕晕了。晕了也不怕，反而有点享受那种腾云驾雾的感觉，有时还舍不得掉下来落地为安。当他飘在云端时，对那些晕乎乎的问题，有点怀疑到底有没有答案，或者到底有没有人知道那些答案。他也不觉得马克那里会有答案，但他猜测马克可能是一个知道谁知道那些答案的人。

"你可以在很多书里找到关于宇宙尺寸的数据，我们先不谈这个，现在说了也记不住。"马克抬起手中的水瓶，在喝水前先抛出一个问题："如果有个东西经过宇宙的尽头，会发生什么？从这个角度来思考，比较符合我们现在的思路。来，先喝口水。"

他们几个刚踢完足球，累得连观众台都懒得走过去，直接坐在球场边缘的草地上。安得是爸爸送来的，本以为自己就是个捡球的角色，没想到刚开始没多久，他爸就被同事叫去加班了，走的时候一脸怨气。这是个周末开放的中学球场，几个偶然遇到的同学也加入了他们的运动。一起流过一场大汗后，他再次觉得自己已经顶替他爸成了马克的好朋友了。所以，很自然地，他接过水瓶，喝了两口，缓过气来，还和马克碰瓶子做了个干杯的手势。然后，才把马克介绍给他的同学。

"你就说是一颗足球吧，我喜欢你以前用过的那个足球的例子。"

"好。假设你是宇宙第一长腿，站在宇宙的边缘把球踢出去，这球会飞向哪里？"

一个同学抢着回答："飞出去啊，就像小土豆同学刚才没控制好，把球踢出场外一样。"

"那只能说明你还没走到宇宙的边缘。只要球还能往外滚，那都不叫边缘。"

"看那边的栅栏。"小土豆因为长得有点像加拿大总理小特鲁多（Justin Trudeau, 1971—），Trudeau的中文谐音"小土豆"就成了他的外号。可他不喜欢别人这么叫他，更对自己刚才的失误被当作反面例子表示不满，就站起来，用脚模拟了一把，说："那不是边界吗？把你们也一起往外踢，你们会到哪儿去，我不知道，但这只球肯定会被栅栏弹回来吧？"

马克鼓励他说："你可以站在栅栏上继续往外踢啊。"

"好吧，我踢，模拟的啊。然后，球飞到观众台那边去了。"

"那你又回到刚才那个结论里去了，说明你还没走到宇宙的边缘，因为边缘挪到观众台那边去了。"

"那就站在观众台上继续往外踢呗……"

还是安得反应快，他打断同学的话，说："不行，这样一直延伸出去，到哪儿才是个头啊？"

"没有尽头了吧？这还只是简单的逻辑推理而已。"马克觉得更累人的活动来了，干脆就在草地上躺平了，仰望着天空，慢悠悠地接着说："不过，最近的科学进展也越来越像是某种推理，毕竟谁也没法飞到宇宙边缘去实地考察。"

安得也躺平在草地上。阳光刺眼，他眯着眼使劲地望着天空，就像要看穿宇宙的尽头一样。几个同学或躺或坐，围着马克，听他海阔天空地聊了起来——有什么海，比宇宙还阔？有什么天，比宇宙还空呢？

"请首先想象一个没有时间，没有空间，没有物质的世界。"

"这……什么都没有，不就是'无'吗？怎么想象一个'无'的世界？"

"现在的宇宙中，确实不存在这样一个'无'的世界，但在宇宙之初，就是那样的状态，叫奇点。说是点，其实并不基于任何时空上的位置，因为那时还没有空间，没有时间。这个点有多小呢？无穷小，无限小。道可道，非常道，小到没法想象了，不可道了，所以，现在也说不清。当然，这也只是宇宙大爆炸理论的一家之言，谁也没见过那个奇点。从那么小的一个点开始，宇宙生成了，这听起来像不像《创世纪》？你还别说，如果把宇宙大爆炸理论的最初观点当作那个理论的奇点，那个奇点还真的是来自一个牧师。"

原子弹一样的原子蛋

乔治·勒梅特（Georges Henri Joseph Édouard Lemaître，1894—1966）是一个谦逊的科学家和牧师。他在1927年通过研究广义相对论，发现宇宙质量不变，但半径不断增加，整个宇宙似乎在膨胀。他把星系退行速度与星系和地球之间的距离联系起来，估算出宇宙的膨胀率。可惜，他的论文当时并没有引起学界的注意。多年之后，他继续完善这个发现，并逆向推导出宇宙起源于一个原始的小球体。他把这个小球体命名为"原始原子"（the Primeval Atom）。

勒梅特用"原子"这个词的本意是指不能被进一步分割的最小单位，言其极小，而不是物理学里那个包含很多不同的亚原子粒子的原子概念。为了避免误解，也为了通俗易懂，这个"原始原子"有时也被形象地称为"原子蛋"或"宇宙蛋"。这是宇宙大爆炸理论的第一步。

宇宙蛋

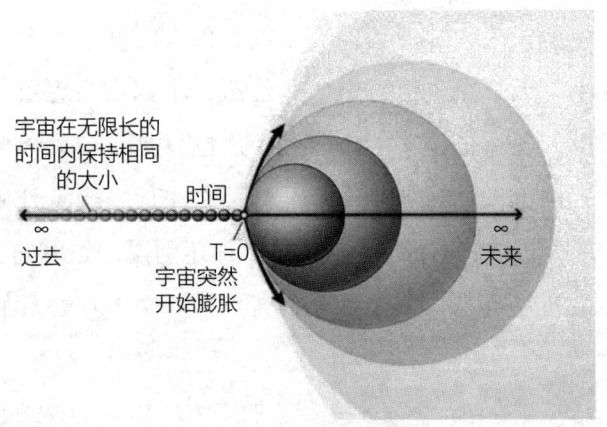

当时还没制造出原子弹，但这个"原子蛋"概念的提出几乎就像扔出了一颗原子弹。尺寸无穷小，质量却等于全宇宙，所有物质都被压缩在那里。这颠覆了有史以来所有的世界观，震撼力度空前，绝不亚于原子弹。考虑到他的牧师经历，人们有理由怀疑他在变相兜售造物主创世的观念。在那个时代，无法观测、无法实验的科学条件也阻碍了更多人接受这颗"原子弹"。

宇宙大爆炸理论的第二步是"哈勃球"。1929年，埃德温·哈勃（Edwin Hubble，1889—1953）观测到遥远的星系正在远离地球，退行而去，而且远离的速度与它们和地球之间的距离成正比，离得越远，就离得越快。他测算得出远离速度与那个距离之间大致恒定的比值，也就是哈勃常数。宇宙空间的膨胀还导致天体发出的光波波长变长、频率降低，在光谱上显示出朝红色那一端移动的现象，即红移。根据这个微小的移动，可以推算出宇宙膨胀速度。和勒梅特的想法不一样，哈勃倾向于认为，他观测到的是星系本身的运动，而不是宇宙空间的变动。

勒梅特和哈勃互不相识。1930年，勒梅特看到一份讨论哈勃新发现的会议记录，就写信提醒会议参加者亚瑟·爱丁顿（Arthur Eddington，1882—1944），自己在三年前就已经提出一个宇宙演化的模型，可以回答会议中提出的那些疑问。那是一篇法语论文，曾寄给爱丁顿，却没有收到回复。爱丁顿收到提醒信后，找到那篇曾被忽视的论文，又震惊又歉疚，马上安排用英语重新发表。勒梅特用英语写了一个简短的修改版，并把自己原创的一部分内容删除了，因为他觉得在过去三年里，哈勃的数值已经比他的更精确，他的就没必要再提了。后世并没有因为这个删节而忘记他的功绩，2011年的考据结果证实了这个"知识产权"属于他，2018年，国际天文学会投票建议将哈勃定律正式改名为哈勃-勒梅特定律。虽然勒梅特谦逊低调，名气小，还被忽视过，被调侃过，被批评过，被利用过，却是当之无愧的"宇宙大爆炸理论之父"。

勒梅特从理论上，哈勃从观测数据上，一起描述出的宇宙像一个被慢慢吹大的、不断膨胀的气球。宇宙的膨胀就是空间的膨胀。因为膨胀，遥远的星系变得更遥远，宇宙里的物质密度变得越来越小。也因为膨胀，遥远的星系将加速远离，总有一天会离开人类可观测的范围。当宇宙大爆炸理论提出后，人们容易从"爆炸"这个词产生一种误解：宇宙早期火花四溅，现在则是星系在加速向外奔跑。实际上，更准确的理解还是应该用气球来想象。如果气球表面有很多花点，在充气过程中，点与点之间的距离就会被拉大。这不是每一个花点本身花力气在球面上跑开，或力图向外逃离气球的结果。宇宙的膨胀也是这种景象，我们最好把这想象成星系间的空间在伸长，而不是星系本身在向外运动。这是空间的问题，而不是星系运动的问题，哈勃最初的理解比勒梅特稍逊一筹。

哈勃望远镜被冠以哈勃之名，以表彰他的观测功绩。哈勃球是另一个与他有关的冠名。简单地说，以观测者为中心的可观测范围就叫哈勃球。从地球上往任何方向望去，用任何手段，所能观测到的最大距离有一个极限，极限之内就是哈勃球。这是一个假想的概念，而不是实在的球体。这就像经线和纬线并不是有人在地球表面划下的线条，而是假想的概念线。每个星球都有自己的哈勃球。如果从以地球为观测点的哈勃球边界回头遥望地球，假设那个边界处的文明拥有和人类旗鼓相当的观测能力，那么，他们将看到地球处于以那个边界为观测点形成的另一个哈勃球边界上，而且也正以光速远离而去。

第三步就到了1946年。乔治·伽莫夫（George Antonovich Gamow，1904—1968）提出热大爆炸（Hot Big Bang）宇宙理论，认为宇宙是由138亿年前发生的一次大爆炸形成的，极早期宇宙曾有一段从热到冷的演化史。他集中研究那个时期的宇宙，力图揭秘那颗神秘的"蛋"最初的孵化过程。关于这个理论，已经有很多科普书了，这里就不细聊了。但是，伽莫夫是个科普大作家，我们不妨来聊一聊他的故事——他的人生故事比宇宙故事还有趣。

如果你真的对宇宙，对科学感兴趣，乔治·伽莫夫是一个能帮上大忙的人。伽莫夫从丹麦和英国海归回到苏联时，年仅27岁，就成了列宁格勒大学的教授。海归不久，他又不得不海逃。先是划皮艇走海路，结果因天气原因，3天后返回原点。这个爱喝酒的天才，连偷渡的小皮艇上都要带上两瓶白兰地。后来试过穿越北冰洋到挪威，再次失败。最后，利用出国参加1933年的索尔维物理会议的机会一去不复回，先到法国巴黎的居里研究所，第二年辗转到美国。在美国期间，先研究宇宙，提出了热大爆炸理论，预言了宇宙微波背景辐射的存在；后研究分子生物学，提出了DNA遗传密码模型。他只活了64岁，却在两个领域都留下了开创性的重大贡献。他一生写了25部书，其中18部是科普作品。

可是，要说伽莫夫最重要的贡献，那么多书可能都比不上那篇只有一页多的阿尔法-贝塔-伽马论文（αβγ paper）。那是他和博士生拉尔夫·阿尔弗（Ralph Asher Alpher，1921—2007）合作的研究成果。他们认为勒梅特的那个宇宙蛋因极度的高温高压，最初只有中子才能存在，连原子都无法组成，叫原子蛋还有点早。蛋破裂时，一部分中子衰变成质子和电子，然后结合成为氢原子，随后又逐渐组合出氘和氦。宇宙降温后，宇宙中的化学元素大致固定下来，其中氢的占比约75%，大量的氢原子凝聚成恒星。利用当时最新的核反应数据，阿尔弗推算出这个过程中氢、氦等元素的浓度，解释了如何从简单的元素中创造出复杂的元素，并找到了宇宙中氢和氦占比极高的原因。论文发表当天是愚人节，伽莫夫不顾阿尔弗的反对，硬是把好友贝特（Hans Albrecht Bethe，1906—2005）的名字加到作者里，而且放在两个真作者之间，就为了可以让三人的名字连成希腊字母 α β γ 的读音"阿尔法－贝塔－伽马"：Alpher, R. A.; Bethe, H.; Gamow, G.。后来，这篇论文便被通称为阿尔法－贝塔－伽马论文。

接下来，如果要列出第四步，那就要涉及一些还在世的科学家了，很多发现和理论可能在你们父母出生后才诞生。比如，艾伦·古斯（Alan Harvey Guth，1947—）在1980年提出的宇宙暴胀理论，认为早期宇宙的空间在极短的时间里以指数倍的形式急速膨胀，然后逐渐降低扩张速度，从暴胀阶段进入膨胀阶段，一直持续到今天。安德烈·林德（Andrei Dmitriyevich Linde，1948—）推算出这个暴胀发生在宇宙大爆炸后10^{-36}秒至10^{-32}秒之间，即0.000000000000000000000000000000000001秒至0.00000000000000000000000000000001秒之间。第四步多是一些辅助性的理论和发现，支持并完善了宇宙大爆炸的理论，近年来获得了来自观测数据的强有力的支持。离我们最近的例子可能要算是月亮渐行渐远的现象吧。1969年，阿波罗11号的宇航员首次登陆月球，他们的任务包括在月亮表面放置特殊的反光镜。那是为了利用激光脉冲来测量月地之间的距离，了解月球和地球之间的空间到底是变化的还是恒定的。根据后来收集到的数据发现，这个距离每年增加3.8厘米，说明月球与地球之间的空间也在膨胀。

这就是今天已被普遍接受的宇宙大爆炸理论的"爆炸"过程了。

它自恰地描述出从宇宙极早期的量子涨落到星云、恒星、星系的演化过程，合理解释了宇宙大尺度结构的产生和变化。根据这个理论做出的很多预言在过去几十年间屡被成功验证，更多的观测数据也支持这个模型，而倾向于排除另一些模型和假说。

宇宙大爆炸至今的演化概念图

图片来源：编译自 NASA/WMAP Science Team

最远的远方

"现在几点了？我十点要走。"于航同学打断大家的讨论，开始收拾衣服。

"九点五十七分。"

"噢，对不起，我先走了。"他向大家挥挥手，就跑开了，没几分钟就跑出了大家的视线。

"名副其实啊，快得像宇航员。"

马克阻止了大家的说笑，坐起来，问了一个惊悚的问题："你们觉得刚才跑开的那个同学还在这个世界上吗？"

刚才为于航确认时间的同学抗议道："你怎么能说出这么不吉利的话？你看到他出车祸了？地震了？"

另外一个同学则平静地问："你为什么要问这个问题？我不觉得你会怀疑他还在这个世界上。"

"你说得对。但是我们还能看得到他吗？"马克反问道。

几个同学答不出来了。安得最快理解了这个问题的真意：你们都已经看不到他了，怎么确定他还存在？

"如果我们不打电话，不发信息，不用无人机，也不用地理位置共享，只靠眼睛看，那他已经超出我们的可观测距离。借用哈勃球做个比喻，他已经离开我们的哈勃球，进入不可观测的范围了。观测，挑战的是眼睛，但如何理解一件不可观测的事情，将挑战你们的大脑。做好心理准备了吗？我们的话题要从可观测部分进入不可观测部分了。"

根据欧洲航天局在2013年发布的普朗克探测器的观测数据，对宇宙年龄的最新测算结果是 137.99 ± 0.21 亿年，即最小137.78亿年，最大138.2亿年。本来，这个数字乘以光速得到的138.2亿光年就是人类能观测到的极限了，因为任何观测手段都不可能超过光速，也不可能超过宇宙本身的年龄。但是，由于宇宙是膨胀的，这个数字还得放入带有哈勃常数的数学模型来计算，得出的结果是465亿光年。这意味着，我们现在的可观测范围是一个半径为465亿光年，直径为930亿光年的哈勃球。所以，从地球向宇宙任何方向发出光或射电，最远都只能抵达465亿光年的远方。

"在这个哈勃球里,地球是中心吗?听起来像地心说。"

"'以地球为中心'和'地球是中心'是两码事。宇宙没有中心,但我们人为的观测是以地球为出发点的,结果在哈勃球里,地球变成了中心。以刚才离开的那个同学为例,假设我们四周没有任何遮挡物,他向任何方向以光速离开,都会在大致相同的时间里从我们的视野消失。坐在这里的我们就成了那个可观测范围的中心了,但是,你们也知道,没有一个路人会以为我们是宇宙中心。"

"没有中心的膨胀,这一点看起来不像气球。"有人对气球的比喻有点不满了,"如果我们就在气球里,不用担心气球爆破吗?一想到我们这说话的时间里,宇宙也正在膨胀,而且还是加速膨胀,就觉得很不可思议。是谁发现这个加速的秘密的?会不会把气球加速破了?"

"对,加速膨胀,本来就很遥远的星系会变得更远,越远加速得越快。注意,这个膨胀不是物质的膨胀,而是空间的膨胀,不是运动的加速,而是变化的加速。加速膨胀是1998年的发现,2011年获得诺贝尔物理学奖。"

安得听的次数多了,有点烦,说:"你又提到诺贝尔奖了。"

"你想说的是,为什么老爱提诺贝尔奖,是不是?嗯,这么说吧,如果每年诺贝尔奖公布后,你就像追星一样追那些获奖者的研究成果,连续几年追下来,就会迷上,回头再把以前的得主也研究一遍,就等于把大半部当代科学简史过了一遍。可别小看这种功夫,那等于你为自己搭了个好书架,每一本书各就其位,以后遇到新知识就知道该摆在哪里了。而且,一旦建立起这种时间线,当代也变成历史,你向前看,向后看,都会看得更远,更清楚。2011年才多久?十几年前的事,你等教科书更新内容吗?这个时代,资讯发达方便,有些知识可以自己主动出击,而不必等待老师灌输。"

最近10年的诺贝尔物理学奖

年份	获奖者	获奖理由
2021	真锅淑郎（Syukuro Manabe）和克劳斯·哈塞尔曼（Klaus Hasselmann）	对地球气候的物理建模，对可变性的量化，以及对全球变暖的可靠预测。
	乔治·帕里西（Giorgio Parisi）	发现了从原子到行星尺度的物理系统中无序和波动的相互作用。
2020	罗杰·彭罗斯（Roger Penrose）	发现黑洞的形成是广义相对论的有力预测。
	莱因哈德·根泽尔（Reinhard Genzel）和安德里亚·格兹（Andrea Ghez）	在银河系中心发现了一个超大质量致密物体。
2019	詹姆斯·皮布尔斯（James Peebles）	物理宇宙学的理论发现。
	米歇尔·马约尔（Michel Mayor）和迪迪埃·奎洛兹（Didier Queloz）	发现了一颗围绕类太阳恒星运行的系外行星。
2018	阿瑟·阿什金（Arthur Ashkin）	光学镊子及其在生物系统中的应用。
	热拉尔·穆鲁（Gerard Mourou）和唐娜·斯特里克兰（Donna Strickland）	发明了高强度、超短光脉冲的方法。
2017	雷纳·韦斯、巴里·巴里什和基普·索恩	对LIGO探测器和引力波观测的决定性贡献。
2016	戴维·索利斯（David J. Thouless）、邓肯·霍尔丹（Duncan Haldane）与迈克尔·科斯特利茨（J. Michael Kosterlitz）	拓扑相变和物质拓扑相的理论发现。
2015	梶田隆章和阿瑟·麦克唐纳（Arthur Bruce McDonald）	发现中微子振荡，证明中微子有质量。
2014	赤崎勇、天野浩和中村修二	发明了高效的蓝色发光二极管，使明亮节能的白色光源成为可能。
2013	弗朗索瓦·恩格特（François Englert）和彼得·希格斯（Peter Higgs）	对理解亚原子粒子质量起源有贡献的机制的理论发现，这个机制最近被欧洲核子研究组织的大型强子对撞机的ATLAS和CMS两个实验所证实。
2012	谢尔盖·阿罗什（Serge Haroche）和戴维·瓦恩兰（David Wineland）	突破性的实验方法使单个量子动态系统可被测量和操作。
2011	索尔·珀尔玛特（Saul Perlmutter）、布莱恩·思密特（Brian Paul Schmidt）和亚当·利斯（Adam G.Riess）	通过对遥远超新星的观测发现宇宙正在加速膨胀。

诺贝尔物理学奖在1901年至2021年共颁奖115次，授予218名获得者。

图中列出的是2011—2021年的获奖者名单及获奖理由。

"这么说来，发现加速膨胀还是不久前的事呢。一方面，从诺贝尔奖的颁奖年份来看，我觉得自己很幸运，可以接近这么新近的发现，可另一方面，我宁愿事实不是这样的——这太遗憾了，那些在哈勃球边缘的星系总有一天也会退出可观测范围，我们永远看不到了吗？"

"我看不到了，你们加油！快点发射出更强大的探测器。所有的星系都在不断地离我们而去，能看到的东西将越来越少。这个已被1998年的那个对遥远超新星的观测结果证实了。遥远的星系之间正在互相加速远离，遥远会变得更遥远，其结果将是，再过一两千亿年后，可观测宇宙中就只剩下我们本星系群——由银河系和相邻的仙女星系、麦哲伦星云等组成的一个小集团。"马克放慢语速，顺便踢了一下滚到他脚边的足球，接着说，"这个叫未来视界，过了那个边界，就再也看不到了。今天能看到的星系最终也会消失在视界之外。你能看到的未来越来越少，宇宙越来越冷，地球越来越孤独。"

"那么，这个可观测范围的外面是什么？"

有个同学抢答了："知之为知之，不知为不知。既已观测不到，就没法知道了不是？"

这时安得出来提醒了，说："你这么说就掉入刚才马克提醒我们的那个认知误区里去了：看不到于航，就认为于航不存在。"

"你在逻辑上很机警嘛。确实，看不见不等于不存在，也不等于不可知。但是，在不可观测的那部分里，有两个麻烦，一个是刚才说的未来视界，另一个是过去视界。"

早期的宇宙有个黑暗时期，没有光，也没法传播电磁波。直到大爆炸三十七万九千年后，宇宙的密度和温度才达到可以形成中性原子的条件。在几乎所有电子都与原子核发生复合之后，宇宙进入

"最终的散射"时期。在这一时期,光子脱颖而出,开始自由穿行,黑幕被撕开,微波辐射向全宇宙。所以回望过去,也有个边界挡在那里:面对那个宇宙黑暗时期,光和电磁波都无能为力,什么都看不到,探测不到。今天人类观测到的宇宙中最古老的光,就是来自"最终的散射"时期刚刚走出混沌的光子,可以理解为大爆炸后残留下来的余晖。

在勒梅特去世前两年的1964年,美国贝尔实验室的工程师阿诺·彭齐亚斯(Arno Allan Penzias,1933—)和罗伯特·威尔逊(Robert Woodrow Wilson,1936—)在调试天线时,发现一种神秘的噪音。任凭他们怎么改变天线的朝向,清理天线上的鸟粪,重新组装天线,这种噪音都挥之不去。这个意外的发现后来被称为宇宙微波背景(cosmic microwave background,CMB)辐射,成为大爆炸理论中关于宇宙起源的关键证据,并获得了1978年的诺贝尔物理学奖。

发现宇宙微波背景辐射的号角形天线

图片来源:NASA

从那以后，对宇宙微波背景的研究不断深入，比如，格鲁勃宇宙学奖（Gruber Prize in Cosmology）在2004年颁给提出暴胀理论的艾伦·古斯和安德烈·林德，在2006年颁给发现宇宙微波背景辐射中黑体形式和各向异性的COBE卫星项目组。这个项目组的约翰·马瑟（John Cromwell Mather, 1946—）和乔治·斯穆特（George Fitzgerald Smoot III, 1945—）在2006年还获得了诺贝尔物理学奖。有趣的是，2009年，作为诺贝尔奖得主，乔治·斯穆特参加有奖问答电视节目《你比五年级学生聪明吗？》（Are You Smarter Than a 5th Grader?），因成功答对11道小学程度的问题而得到百万美元的奖金，比3年前获得的诺贝尔奖奖金加格鲁勃宇宙学奖奖金还多。请注意那个电视节目的名字，名字本身可真是个好问题。参赛者只需答对11条小学程度的问题，就能得到百万美元，但开播多年，绝大部分参赛者都失败了，不得不按节目规则，最后说出一句：我不如一个小学生。提起这个题外话，是希望你们能听出一些希望，增加一点自信。

　　随着测量精度的提高，宇宙微波背景辐射图从早期的一团模糊到最近像点彩派的油画作品一样，变得相对清晰了。图中可以看出，辐射是大致均匀的，而且辐射的波谱和温度正好与大爆炸理论所预言的相吻合。在这个宇宙微波背景里，不仅可以看到宇宙38万岁时的大致模样，还能看到一些恒星和星系的种子。那时的宇宙比现在更小、更热、密度更大，也更均匀。但是，再往前，就看不到了，或者说，今天的人类还没有更好的技术和手段可以再向前一步。因为那时的宇宙太热，不仅没有光，也没有任何电磁波。再往前，连中性原子都无法产生。如果继续向前推，那就抵达了宇宙的开端。这个推理过程，必然会使时空往回收缩到一个极小的点上。

宇宙婴儿照：宇宙微波背景

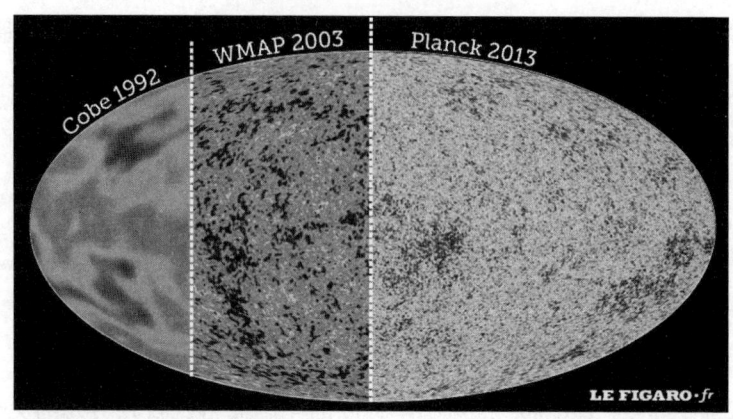

望远镜看到的天空和你所看到的不一样。图为不同时期观测到的不同清晰度的宇宙微波背景，从左到右：1992年，COBE卫星观测到微波背景辐射。2003年，WMAP进行了更精确的测量。最新的则是由普朗克卫星在2013年所测量的。图中包含了关于早期宇宙的大量信息。[图片来源：法国《费加罗报》(*Le Figaro*)]

"等等……"安得突然站起来，兴奋地叫了一声"引力波"。那是他和马克聊过的话题，不知其他同学是否了解，但他不管了，对着马克大声说："不是还有最强信使引力波吗？光和电磁波进不去的地方，让引力波开路啊。抓到那个引力波不就可以发现黑暗时期的秘密了吗？"

"你把2015年才发现的新工具应用到实例中来了！"马克张大眼睛看着他，不知要如何在不知就里的同学们面前表达他的赞赏和惊讶。他把足球轻轻踢到安得身边，笑了一笑，接着说："38万岁是一堵差点让人绝望的'墙'，眼看着那之前的宇宙如同永隔阴阳了，结果发现了引力波。迄今为止，这可能是唯一能够穿过那堵墙的工具。可是，墙的那一侧，星系和星球的种子质量巨大,会相撞发出引力波吗?有没有黑洞相撞呢?不得而知。如果借助原始引力波和其他探测手段的组合,也许人类可以间接探知到电磁波进不去的更远古的宇宙,把过去视界推向更久远。但是,引力波也有速度上的极限,超不过光速,所以也一样会遇到一个观测的边界问题。而且,整个宇宙都在加速膨胀,不管是人造物的宇宙飞船还是自然物的引力波、电磁波和光,恐怕都有一天会追不上宇宙膨胀的速度。况且,引力波探测,只能看到过去,看不到未来,因为只有已经发生的事件才会发出引力波。不过,这也提醒我们,最好先别把过去视界和未来视界都视为固定不变的,进入多信使时代之后,边界在哪里,取决于未来的科学发展,取决于你们。"

安得用手按住足球,刚听马克说完后,又接到一个莫名其妙的要求:"请你把足球举起来,举高点,给大家看看。"

"干嘛?都快踢破了的足球有什么好看的?"

"这不是足球,这是宇宙——当然只是想象而已,况且,由于存在着巨大的不可观测的部分,我们没法确定宇宙整体的形状是不是像球形。不过,这颗足球可以帮助我们理解一个概念。哦,还差一个……"马克环视一圈,问道:"谁能逮只蚂蚁给我?"

几个同学听到后,正要分头去找,安得眼尖,在小土豆的鞋帮上看到一只被鞋臭味吸引来的蚂蚁,就捉来放在足球上。

蚂蚁一落到足球表面,就惊慌失措地乱爬,没有方向,没有路线,进退往复都没有规则。同学们嘲笑它在做无用功,马克说:"你们可别看不起蚂蚁,人类在宇宙里的行动真的就比蚂蚁更理智,更有道理吗?人类对宇宙的理解也不一定比它对足球的理解更多。按比例而言,从地球发射出去的最快的宇航速度还不如这只蚂蚁。

想一想就让人绝望，也许我们世世代代都摸不到那个可观测圆球的边缘。"

"可蚂蚁却能爬到足球的尽头，人还不如蚂蚁啊。"有人变谦虚了，感慨道。

蚂蚁很快就放弃了多方向的探索，开始在足球上直线爬行。马克这才对那个谦虚的同学说："那也不一定，我们花点时间看看它能爬到哪里。你先说说，足球的尽头在哪里？"

安得听懂了马克话中的意思，幸灾乐祸地用手指比划球面，脸上写满"在哪儿呢在哪儿呢在哪儿呢"。这又是一个不问都知道，一问就不知道的问题，看着球面上到处都是尽头的足球，他们只好求助于马克了。

二维空间和三维空间里的蚂蚁路径

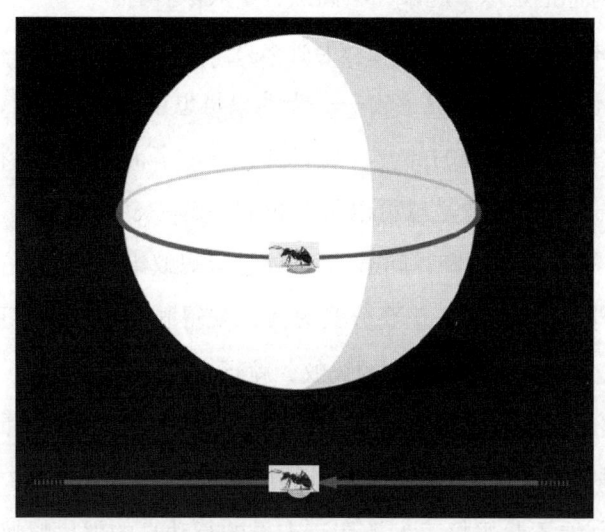

蚂蚁只管埋头直行，并不理解二维三维之分。但在人眼里，它的路径在三维的球体上是圆圈（图片上部），在二维的线条上则是直线（图片下部）。

"你们看,蚂蚁开始爬直线了。但它太小了,看不到整个足球。而我们人比足球大,很容易就可以看清它爬的实际上是弧线。所以,弯与直也是相对的。如果它爬完一圈,正好回到原来的出发点,那它的轨迹就是一个圆,约等于我们地球的经纬线了。圆是没有起点和终点的,可以一直循环延续。从外面来看,是弯曲的轨迹,但站在蚂蚁的角度看,却是直走的路径。足球的表面就是足球这个空间的极限了,很显然,足球是有限的。但从球面上的每一个点出发,蚂蚁都可以继续爬下去,永无尽头。这也是宇宙难解的结构之一:有限而无边界。"

几个同学听到这里,觉得最后的结论出来,该走了。只有安得觉得余味未尽,心想,如果只说到这里就没了,那马克就不是马克了。按他的经验,马克一聊到时空问题,那些科学发现和事实都只是起点,在那基础上,他总会展开思考。今天显然还没达到那个深度。所以,等同学们都告别离开后,他问马克可不可以到小店里一边喝点东西,一边等他爸来接他。

马克讲了这么多,带来的水都喝光了,正好又是午餐时间,就和他一起走进一家果汁店里。

认知的边界

"你接着讲吧。"他一坐下,就开口要求。

"啊,讲什么?我们不是都讲完结论了吗?你也知道,我很少碰结论的,今天人多,大家的理解力参差不齐,我就多说了几句。"

"我不觉得那是你的结论,那是别人的,一大帮科学家都会那么讲的。"

"我还真没有自己的结论。对于我不知道的事情,我不愿强行做出结论。宇宙是有限而无边界的,但知识的世界正好相反,是无限而有边界的,我们全人类都遇到探测的边界、认知的边界、知识的边界和思考的边界。即使有人寿比地球,都不可能接收到宇宙最早和最远的光,更遑论看到宇宙的尽头。我们不知道那里是几维世界,也许连空间都没有。过去视界那一侧没有光,你带着手电筒穿过去都不行,没电。未来视界的那一侧,搭上光速都有可能赶不上不断加速的宇宙膨胀速度,你永远无法抵达那个未来。人类在宇宙中的生命力可能还不如蚂蚁,还没穿过视界,就会被各种引力撕扯成丝,或者半路上就掉入黑洞,没了。"

"太危险了,难道我们只能乖乖地留在地球?"

"可人类不是那种物种,从类人猿下树开始就不是了。你们这一代人就可以开始做准备了,人类很快就会分散到多个星球上居住,飞出太阳系也是迟早的事。离开地球,处处危险,各种力,各种洞,各种维,这么软弱的人类都无力抵抗。但是,未来的人类可以利用它们,获取意外的能量,适应扭曲的时空,升级自己的文明。"

"我记得我们第二次见面时你就说过,时间和空间是我们理解任何事物的大框架,离开这个大框架,人类就会失智。至少在可观测宇宙里,我们可以带着这个大框架飞出地球吧?"

"也许可以吧,但这个大框架也有极限。因为时间和空间只是宇宙内部的概念,甚至可能只是人类的概念,而宇宙的尽头和宇宙之外,由于不存在时间和空间,或者存在不一样的时空,现在的人类根本无从理解。再说了,时间和空间都需要参考系才可理解,比如,站在现在这个地点,我们才有远方和附近的概念;站在现在这个时间点,才有过去和未来的概念。可是,宇宙的参考系在哪里?它独一无二啊,除非你发现另一个宇宙,从那里看过来才能看明白,就像我们刚才在足球之外看足球,看蚂蚁那样。"

"不可知啊不可知,想不到你也有这么一天。"

"人类就是宇宙的蚂蚁而已,能知道什么?人的视野有限,世界总会超出想象。我们在宇宙的尽头之前,还是先关心一下人类的尽头吧。按今天这德性,人类活不长了。"

这时,服务员端来果汁和冰激凌。安得口渴,一会儿就喝完半杯果汁,冰激凌也吃得只剩半个了。马克光喝果汁,对冰激凌还舍不得动口。他看着冰激凌杯托,联想到宇宙演变,想要在吃掉它之前做个说明。

冰激凌宇宙

当人们看惯了直立或横放的宇宙演化概念图,换个角度,看看倾斜的冰激凌形状,有助于破除对宇宙方向的误解。[图片来源:编译自美国《天文学》(Astronomy)杂志]

"如果画个概念图显示宇宙从一个奇点开始逐渐演变到今天的整个过程,可能就会是这个冰激凌的形状。从底部开始扩张,逐渐变大。这里就是时间和空间的起点。"马克手指杯托最尖的那个点。看到最上端的冰激凌快要融化了,他加快语速说:"如果按时间顺序吃,应该先吃这个杯托,然后才来到最上面白色的部分——这个还真有点像最新的宇宙模样。"

"对不起,我倒序吃,快吃完了。"

"你是对的,研究宇宙也是这个顺序,我们不得不倒着来,从今到古,从近到远。"

没多久,安顿来了。听他们聊了一会儿,就一口总结了事了:"我看过霍金的书,所有的字都认得,看完后还是一知半解。有位叫保罗·戴维斯的作者说得更绝:'读完这本书后,你很可能比之前更加迷惑。这没关系,我自己在写完这本书后也更困惑了。'这是坦率还是安慰?我觉得,尽管有关时空的科学发展一百多年了,但还算不上严肃的科学,猜测和假说居多,观测也都像是盲人摸象,说不清的。"

"越是这样,我才越要问。霍金又不是终点站。"安得知道爸爸想早点回家,对这种总结有点抵抗。

"我支持你继续问下去,虽然我也没有更好的答案。可是,就像你爸说的,很多结论现在还有争议。"马克转向安顿,说:"自从微波背景辐射研究取得突破性进展后,关于早期宇宙的各项数据已变得精确一些了。两三代人的努力能有这样的结果,已经不错了。"

"努力的结果都是问题,而不是答案。在霍金的葬礼上,那个索恩曾说过:'牛顿给了我们答案,而霍金给了我们问题。'大家都把这当成最高的赞誉,我看未必。要说赞誉,那也是给牛顿的。我们看历史，喜欢看信史。直到那个微波背景辐射研究突破之后，才有那么一丁点宇宙信史的模样，在那之前的，都是问题，都是瞎猜，没价值。"

安得不同意："信史之前，也可以考古啊。"

"那部分宇宙考古，没有实物啊。靠的都是些理论、定理、公式演算，可前提是那些理论、定理、公式是正确无误的，这个没法保证吧？而且这个考古也没法进入奇点。奇点之内，奇点之前，人类永远也不可能了解透彻，因为今天人类所知道的所有自然定律在那里都将失效。奇点，奇点，是起点，时空的起点，也是终点，认知的终点。"

"你说，都将失效？不是将来的'将'，那里是过去，是'曾经'。"安得吹毛求疵地纠正道。

马克打圆场说："这些理论不排除未来会有大幅修正甚至被推翻的可能。确实，霍金所说的'问这个毫无意义''不可问'之类说法对于有些人的好奇心肯定是不够的。这么大的问题，如果只有少数科学家垄断着知识和技术，那将是危险的。艾伦·古斯也曾堵过别人的嘴：'大爆炸理论并不是阐述大爆炸本身的理论，而只是阐述大爆炸后的结果的理论。'但是，没用的，有求知欲的人还是会禁不住接着问下去，大爆炸之前是什么？宇宙之外是什么？宇宙之前是什么？是什么引起了宇宙大爆炸？等等等等。"

是的，宇宙有限，但未知的领域却是无限的，不必太乐观，人类也许永远不可能穷尽宇宙的秘密。时空诞生于奇点，所以"之前"和"之外"这种问法本身就有问题。"之前"是一种时间概念，只存在于时间之内，不存在于时间之前；同理，"之外"是一种空间概念，只存在于空间之内，不存在于空间之外。当霍金说，问大爆炸之前的事就像问南极以南一样没有意义，很多人觉得那是逃避问题，你不知道就明说呗。其实不是，问题本身还真有问题，因为爱因斯坦说了，时空不是固定和绝对的，是被物质和运动决定的，所以时空只存在于宇宙内部，在宇宙奇点之前是无法定义何为时空的。

安顿不屈不挠，继续把话题引申到更难回答的问题上去："还不够，再问下去，就会出现，宇宙为什么诞生？为谁而爆炸？宇宙膨胀的意义何在？诸如此类的问题。"

"这个要打住，最好只问事实，不问价值。因为这种问法里含有价值判断，是人类社会价值体系里的问题，不适用于宇宙。如果要认真作答，就进入神学领域了。"

"进入神学领域也照样要问下去，创造宇宙的那个神来自哪里？"

"所以，这个世界最怕认真的人，打破宇宙问到底。当所有人都对时间之前和空间之外的问题举手投降后，就会接受不得不把问题限定在宇宙大爆炸之后的现实。只有在一个有限的时空框架里，才可以谈论时空。人类无知，对认知的边界之外的事物，的的确确无能为力。"

"我要说的是，不要太相信科学，说不定现在流行的这些理论最后都会被证明是另一种神学，或者是小学生作业本上的涂鸦而已。"

"你可能是对的，不可道的，不可问的，我们还是不碰吧。"

两个大人妥协了，但安得还是不满。他不知道两人的辩论有何意义，说一声不知道，不就完了吗？大人真麻烦，他觉得有些事情不能指望已经有成见的大人们。

在回家的路上，安得有一种异样的感觉，全身低烧，大脑沸腾。一身汗味，黏糊的皮肤像又一层累赘，他不知道自己该往哪里飞腾而去，才可以让身心平复，尽快进入可以冷静思考的状态。他头疼得厉害，似乎有一颗什么种子在他的大脑里发芽了，最初的小叶瓣正在撑开一条细缝。就那么一点小小的力，把脑细胞挤压得快爆破了。他还厘不清那到底是什么，但肯定与时空有关。他不确定那会不会导出一个合理的解释，也不确定是不是早已有人提出过了。

比如，他想到以前的作业里画过的圆的半径。足球表面上的蚂蚁，以为自己的世界有限而无尽，但在人眼里，蚂蚁一直都在球的尽头啊，它什么时候爬进球内部了？除非足球有裂缝。只要它在球面上，爬到哪儿都是尽头。所以，问题又回到最初聊过的关于中心和方向的认知上：在地球上，每个人都可以说自己在世界的尽头，就像可以宣称自己是世界的中心一样。这一点都不惊世骇俗，用数学语言说，球面上的每一点都是垂直于球心的那条线的终点，就这么简单。学过几何的人，只会解数学题就太浪费了，稍稍留意一下半径的基础知识，都有助于揭开人们对有限、无限、尽头、中心等概念的迷思。

整整一个星期，他都恍恍惚惚的，放学一回家就关起门来。他在笔记本上涂涂写写，想让那个想法显形，可就是缺点什么，没法让它尖锐到可以从一团乱麻里脱颖而出。他知道自己空有激情、好奇心和求知欲，严重缺乏观测数据、数学模型和科学知识，但是，他就是不愿放弃。

他爸妈建议他按刚接触相对论时的老办法，重走一遍勒梅特走过的理论之路，先在故事和趣味中学习和磨合，然后在前人的基础上出发，而不是凭空瞎猜，胡思乱想。连续几天，他们一边看书，一边看了几部纪录片和电影，中间还和马克通了几次电话，终于把马克语焉不详的那个大爆炸理论的爆炸之路看出味道来了。

第一张深空照

2003年至2004年，哈勃太空望远镜对天炉座天区拍摄了800多次，相当于113天的曝光，最终形成了这张人类用光学望远镜拍到的宇宙最深远的图像。图中约有1万个星系，其中最小最红的100多个星系，是130多亿年前的形象。（图片来源：NASA，ESA，STScI and HUDF Team）

《世界的开端》VS《世界的终结》

有人曾问亚瑟·爱丁顿，听说世界上只有3个人懂广义相对论，而你是其中一位，真的是这样吗？爱丁顿停顿良久，才慢悠悠地说出一句话："我正在想第三个人是谁。"他的意思是，除了爱因斯坦和他本人，没人懂得广义相对论。这个最懂也最挺广义相对论的英国科学家本身也是个天才，喜欢文学、数学和物理，16岁就上大学，23岁硕士毕业后进入格林威治天文台工作，后来当上国际天文学联合会主席。爱丁顿是第一个用英语介绍相对论的科学家，第一个用观测结果证实相对论的科学家，还是开启了勒梅特的眼界，带领他进入宇宙学世界的老师——因为勒梅特曾在他那里当过几个月的研究助理。围绕爱因斯坦、爱丁顿、勒梅特三个人的故事，从理论的提出、观测的证实、新理论的诞生到爱因斯坦被迫认错，简直就是一部从广义相对论到宇宙大爆炸理论的《三国演义》。

当初，爱因斯坦能声名远扬，冲出学界走向公众，爱丁顿的日食观测功不可没。广义相对论诞生于第一次世界大战期间，当时爱因斯坦已重新加入德国国籍，而英国和德国正是敌国。两人都是反战的和平主义者，在各自国家里都被当作异类。爱因斯坦的德语版论文经过中立国荷兰的一个朋友来到英国，被转交给当时的格林威治天文台台长爱丁顿。爱丁顿认识到这个理论的划时代意义，并期待在1919年的日食观测中验证它。

我们看过足球上的蚂蚁的爬行路线，理解了弯和直是相对的。如果把蚂蚁换成光，结果也一样。在靠近巨大星体时，虽然走的还是直线，但在外部看来却是弯路。那是因为巨大的质量导致时空弯曲，时空弯曲导致光线弯曲，虽然光还是按自己的原则走直线，但在弯曲的时空里就身不由己了，必定会发生光线偏折。日食时分是观测这个现象的最好时机。远来的星光在经过太阳时，会被太阳的引力拉弯。这在平常很难观测到，因为阳光的亮度远大于星光。只有利用日食时月球挡住太阳、阳光不干扰星光的难得机会，才可以观测太阳附近的星光偏折。

光线偏折

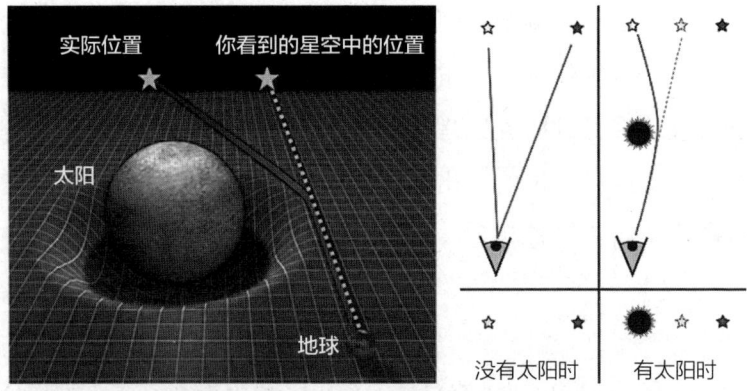

同一颗星，受太阳的影响，在人眼里会呈现在不同的位置。右图上部两格显示的是可以看见一切的上帝视角，下部两格是人眼看到的景象。当你仰望星空时，请记住所见不为实。

虽然在前一年的年底，战争已经结束了，但战后百废待兴，由英国派出的两支日食观测队远涉重洋去验证敌国德国人的理论，这件事从一开始就被质疑，似乎有点名不正言不顺。后来，观测结束后，英国人的观测结果与德国人的理论之间的联系也备受非议。幸好有爱丁顿，即使因反战而自身难保，依然坚持推进计划；也幸好有天文学家弗兰克·戴森（Frank Watson Dyson，1868—1939）利用他与军方的关系说服政府放行。历尽波折，1919年4月，由戴森带领的一支探测队到达巴西，由爱丁顿带领的另一支到达非洲西岸，各自准备就绪，等待5月29日的日食。

由于天气及照相仪的故障，当天观测拍到的照片并不尽如人意。两个观测队得到的结果还需要和另一组在特定时间里拍摄的同一片天区的照片做比较，排除误差和干扰，再经整理、核对、分析和测算才能确定星光偏折的度数。这用去了几个月的时间，使得结论报告一直到当年11月才正式公布。

爱丁顿团队拍摄的日全食照片及拍摄现场

这两张照片来自1919年11月22日的《伦敦新闻画报》(*Illustrated London News*)，该报称，"去年5月，英国探险队观测日全食所获得的结果，证实了爱因斯坦教授的光受万有引力影响的理论……它具有深刻的哲学意义。爱因斯坦的空间中不存在直线；它们是巨大曲线的一部分"。

这是一个值得铭记的历史事件。1919年11月6日下午，在英国皇家学会的报告会上，探测队详细展示并讲解了观测设备、原始照片和后期计算之后，公布了他们的计算结果：光线在太阳附近偏离了1.64角秒，这个结果接近于爱因斯坦预言的1.75角秒。戴森说："经过对底片的认真研究，我郑重宣布，它们无可置疑地证实了爱因斯坦的预言……奔赴索布拉和普林西比的远征队所得到的结果令人信服地证明，光线在太阳附近的确发生了偏折，而且偏折的量与爱因斯坦广义相对论所预测的一致。"那个电子的发现者，皇家学会会长约瑟夫·汤姆逊（Joseph John Thomson，1856—1940）致辞："爱因斯坦的相对论是人类思想史上最伟大的成就之一——也许是最伟大的成就……这不是发现一个孤岛，这是发现了新的科学思想的新大陆。"当时在场的哲学家阿尔弗雷德·怀特海（Alfred North Whitehead，1861—1947）是这么描述当天的情景的："会场上的气氛极为热烈，简直像是在上演希腊戏剧……我们是合唱队，评说着决定宇宙命运的天条律令……背景中牛顿的形象让我们想起，两百多年以后，这个最伟大的科学体系终于第一次得到了修正。"背景中的牛顿指的是会议大厅中悬挂的牛顿的肖像。

爱因斯坦本人不在场，但他似乎也意识到牛顿正看着他。他后来为这件事写道："牛顿啊，请原谅我。你所发现的道路，在你那个时代，是一位具有最高思维能力和创造力的人所能发现的唯一道路。你所创造的概念，至今仍在指导着我们的物理思想，虽然我们现在知道，如果要更加深入地理解各种联系，那就必须用另外一些离直接经验领域较远的概念来代替这些概念。"言辞诚恳，有理有据，他用自己的最高成就撑起了对牛顿的最高称赞。

不少传记都夸大了爱因斯坦在这件事上的自信和平静。最常被提到的是，他看到电报后说，肯定是这个结果，即使观测结果不一样，也会坚持自己是正确的。实际上，他表面上一副漠不关心的样子，内心里却充满期待和紧张。比如，在等待结果的日子里，他在给母亲的信里写道："关于日食还没有消息。"在给朋友的信里也写道："你在那里是否听到过关于英国日食观测的任何消息？"在心理上和生活里，爱因斯坦也是一个有血有肉的正常人。

同样欣喜的是爱丁顿。他把这看成一生中最伟大的时刻。但是，质疑这个报告的声音也不小，即使原始底片都公开了，也不足以自证清白。一直到1922年，战后反德情绪有所下降，照片技术和成像精确度有所提高，由反对相对论的美国科学家威廉·坎贝尔（William Wallace Campbell，1862—1938）在澳大利亚所做的日食观测结果与爱因斯坦的预言完全一致，这场争议才最终落幕。坎贝尔本来是为了证伪而去的，但观测结果反而证实了他批评和反对的那个理论。他由黑转粉，不再反对，并带动科学界逐渐信服广义相对论。

听完这个故事，安得想要在自己的大脑里模拟一个实验。他的直觉告诉他，光线弯曲后，理应花更多的时间走完原来的路程。两点之间的直线距离不变，光走的还是直线，但在弯曲空间里，实际走过的路程却奇妙地增加了，那就要多花时间了。如果把光换成宇宙飞船，飞船里的人会不会感受到这一点？要不要重新规划日程表？他来不及整理思路，就被带入后续的故事了。

《纽约时报》1919年11月10日对这个新闻的报道

图片来源：《纽约时报》

爱丁顿和爱因斯坦这一对相对论铁搭档到了宇宙大爆炸理论出现，并挑战静态宇宙观的时候，有时一起质疑，有时互有歧见，有时还一起犯错。爱丁顿慧眼识珠，在英语世界里，像推介相对论一样，推介勒梅特关于宇宙膨胀的论文。但是，爱因斯坦对宇宙膨胀论持反对看法。等到爱因斯坦和勒梅特和解，"对彼此怀有深深的敬意和钦佩"之后,这三个人才总算取得一致了。

1930年12月11日至1931年3月4日,爱因斯坦应加州理工大学的邀请,第三次到美国。他在给朋友的信中写到:"在帕萨迪纳,就像在天堂一样……永远是灿烂的阳光和新鲜的空气,到处是长着棕榈树和加州胡椒树的花园和友好的人们。"就在爱因斯坦享受加州阳光之时,爱丁顿在英国却发现了世界末日。

爱丁顿在1931年1月5日的一次学术会议上的演讲题目就叫《世界的终结——从数学物理的立场来看》。他开篇就说:"我承诺与您谈论世界末日……世界——或时空——是一个四维连续体,因此提供了许多方向的选择,我们可以在这些方向上开始寻找终点。"寻找时空的终点?在这之前,从来没有人动过这个念头。爱丁顿的念头主要基于两个信念:一是宇宙肯定会不断膨胀,二是宇宙肯定会逐渐陷入极端混乱无序的状态。两者结合,就可以推导出一个预言:星系之间、星球之间的距离不断拉长,将导致星系和星球失去引力关联,各自孤立。如果宇宙继续膨胀,那么,所有的星系终将膨胀到撕裂,所有的星球终将熄灭,宇宙中所有的能量终将耗尽,再也无法维持任何生命的存在,宇宙将因熵增达到极限而陷入完全无序的状态——那就是世界末日的景象。

如果把这个宇宙膨胀的过程像回放电影一样倒推回去,另一个结论也将是水到渠成的。那就是,随着时间回溯,星系之间、星球之间的距离逐渐缩短,所有的星系、星球、物质全都回到一个极小的点上,那里就是时空的起源。

科学实验有风险,思想实验也一样,虽然后者没有实验室里的易燃易爆或有毒有害的危险品。这两个推论给爱丁顿带来成就感的同时,也带来了危险感。如果是你,在众人皆睡之时,看到世界末日，会欢呼雀跃还是不寒而栗？在那之前的几千年里，人类普遍认为时间和空间都是永恒的，既没有起点，也没有终点。爱丁顿也是从那种时空观里过来的人，不免怀疑起自己的推论结果。他老老实实地承认自己遇到了科学与哲学的矛盾："从哲学上来看，现有的自然秩序有一个起点的想法令人厌恶……我想找到一个真正的漏洞。"

《世界的终结——从数学物理的立场来看》

nature

Explore content About the journal Publish with us Subscribe

nature > research article > article

Published: 21 March 1931

The End of the World: from the Standpoint of Mathematical Physics*

ARTHUR S. EDDINGTON

Nature 127, 447–453 (1931) | Cite this article
446 Accesses | 28 Citations | 19 Altmetric | Metrics

Abstract

THE world—or space-time—is a four-dimensional continuum, and consequently offers a choice of a great many directions in which we might start off to look for an end; and it is by no means easy to describe "from the standpoint of mathematical physics" the direction in which I intend to go. I have therefore to examine at some length the preliminary question, Which end?

图片来源：《自然》杂志

同一时期，勒梅特也在思考这个问题，但他并不认为那里存在什么矛盾或漏洞，因为世界本来就是那样的。当他在当年3月份的《自然》（*Nature*）杂志上看到老师的演讲稿后，就给杂志寄去一篇小文章《世界的开端——从量子理论的观点来看》——光看这题目就能感受到火药味。文章发表在当年5月的《自然》杂志上，全文不足500个单词,却对宇宙起源做出了惊人的断定:"如果我们回到过去,我们肯定会找到越来越少的量子,直到发现宇宙的所有能量都包含在几个甚至一个独特的量子中。"

《世界的开端——从量子理论的观点来看》

nature

Explore content ∨　　About the journal ∨　　Publish with us ∨

nature > letters > article

Published: 09 May 1931

The Beginning of the World from the Point of View of Quantum Theory

G. LEMAÎTRE

Nature 127, 706 (1931) | Cite this article

14k Accesses | 80 Citations | 104 Altmetric | Metrics

Abstract

SIR ARTHUR EDDINGTON[1] states that, philosophically, the notion of a beginning of the present order of Nature is repugnant to him. I would rather be inclined to think that the present state of quantum theory suggests a beginning of the world very different from the present order of Nature. Thermodynamical principles from the point of view of quantum theory may be stated as follows: (1) Energy of constant total amount is distributed in discrete quanta. (2) The number of distinct quanta is ever increasing. If we go back in the course of time we must find fewer and fewer quanta, until we find all the energy of the universe packed in a few or even in a unique quantum.

图片来源:《自然》杂志

在接下来的几年里,勒梅特进一步充实了他的想法,力求为宇宙演化提供更多的细节。他还利用爱因斯坦的宇宙常数来论证宇宙的加速膨胀。那本来是爱因斯坦用来论证宇宙稳定不膨胀的常数,却被勒梅特用来以子之矛攻子之盾。对于勒梅特的理论,爱丁顿和爱因斯坦的反应大同小异。爱丁顿觉得不高兴,尤其反感论文中的那些符号。爱因斯坦觉得不以为然,直截了当地当面说他数学还行,但物理学不行。这和他当初对亚历山大·弗里德曼（Alexander Alexandrovich Friedmann，1888—1925）的评论几乎一样，只承认其计算没错，但怀疑"这个解没有物理学意义"。即使看过勒梅特的论文，爱因斯坦还是坚持认为那不合理，宇宙应该是静态的，怎么可能不断膨胀呢？来自大师的打击导致勒梅特在其后的两年里噤声，还常因地位卑微遭人漠视。一直到1949年，稳恒态宇宙模型的提出者之一弗雷德·霍伊尔（Fred Hoyle，1915—2001）还调侃这个理论"像从蛋糕中跳出来的交际花"，"嘭"的一声大爆炸了。论敌的这个戏语后来却变成了该理论的通称，原话Big Bang被意译为"大爆炸"或"大霹雳"。

1931年，爱因斯坦在洛杉矶与哈勃交往之后，承认了哈勃的观测结果，这使得哈勃在媒体上被封为"第一个让爱因斯坦改变主意的人"。两年后，勒梅特成为第二个。1933年1月9日，就在希特勒就任魏玛共和国总理的21天前，爱因斯坦第四次来到美国。和上次一样，也是加州理工大学邀请来的。巧合的是，就在同一时期，勒梅特也被这间大学邀请来了。这是两人的第三次见面，并一起参加了大学和天文台组织的活动。可以推测他们有机会经常交换意见，而爱因斯坦正逐渐被勒梅特说服。当勒梅特在一场学术会议中讲解了自己的宇宙蛋以及利用最早期的电子计算机对古老的宇宙射线进行的模拟研究后，在场的爱因斯坦起立鼓掌，称赞那是"关于宇宙起源最优美并且令人满意的解释"。当时的《纽约时报》的报道附有一张两人的合影，照片下方的文字写着："他们对彼此怀有深深的敬意和钦佩。"任何人尊敬和钦佩爱因斯坦，都会被认为是理所当然的，但能被爱因斯坦尊敬和钦佩的人，凤毛麟角，光这一点就可能成为新闻。从那之后，勒梅特声名鹊起，而爱因斯坦则逐渐离开了宇宙学领域，不再对宇宙起源问题发声。

爱因斯坦和勒梅特

左为爱因斯坦,右为勒梅特,拍摄于1933年,加利福尼亚州帕萨迪纳市。(图片来源:《纽约时报》1933年2月19日)

爱丁顿和爱因斯坦同仇敌忾一致对外的另一场论争是关于黑洞概念。黑洞的存在是从广义相对论里推导出来的,但爱因斯坦本人却无法接受,试图证明黑洞不可能存在。爱丁顿则极力攻击钱德拉塞卡提出的白矮星会继续塌缩的论点。苏布拉马尼扬·钱德拉塞卡(Subrahmanyan Chandrasekhar, 1910—1995)是美籍印度裔物理学家,在从印度去英国留学的船舱里,推算出大质量的恒星会持续塌缩,体积越来越小,密度越来越大。他20岁出头就几乎接近黑洞的概念了,却被学界权威批评得怀疑人生,不得不缴械投降,退出争论,而当时的天文学家无一例外站在爱丁顿一边。令人意外的是,钱德拉塞卡后来还为爱丁顿写了一本传记,不仅原谅了爱丁顿对他的羞辱,而且还对他的成就给出极高的评价。钱德拉塞卡于1983年因对星体结构和进化的研究而获得诺贝尔物理学奖,当年的对错已经易位,他终获平反。

从今天的主流共识回头看一百年前的那场争论，可以说《世界的开端》最终取代了《世界的终结》，也可以说爱丁顿和勒梅特一起进一步完善了宇宙大爆炸模型。这个模型一枝独秀，其他模型也零星存在。除了宇宙稳恒态模型之外，有的科学家认为宇宙在膨胀和收缩之间循环，不断地从诞生、膨胀、崩溃到收缩，然后重生。有人称之为大反弹模型，但马克更喜欢用中国的概念称之为轮回宇宙模型，如果这个模型为真，时间的起点有可能应该从奇点再往前推进。有的认为宇宙是从古老母体中像泡泡一样长出来的，我们身处其中的这个宇宙只是无数个泡泡中的一个。和所有这些模型相比，宇宙大爆炸模型拥有最多的可验证的证据，最能合理地解释现有的观测结果，已被多数科学家接受。经过宇宙大爆炸模型及其相关理论，人类对时空的认识，也经历了一次大爆炸，向前跃进了一大步。

今天的宇宙大爆炸理论对世界的开端已经拥有更精细的研究，但由于缺乏实验和实证，所有的研究都停留在理论上和数理上的推演。在已被广泛接受的最新的理论里，宇宙中的物质基本上都是在宇宙大爆炸的最初三分钟里形成的。有人形容最初三分钟的宇宙像一锅高温的浓汤，或浆糊，只有基本粒子在高速运动。大约三分钟过后，宇宙降温，不再产生新的原子核。今天宇宙里的所有原子核都有148亿岁左右的高龄了，所有的物质都来自那个最初的三分钟，换言之，时空也来自那里。

从宇宙蛋到哈勃球，尤其是勒梅特的那个"关于宇宙起源最优美并且令人满意的解释"，听起来是不是有点像《创世纪》？别忘了勒梅特上过神学院，晚年还曾当过梵蒂冈的科研机构宗座学术院（The Pontifical Academy of Sciences）的院长。虽然他声称自己的理

宇宙诞生的最初三分钟

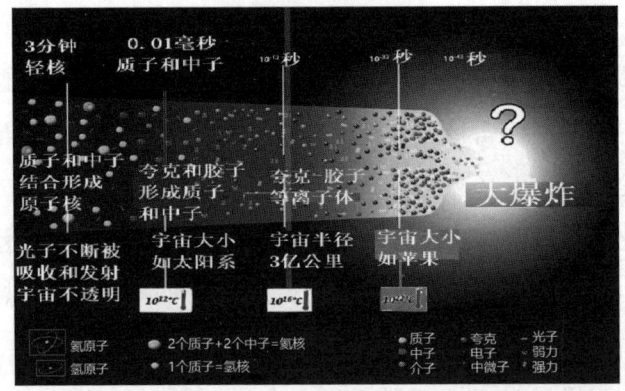

常见的宇宙演化图的时序一般从左到右，前文还见过斜放的冰激凌形状，现在这个则是从右到左。实际上还可以画成从上到下、从下到上，或其他任何方向、任何角度。希望这些不同的图像能有助于破除对方向的偏执。（图片来源：编译自CERN）

论是中立的，小心翼翼地将自然中的宇宙大爆炸与神学中的创世纪分开，反对将科学与宗教混为一谈，但罗马教皇还是从他的理论里嗅出了这个味道。勒梅特的理论要是发表在布鲁诺的时代，他毫无疑问也会被判火刑。但时代不一样了，1951年，教皇庇护十二世宣称勒梅特的理论为天主教提供了科学上的依据，因为在罗马教廷的解释里，从奇点开始，无中生有，宇宙诞生，这一切的第一推动力都来自上帝，宇宙蛋是上帝的"蛋"，是上帝设计了这一场宇宙的诞生和演化。

宇宙起源，或者说时间和空间的起源，本来就是一个可以与神学中的创世纪媲美的巨大谜题，而人类对时空的认识自古以来就与对天堂的认识紧密相关。亚里士多德曾认为物质的性质在天上和地上是不同的，天上是完美和永恒的，地上则相反。伽利略用望远镜颠覆了那种天尊地卑的观念，月球也是坑坑洼洼的，天体也不完美，和地上的物质在性质和结构上是一致的，可以纳入同一套科学体系。牛顿的经典力学已经证明日月星辰的运动与上帝无关，但还是为上帝保留了第一推动力的角色。在爱因斯坦的相对论里，上帝已经失去了藏身之处，但稳定有序的自然秩序还需要一种更完美的解释。到了宇宙大爆炸理论，宇宙蛋自己启动，自己持续，不依赖任何巨神、大仙、造物主的力量，而且不是永恒的、稳定的。哈勃球虽然是人类接受认知的有限性为自己划定一个小世界，让现有原理和定律保持有效的无奈之举，但球外的世界并不是一个更高的存在，更不是宗教里的天堂，只不过是更久远的时空而已。从亚里士多德、托勒密、哥白尼、伽利略、牛顿，一路发展到爱因斯坦、勒梅特、哈勃和伽莫夫，这是人类智慧的进化谱系，也是造物主、上帝、神仙逐步退位的历史进程。

六月·森林

时空的方向

The most beautiful thing we can experience is the mysterious; It is the source of all true art and science.
—Albert Einstein

我们所能体验到的最美的东西就是神秘。它是所有真正的艺术和科学的源泉。

——阿尔伯特·爱因斯坦

毛毯、蹦蹦床和口香糖

这天早上,他是披着毛毯,睡眼惺忪地钻出帐篷来见马克的。昨天疯玩一天后,在山林宿营地里,守着篝火,他们用智能眼镜看星空,迟迟不肯入睡。正好这天早上,马克有事经过附近,就临时联系安顿,顺路拐进来看他们。安得事先并不知道马克要来,是他妈妈的催促声才让他意识到自己不是在梦中。

"你怎么会在这里?是哪阵风把你吹来的?"他揉揉眼睛,嘴里嘟囔着,整个人还没睡醒的样子。

"你应该说,是哪阵引力波把你推来的。"安达把衣服递给他,顺便说了下今天的安排,然后让他决定早上的活动:"你是想参加登山队,还是留在这里接着聊前几天的话题?"

"你刚才不是说,马克午饭后就要离开吗?那我们只有半天时间。我一边吃早餐,一边问问题,然后加入登山队,好不好?"

正好安顿过来和马克打招呼,两人都同意他的计划。

前几天他们聊到的是时空弯曲。那天蚂蚁爬足球的轨迹已经让安得明白了直线和曲线在空间里的相对性。可是,在远程聊天里,都不知道已经是第几次了,任马克怎么说明,他还是不能把时空弯曲的概念落实到具象的理解里。那种空间太空太玄了,在现实里找不到可以对应的形象。

简单的早餐马马虎虎地吃到一半,安得就凑过来,趁两个大人闲聊的空隙,插话说:"这山里每一条路都是弯曲的,你刚才有没有一种走进弯曲时空的幻觉？"

"这一带的山路确实不好开，如果掉下悬崖，也许会有那种幻觉吧。但是弯曲时空不是那么回事，你还是得回到以前谈过的引力。你准备好了吗？哦，不，你还是先吃完早餐吧。"

"不碍事，我再塞两口就够了。你开始吧。"

马克看到他爸妈同意的眼光后，就从椅背上把那床白底绿格子纹的毛毯拉过来，铺在一张空椅子的两个靠手上。安泽以为是魔术表演开始了，睁大眼睛看着马克拉扯着铺平的毛毯，吹走毛毯上的头发和小树叶。

安顿把一颗葡萄递给马克，说："我猜到你要做什么了。这块毛毯要是橡皮做的，有弹性，就更好了。"

马克把葡萄放在毛毯的中心，对他说："这次你来讲解吧。这毛毯呢，就凑合着用吧，不足之处，我们用想象力去补哈。"

安顿推辞道："不是说好了，易子而教吗？还是你来吧。如果你说错了，卡了，我来纠正，我来接手。"

那一粒小小的葡萄虽然很轻，但在毛毯的中心还是压出了一小块浅浅的凹陷区域，像是一只布面的小圆盘。"圆盘"底部的紫葡萄表皮上，一层均匀分布的白霜在清凉的晨光里呈现出灰白的颗粒感。

"看到这个现象了吧？为什么本来铺得平平整整的毛毯凹陷了？"

安泽看不出这里面有什么魔术，催马克快点表演："葡萄呗。你要是放个更大个的上去，就会陷得更深。"

"好。请把这葡萄想象成一颗星球，把毛毯想象成空间。如果这空间里空无一物，那就是刚才绷平的那种状态，空间是平直的。可是，这颗星球放上去后，毛毯凹陷了，也就是说，空间凹陷了，而且，越

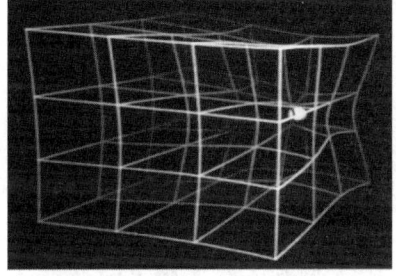

时空弯曲概念图

上图：重物造成平面凹陷，越重的物体造成的凹陷越大越深。

中图：从身边的日常经验联想到宇宙，图中最大的是太阳，中间的是地球，右下角的小球是月球。星体大小和质量不同，造成的时空弯曲程度也不同。

下图：更有立体感的空间结构里，随着白色小球的运动，各个方向的空间都发生弯曲。

［图片来源：Adobe，德国莱布尼茨天体物理研究所（Leibniz Institute for Astrophysics Potsdam，AIP）。最后一张截取自卢卡斯·维埃拉（Lucas Vieira）绘制的GIF，原文件地址：lucasvb.tumblr.com］

靠近星球的空间凹陷得越深，但远处的空间还保持着相对平直。"

他们从桌面上找到一颗面包上掉下的芝麻，就把那颗芝麻放在毛毯圆盘里。芝麻太轻，勉强保持着自己既不被微风吹到盘外，又不会滑落到盘底。马克说："别看芝麻小，它也会造成凹陷。只是凹陷太轻微，肉眼看不清而已。如果给这颗芝麻一个横向的速度，它就会绕着葡萄，沿着圆盘的内侧转，就像是葡萄的小行星。这个弯曲的空间保证了芝麻会一直在葡萄的周围转，不会飘走。牛顿说那是因为引力，可没说为什么会有引力。爱因斯坦说那是因为时空弯曲，小球体被大球体拉着转是弯曲时空中的惯性运动。物体按最小作用量原理在弯曲时空里移动，所谓的引力只不过是根据那种路径想象出来的'绳子'而已。"

安顿又递过来一只小苹果,说:"你应该说那颗芝麻是光,光线在弯曲时空里走不直了,在一堆巨星之间走歪路,走邪路。芝麻太小了,看不清,你用这个苹果吧。"

马克示意安得接过苹果。安得捏着果柄,放到毛毯圆盘外一块平直的布面上,久久不敢放手。他在脑里回放马克之前提到的类似话题,想把那些零零碎碎的初步知识都集中放入眼前的这个实验。就在他有点走神了,让苹果的重力拉着他的手指向下沉入一点时,一个更深的凹陷形成了,刚才那个圆盘消失了,葡萄和芝麻都滚到苹果旁边。

他一点都不后悔,因为他看出奥秘来了。苹果一进去就一统天下,越重的东西造成的弯曲越大,这个弯曲还能吸引附近比较轻的东西滚入它的势力范围。苹果越重,凹陷越深,引力越大。凹陷处附近的芝麻和葡萄只好俯首称臣,顺着斜坡滚入那块空间的最深处——因为那里的引力最大。

"对。如果放入更多东西,如果这个毛毯有弹性,你就会看到处处凹陷,处处弯曲,各个东西之间还互相牵扯。真实的时空弯曲比这个毛毯要复杂得多,就是因为物体的不均匀分布造成了时空的不均匀,而这种不均匀、不平整、到处坑坑洼洼的时空才是宇宙的真实面目。如果没有太阳造成的弯曲时空,地球就不会绕日公转,很有可能头也不回地离开太阳系,最后要不直接撞上某颗星球,要不路遇某颗更热的恒星,被拉着不让走,不久就被烧烤成火球。感谢太阳压出来的这个凹陷,让地球能宅在太阳系里安居乐业。"马克捡起那颗葡萄,哭丧着脸说,"地球也是个苦命的主,不得不以每小时10万多千米的速度绕着太阳公转,一旦停下,就会像刚才的葡萄,落到弯曲时空的最低处。太阳就在那个凹陷的底部等着呢,地球掉下去就万劫不复了,一切都将在太阳的熔炉中化为乌有。为了避免这个结局,地球每时每刻都带着我们在时空的斜坡边缘快速滚动。而我们人类坐享其成,什么都不做就可以坐地日行257万千米。"

马克说了这么多,让安泽等得不耐烦了。她探头往里看,没看出什么异样。安得则歪着脑袋看着整张毛毯,说:"住在这种空间里,到处都看着别扭,伸不直手脚,什么线条都曲里拐弯的,可为什么我们人类却感觉不到呢?"

"这只是小模型而已,实际空间亿万倍大,除非你身高几万米,否则感觉不到弯曲的。"马克放开手指,让刚才拿起的葡萄掉入毛毯,接着说,"如果你们能想象这是一颗石子,毛毯是水面,石子一入水,就会看到两个结果:水面弯曲和涟漪扩散。很常见的现象,是吧?时空也一样,那种弯曲会扩散,从凹陷中心最深处向外扩散。"

安得恰到好处地接话说:"如果两颗石子碰撞,那就是我们以前聊过的引力波了。"

"是的。"说到引力波,马克便想起树枝,就在地上捡起一根小树枝,小心翼翼地在凹陷处内侧比划着。"不过,你们学校里正在教的几何学可能在这里面要碰壁了。比如,三角形内角之和等于180°,是吧?那是在平直的空间里。假如空间是弯曲的,就像这里,画个三角形,看,内角和还是180°吗?即使画在苹果表面上,三个边的线条也得顺着球面走,内角和也不等于180°。勾股定理不灵了,圆周率 π 也不用背了。弯曲空间里的圆和平直空间里的圆不是一回事,在不同弯曲度的空间里,圆周率的数值也不一样。所以,要判断自己是不是在弯曲空间里,其实很简单,你只要计算那里的三角形的内角和或圆周率就可以了。"

非欧几何中的三角形

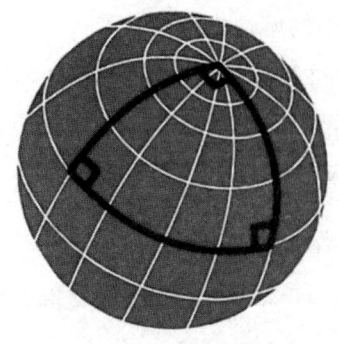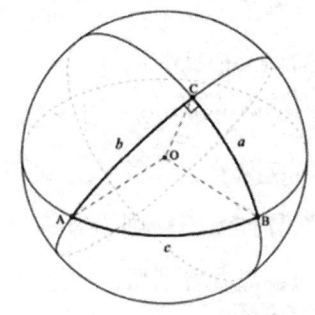

地球表面上与纬线垂直的两条经线本来是平直空间里的两条平行直线，却可以在南北极相交，与纬线构成一个三角形。在球面上的直角三角形中，内角和不等于180°，勾股定理也不成立，$a^2+b^2 \neq c^2$。

"我来试试看……"安得上身往前一倾，不小心松开了一直捏着的果柄。结果，苹果掉落，整个毛毯随之从椅子上滑落，葡萄也滚落地上，芝麻不知去向。兄妹俩马上收拾好地上的东西后，安泽本来期待着毛毯底下至少能变出一只兔子来，结果什么也没有，就大失所望地离开了。

安得联想到前不久看过关于爱丁顿的日食观测的电影。那次观测证实了太阳附近的空间弯曲改变了光的路径。可那毕竟是一百多年前的事，当时的成像技术低级，照片模糊，观测距离也有限。考虑到这一百年里的技术升级，他问："从那以后，关于弯曲时空，有更多更新的证据吗？"

"有。有史以来精确度最高的一次是2005年的VLBA测量。VLBA是一个射电望远镜系统，由美国国家射电天文台阵列操作中心遥控的10架射电望远镜组成。每个望远镜光天线就有240吨重，直立时有10层楼那么高。10个望远镜布置在从夏威夷到维尔京群岛，横跨美洲大陆的巨大范围。它们的精度是哈勃太空望远镜的500倍，如果那是一个人的眼睛，那视力就是普通人的60万倍，能让一个人坐在美国西海岸的沙滩上看清东海岸的小螃蟹，在北京阅读新德里的报纸，或在伦敦欣赏伊斯坦布尔的明信片——都不用邮寄了。这次观测的原理和爱丁顿的那次大同小异，但误差小于三万分之一，最后算出的伽马参数——一种描述时间膨胀和空间弯曲程度的参数——是0.9998加减0.0003，与爱因斯坦的预测非常接近。"

马克还没说完，安顿突然离开，走向露营地西边。那里有一块空地，放着一台圆形蹦蹦床，一根生锈的柱子在今年雨季的一场大风中，终于撑不住断裂了，导致蹦蹦床的一角直接跪下。倾斜的床架，远看像一个大号的卫星电视接收器戳在草坪上。安泽一个人沿着那个斜面爬上去，正要开始蹦跳。安顿看到了，马上过去保护她。

从蹦蹦床联想到弯曲时空

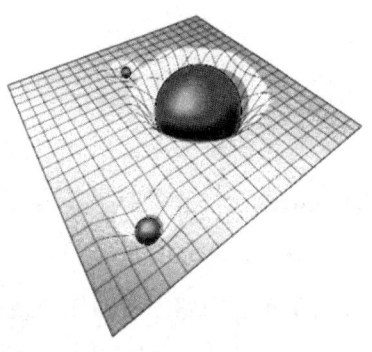

左图：重力导致网状床面凹陷，蹦得越用力，床面凹陷越深。
右图：星球导致周边空间凹陷，其弯曲度取决于星球的质量。
［图片来源：wikihow.com（左），《大英百科全书》（右）］

安得和马克也一起走过去。安泽已经在斜面上找到平衡感，小心翼翼地跳着蹦着。她每一次降落都在床网上砸出一个大凹陷，然后被弹起，床网又复归平直。马克看了一会儿，对安得说："这个比毛毯更形象，有弹性，有网格。你脑补看看：重物造成凹陷，四周时空弯曲。"

结合以前聊过的引力波，安得已经可以自己引出结论了：物质、能量和引力波都会导致时空的几何结构发生变形，只有这种变形才可以解释引力从何而来。牛顿都没能解答的问题，现在在他这里已经不成问题了。他终于理解了那句名言：时空告诉物质如何运动，物质告诉时空如何扭曲。所有物体都天生懒惰，按最小作用量原理，总是找费时最短的、阻力最小的、最容易的路线，结果被迫卷进巨大星球造成的时空弯曲，只能顺着弯曲时空的凹槽走。时空弯曲不仅使路程变弯了，也使路程变长了，使光线不得不花费更多的时间才能走完同样的距离——这就是时间变慢的原因。这些道理，昨天还是虚无缥缈的，难以捕捉，现在却变得很形象，很直观了。今天的收获可大了，他已经能想象到更大的塌陷和更弯曲的网格了。

早出发的游人已经出现在远处蜿蜒曲折的山路上了。看到那弯曲的山路，马克又有点头晕了。今天早上开车从山脚上来时，他小心翼翼的，那种盘旋上升的感觉还没从大脑里完全消散。他的食指在空中顺着山路划着曲线，说："刚才我开车上来走的路，就是一条在四维时空中不规则的螺旋状曲线。但是，如果有个人从高高的天上俯瞰下来，那他看到的将是二维平面上的不规则的椭圆轨道，而我的车子就像一只在平面地图上爬行的蚂蚁。我们看到的行星围绕太阳运动的各种概念图或模拟图也是这个道理。实际上，行星们在太阳造成的弯曲的四维时空中的运动轨迹只能靠理论或想象，没法直观展现，那些图片都是勉为其难，把四维的轨迹压在二维平面上给你看。在那种图上，还很容易误以为是引力的作用，好像是太阳拉着一众行星玩呼啦圈。牛顿用万有引力揭开了日月星辰运行的内在奥秘，但爱因斯坦说，你那是时空的错觉，那种东西本质上不存在。这个'你'，可以是牛顿，也可以是你们的初高中老师，还可以是科学、物理或数学课本。"

"等等，马克，"安顿想要把马克拉回到现实中，说，"你又走得太远了。在我们日常生活里，他们学的那些东西还是有用的，正确的，上周刚考完试呢。"

马克尴尬地笑笑，停下话题，招呼安得接着玩蹦蹦床。

安得本来也想上去，但注意到那上面有几根网线已经断了，网眼里还卡着枯叶，可以看出，这个蹦蹦床失宠已久。他担心自己的体重比妹妹重得多，怕用力蹦跳就会顺着斜面滑倒到地上，所以只小心翼翼地轻跳了几下。但是，在刚才弹跳起来时，他做了一个以手遮额的动作，却没人鼓掌，有点扫兴。下来后，他抱怨说："你们都失去童心太久了，忘了孙悟空的招牌动作了吗？"

安顿说："哦，原来是大圣啊。没忘呢，我们两三个月前不是还说到他吗？"

安得回头指着蹦蹦床说："这个有点像如来佛的掌心。你们想过为什么孙悟空翻不出如来的掌心吗？我替吴承恩想好了，那掌心里的时空是扭曲的。如来的手掌老是像揉搓核桃一样玩弄时空，孙悟空一纵十万八千里，还是太慢，离光速还远着呢。眼看快飞出去了，那手掌只要轻轻一揉搓，他就又掉入塌陷的时空底部去了。可惜他知识陈旧，火眼金睛也看不透时空弯曲，折腾五百年都没用。"

"嚯，了得。《西游记》可以改写成《时空游记》了，空间与引力的本质再次被改写。"马克半开玩笑地赞叹道。

"你们不觉得那书里玩的都是些超越日常时空的把戏吗？动不动就天上一日地下一年，一眨眼就飞天、落地、下海，运个气，动个念，就变短变长的，不受空间约束，瞬间移动……"

"哎呀，这么一琢磨，还确实是呢。"安顿也觉得既有趣又有道理，笑着拍拍马克的肩膀，说："你不担心吴承恩大战爱因斯坦吗？"

这时，安达提醒他们登山的时间到了，问他们要不要修改一下日程安排。

马克连忙说，不用改不用改。他拍拍安顿的肩膀，说："有你督战，我放心得很。我更担心这山上才半日，山下已一天，要耽误行程了。对不起，我得走了。"

马克临走之前，没忘了对安得的想法表示赞赏，而且还顺势做了一点引申："按你这想法，《封神榜》更要命。在《西游记》里，天堂的空间是分割并列的，玉皇大帝和佛祖各司其职。《封神榜》就复杂了，那里面的空间可能还有叠加态，层次更多，等级森严。众神仙在不同空间里穿梭自如，完全不受引力制约，任意揉捏、扭曲人间的时空。"

安得觉得今天的马克和他在同一脑波频率上，共振得比以往都好，可惜就要走了。不过，这话题，他可以和爸爸继续挖下去，不必拉住马克。他分出一颗口香糖，递给马克，说："祝你旅途愉快！顺便在嘴里体味一下宇宙被扭曲、拉伸、挤压，又是吹大了膨胀，又是吹破了坍缩的感觉。"

"啧啧，这比喻，漂亮。我要切换一下时空了，谢谢你布置的口香糖作业。"

鱼缸里的天文台

"如果知道这个山顶上有这么好玩的天文台,马克一定会后悔没跟来的。"安得站在一个巨大的望远镜附近说。

实际上,望远镜要到晚上8点天黑后才开放。今天人少,但还是要排队等待。天文台理所当然地位居山顶,一侧可以远眺黄昏里华灯初上的城市,另一侧可以看到丛林掩映的山路上,几个晚来的游人正趁着夕阳的余晖背着背包徒步赶上来。

"才不会呢,马克以前是这里的常客。"安顿说。实际上,这是个半废弃的天文台。由于城市扩建,灯光越来越亮,越来越逼近,光线污染严重,影响到观测的质量,这里已不适合做精密的天文观测,所以就向公众开放,变成一个旅游景点了。

在来排队之前,他们已经看过天文台的主体展厅。刚进入展厅时,安得还有点兴奋,也有点累,但几分钟后,身心就平静了下来,还涌上一种像回家一样熟悉的感觉。因为他的大脑在这几个月里已经建起一个类似的展厅,而且还是多维的,动态的,像宇宙一样有限无边的。那些盘旋在脑里的知识像一个好导游,今天带着他在一个初来乍到的地方故地重游。大厅的穹顶模仿天空的模样,画满星辰。四面墙上,图文并茂,依序展示着从地心说到日心说,从太阳系到河外星系的科普知识。大厅里,人虽不多,可安得只逮到一个机会向讲解员问了两个半问题。

第一个问题是:你们这天文台能看到多远?

他得到的回答像是自动朗读机输出的教科书片段:天文观测看到的最遥远的星系,在2013年曾是z8_GND_5296,光行距离是131

亿光年，红移值是7.51，对应宇宙大爆炸后7亿年；在2016年是GN-z11，光行距离是134亿光年，红移值是11.09，对应宇宙大爆炸后4亿年。这里的年份指的是观测结果发表的那一年。在2017年还发现了第二遥远的SPT0615-JD，光行距离是133亿光年，红移值是9.9，对应宇宙大爆炸后5亿年。随着天文技术和望远能力的提升，我们将找到更遥远的星系，继续刷新这个距离的记录，但我们可能永远也无法看到宇宙的尽头。遗憾的是，这些都不是在这个天文台发现的，而是国外天文台的功劳。我们这里的望远镜能力有限，更高级的望远镜已经搬到新址，那里还有新建的射电望远镜，但不对外开放。

第二个问题是：你们天文台能看到时空弯曲吗？

讲解员的语气稍稍柔和了点，还加了个比喻：目前的光学望远镜、射电望远镜、远红外线望远镜、紫外线望远镜、x射线望远镜、伽马射线望远镜以及微波探测器都无法看到时空弯曲。人类只能通过理论，靠星球的位置变动和星光的路径偏折等蛛丝马迹间接地推算出可能是弯曲状态的时空。这就像人们可以把引力想象成两个物体之间的一条绳子，计算得出那引力，却永远看不见那绳子。对于时空弯曲，也只能通过推算间接得知，而无法看到直观的弯曲。

另外半个问题是：你们天文台能看到宇宙中的方格子布吗？
讲解员：什么？
对话结束。

他有点失望，觉得都不用去排队看望远镜了。既看不到时空弯曲，又看不到遥远星系，估计那台望远镜能看到的世界比他已经了解了的世界要小得多。这么一想，他忽地在失望之余，感到一阵欣喜，原来，就在不知不觉中，自己的世界已被拓宽了。这种沮丧与振奋混合的状态到排队时还延续着。随着队列挪动，有点漫不经心地，父子俩又从讲解员的话题聊起来了。

"她一直说看到空间里的最远星系，其实看的是时间。用多少亿光年来说距离遥远，其实说的是多少亿年前的光现在到达望远镜了。所以，能看多远的问题实际上也是能看到多久以前的问题，既是空间问题，也是时间问题。最遥远和最古老是一个意思。"

"哦，对啊。我注意过马克不说'远'，也不说'久'，爱用'久远'这个词。确实，这个词用来形容时空更贴切一些。说到久远，讲解员报距离时为什么一直强调是光行距离？"

"顾名思义，就是光走过的距离呗。在宇宙里说距离，比我们日常生活里麻烦多了。时空的度量衡方式有好几种，有什么光度距离、共动距离、视差距离等等，我也不太了解，只知道最简单的光行距离。据说，当光行距离超过20亿光年，这个距离标度的局限性就显露出来。由于宇宙的膨胀，光行距离并不代表真实距离，但在这些普通天文台能看到的小小世界里，将光行距离视为真实距离也没有什么问题。可什么才算是真实距离呢？这种问题放在宇宙里，一问又不知道了，挺麻烦的。"

"我发现她说的数字好像有个规律，那个光行距离的数字加上对应宇宙大爆炸后的年数都是一个固定值，131+7=138，134+4=138，133+5=138，都是138。"

"你听得挺用心的嘛，我都没注意到，宇宙年龄啊，138亿岁了嘛。不过，这几年也有人提出要重新计算，宇宙没那么老，至少要年轻十几二十亿岁，因为哈勃常数有所调整……"

这话题还没说完，就轮到他们入场了。小门打开，一家人轮流进入，匆匆忙忙扫了几眼，看到一个模模糊糊的光影，就出来了。后面还有人在排队等候，谁都不好意思久留，又没有专业人士陪在旁边解说，多看几眼也看不出个所以然。虽然进入时，他已经降低了期望值，但出来后，还是有点不满。

为了缓和失落感，安顿用鱼眼镜头拍了几张照片。这几天，兄妹俩喜欢上用鱼眼镜头拍风景。顾名思义，鱼眼镜头就是用相机镜头模仿鱼的眼睛，大孔径，大视场，拍出线条畸变的特效。说畸变，那是人类的说法，在鱼类看来，那才是正常的。鱼类也有自己的特效镜头或望远镜，那就是水。水下的光经过水的吸收和折射，和水上的光不一样，而鱼类有一套与人类不同的感知方式，对水下的光更敏感。钓鱼常用蚯蚓，就是因为在水下的蚯蚓，体表的液体会吸收光线，使整个躯体发出一种人眼看不到的红色光，水下越暗，它就越亮。当然，对于鱼类，蚯蚓不仅好看，主要还是好吃——身上有鱼类嗜好的多种化学物质。人眼只有3种视锥细胞，分别感知红绿蓝三原色，可金鱼有4种视锥细胞，除了三原色，还能感知紫外线。很显然，在人眼与鱼眼里，世界是不一样的。即使人类用上鱼眼镜头，也感知不到紫外线，在水下只会看到更暗淡的蚯蚓。

这让他们联想到家里的鱼缸。那个小鱼缸主要由妹妹负责，她每次靠近鱼缸喂食，几条金鱼都会朝她游过来。每条鱼都自带鱼眼镜头，再加上鱼缸的玻璃和水体的折射，金鱼们看到的世界肯定不是平直的——这又是人类的概念，而是扭曲的，就像看哈哈镜，大小比例全都乱了，和鱼缸外的人类看到的世界在形状和颜色上不一样。而且，鱼类记忆短暂，大都近视，小鱼们一米开外就看不清晰了，却拥有比人眼更大的视角。在那扭曲的世界里，鱼类拥有的时空观一定与人类不同。如果鱼类中也有科学家和哲学家，它们得出的定律、公式、原理、理论等一定是另一套不同的东西。

那么，我们人类会不会也正在透过某种弧形玻璃观察世界呢？人类就不用怀疑自己的眼睛和认知吗？如何才能确定看到的是真实的？其实，由于水和玻璃的折射，人眼看鱼缸里的鱼和水生植物就已经不真实了，往往是放大的，轻微变形的。而鱼看人，则变形更大，更夸张。鱼类中即使有牛顿和爱因斯坦，也只会看到陀螺形的人体、倾斜的桌子、弯曲的直线、面团一样变形的屋顶，还有紫外线里比鱼身还大的小粒鱼食。所以，鱼有自己的弯直标准和大小标准，如果鱼类中的爱因斯坦跳出鱼缸，对留在缸里的鱼说，我们的几何学错了，直线是直的，可能会被鱼类当成疯子吧？人类看宇宙何尝不是这样？人类整体是这样，每个个体也是这样。每个人都在自己的鱼缸里看世界，看到的世界都不一样。那么，金鱼看到的世界和人看到的世界，哪一个才是变形的？哪一个才是真实的？有人也许会说，都是变形的，都不准确。这种说法会引出另一个问题：那是相对于什么的变形呢？这个问题就要求，在人和鱼之外，必须先有一个客观世界。如果是那样，人类是不是会更绝望？因为那个客观世界既然已在人类世界之外了，岂不是永远不可能被真实又准确地感知到？再进一步，既然感知不到，靠什么断定那个世界是客观的，而且还更真实、更准确？不说那么玄虚的，和金鱼妥协一下，退一步想想，到底有没有一个对人和金鱼等效的真实世界？如果有，人类就得重新审视自以为是的优先地位；如果没有，那就又回到前几个问题里去了。

今天晚上遇到的就是一个鱼缸困境。人眼看到的和望远镜里看到的是同一个星空，但呈现出来的景象却不一样。我们通过望远镜看地球外的星空，和金鱼透过鱼缸玻璃看世界，其实都是依赖自己的世界看外面的世界。人类怎么断定自己不是住在某种鱼缸里，或者海市蜃楼里？如果金鱼找到一块大玻璃片，架在鱼缸里的假山上，看得远一点了，看到桌面上的一颗苹果了，那苹果会是什么形状？这不就是我们刚才借助望远镜看星星的困境吗？

"你们说了这么多，我都忘了刚才看到的是哪一颗星星了。"安泽抱怨道。

他们这才一起抬头看星空。每颗星星都长得差不多，又没挂个牌子写上名字或编号什么的，不知道刚才在望远镜里看到的那颗星星到底在哪里。兄妹俩用寻找星座的手机应用对着夜空搜了一会儿，才不太确定地定位到一颗暗淡的小星星。那颗星实在太普通了，一点都不起眼，激不起一丁点的诗意和幻想。

山风劲烈，早已把白天的热气驱散干净。一点点加深的凉意提醒着滞留山上的游客们，时间不早了。他们最后一批进入天文台附属的电影放映厅，在那里看了一部有关这个天文台的历史以及一些观测成就的3D纪录片。一家人都有点困了，回到露营地，很快就洗洗睡了。

时空的形状

帐篷的顶部有个透明的天窗，从那里透进来的第一缕阳光正催人醒来。天空的黑幕被挑开一条细缝，几颗晨星还清晰可见。在这样一个大自然的环境里，人体的作息时间很容易就与自然达成一致。

虽然昨晚迟睡，爱睡懒觉的安得竟然早早醒了。盯着天窗仰躺着，他在大脑里回放昨晚那个纪录片的几个模糊片段。

那个纪录片的重心是天文台的自吹自擂，对宇宙观测的成就却只是点到即止。昨晚迷迷糊糊中看得有点不满，现在回想起来，他觉得也许是因为那个普通的天文台能力有限，所以成就有限，再加上也许电影制作资金也有限，计算机图像技术的应用也比较粗糙，那么好的题材拍成催眠片了。他特别能感受到在这一类电影里，精美的电影特效不可或缺。他自己在思考时空问题时，每一步都需要在大脑里来一场大手笔的电影特效。最近，他走到哪都能看到时空结构，结果在大脑里练就了一套电影特效功夫，而且搭景和仿真显形完成得越来越快了。不知不觉中，这颗小脑袋像个电脑系统一样，获得了类似于人工智能训练出来的那种集群渲染和并行计算的能力。

"什么话，当然哪儿都是时空咯。哪有不是时空的地方，不在时空里的东西？"安顿在半睡半醒中听完他的想法，笑了，"你在大脑里搭建的时空框架是3D电影的那种吗？"

"至少3D吧。不过，局部清晰，整体上不知该是什么形状。"

"你是说，时空的形状？"

"以前，马克说过，从时间线上看，时空是一个冰激凌杯托的形状，从原初的一个小点发展到最上面的这一坨冰激凌。可这个冰激凌融化之后，膨胀之后，会是什么形状呢？"

"你肚子的形状呗，哈哈，冰激凌最后不都吃进你肚子里了吗？"

他觉得他爸还没完全醒来，说的话听起来像是在敷衍。他不说话了，继续透过天窗仰望微蓝的晨空。星空正在退隐，逐渐让位于阳光。可能是因为眼睛盯直了，不一会儿，他就又有点迷糊了，倒头又小睡了一会儿。

早餐后，安顿打电话给马克，问他昨天山路开车是不是又头晕了。确认一切顺利安全后，他问可不可以今晚视频聊一聊。他没忘记儿子清晨的问题，自己琢磨了一阵，搜索了一阵，还是没有清晰的答案。这是度假，他不想自己那么累，只好推给马克了。

"没问题。你们白天就好好玩吧，晚上见。"马克答应了。

也许是时候对最初聊过的那些"清空空间"和"一无所有的空间"的说法来个自我否定或升级了。这几月来，对空间的认识层层推进，推到广义相对论后，就不能再用那些想象了。时间和空间都不是可以脱离物质而存在的东西，并不是物质存在于空间中，而是物质具有空间的广延性，造就了空间，所以没有物质就没有空间。况且，宇宙中即使清空了物质，还有暗物质和暗能量，这又给"空"的定义带来新的挑战。所以，"清空空间"和"一无所有的空间"之类的说法和想象不得不慎之又慎。除此之外，我们还理解了时空会变形，不具有先天固定的静态形状。那么，这种空间所可能拥有的形状变化该如何把握呢？

曲率是数学中用来表示弯曲程度的数值，弯度越大，曲率就越大。时空的弯曲程度也可以用这个数值表示，称为时空曲率。这个时空曲率受物质的质量和分布状况的影响，决定着时空形状的变化。所以，未来的宇宙形状可以通过观测和计算时空曲率来推测：

1. 封闭形：如果时空曲率大于0，宇宙中的物质密度大于临界密度，物质间的引力会导致宇宙的膨胀减速，停止，然后逆转为坍缩。坍缩之后，时空就会被压缩成封闭状态，未来的宇宙将是闭合宇宙。

2.平坦形：如果时空曲率等于0，宇宙中的物质密度等于临界密度，那就是我们熟悉的欧几里得几何的结构，是平坦宇宙，时空可以无限延伸，宇宙将逐渐停止膨胀。

3.双曲形：如果时空曲率小于0，宇宙中的物质密度小于临界密度，那就是一种双曲形的几何结构，是开放宇宙。因密度不够大，引力不足以降低其膨胀速度，膨胀可能会减速，但宇宙将一直膨胀下去。

宇宙形状的三种可能性

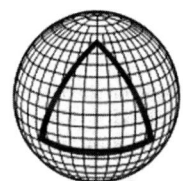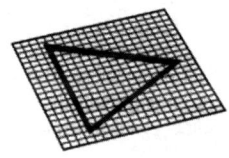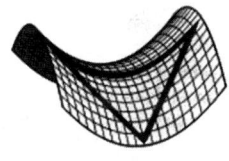

宇宙的整体形状取决于宇宙中的物质密度和时空曲率。图中从左到右所示为：球面，即具有正曲率的封闭宇宙；平面，即具有零曲率的平坦宇宙；马鞍面，即具有负曲率的双曲面宇宙。

当晚，安得和马克连线，寒暄过后，就看到马克预先写好的这几段话和几幅图片。他躺在地上，对着星空，望见的却是马克的脸和他的图文。四周安静得听得见远近草虫极细极低的鸣叫。每一声虫鸣都嘈嘈切切，但由它们密织而成的声波，却像一张从清凉的湖面揭开的水皮，为露营地的人们过滤掉尘世的烦躁。

说到宇宙的形状和未来，有一种烦躁却挥之不去。马克也不知道该如何解说这些推测，毕竟都是些未被验证的假说，还停留在数学推演的阶段。他只是想给安得脑里的电影特效制作提供一些素材而已，也不知道今后他会如何消化和利用这些东西。由于时空曲率和物质密度的变化，宇宙可能拥有三种不同的形状和三种不同的膨胀速度：减速、匀速、加速。但是，这只是人类局限在四维时空里的认知，如果引入更多的维度，也许可以看得更准确；如果达到足够多的维度，说不定就可以直接看到宇宙全貌了，至少看星空就像看全息图了。但是，以人类目前的这个水平，即使有人提出高维空间的模型和假说，也无法验证。

"那我们就可以放弃思考这个问题了吗？反正永远不可能站到宇宙外面看宇宙。"

"话虽如此，如果你知道这个形状问题将会决定宇宙的终极命运呢？"

安得"啊"了一声。声音有点大，对他自己也是个意外。镇静了下，才说："这么严重的问题，我上哪儿知道去啊？"

安达过来建议他们父子俩离开露营地，到附近林地里去聊，免得影响其他游客。帐篷完全没有隔音效果，连妹妹都觉得他们有点吵。但是，森林里黑乎乎的，有点吓人，插在地上的几个太阳能小灯，幽暗的光在薄雾里更增添了恐怖片一样的氛围。安顿安慰儿子说，电影就该这么选景这么拍，聊宇宙的生与死，这里很应景。他愿意当个保镖，在阴森森的背景里，保护儿子免受外星人的突然袭击。

宇宙的终极命运

马克通过镜头也看到了他们周围的环境，体谅到安静却又恐怖的矛盾处境，就加快把文字送进他们的眼镜屏幕：

1.大坍缩（Big Crunch）：闭合宇宙的终极命运。和大爆炸相反，宇宙将缩回去，变成一个新的奇点，时空都将毁灭。

2.大冻结（Big Chill 或 Big Freeze）：平坦宇宙的终极命运稍微好点，时空永远存在。混乱无序达到极限，有效能量耗尽，宇宙温度最终将趋于绝对零度，任何生命和运动都不复存在。在那里，时空将静止不动。

3.大撕裂（Big Rip）：开放宇宙的终极命运。宇宙膨胀到所有物质都被撕裂破碎，但时空仍然继续存在。

宇宙的终极命运

终极命运：	大坍缩	大冻结	大撕裂
几何结构：	球面	平面	马鞍面
宇宙形状：	闭合空间	平坦空间	开放空间

到底哪种才是真的结局？最好的回答也许是阿西莫夫（Isaac Asimov，1920—1992）《最后的问题》（*The Last Question*）中的那句："资料不足，无可奉告。"（"Insufficient data for meaningful answer."）

时空问题谈到这里，变得越来越玄乎了。马克不得不做个说明："这三个未来，你们可信可不信，还有人提出第四种未来：大反弹，也就是我之前戏称为轮回宇宙的那种模型。我们也糊涂了,不知道时空和宇宙的形状问题到底是几何学、动力学还是历史学,或者只是玄学。幸运的是,迄今为止的观测结果显示,宇宙中的物质密度非常接近平坦宇宙所需的临界密度。平坦宇宙的命运比较好预测,那就是宇宙大冻结,连时空都将被冻结,一切生命,不复存在。"

"这哪谈得上幸运?三种未来,没一个我满意的,就没有别的可能了吗?"

智能眼镜开始推送一些图片,并在一个关键词上加上闪烁效果:暗能量。

"是的,暗能量。这些模型都没有考虑到这个终极大杀手。如果暗能量的密度不断增加,宇宙不断膨胀,所有物质都会被撕碎。管你是什么模型,宇宙中的一切最终将同归于尽,瓦解为基本粒子和辐射。"

"这更恐怖了。我们到底有没有希望逃离这几种命运?有没有别的选项?"

"那就只能寄希望于未知了,正因为未知,所以还可以期待别的可能性。关于时空的科学一直都是被各种假说带着跑的,今天一些开创性的研究常以某某理论命名,实际上还是假说,甚至止于猜测,有待验证。有些假说只是为当时无法解释的现象或方程式的漏洞提供一个临时的补丁,目的是为了继续应用某个模型或方程式。暗能量本身也是这么推出来的,到现在,承认暗能量的存在已经变成广泛的共识了。但是,暗能量也真够'暗'的,至今还没有能描述它的理论。暗物质在宇宙中的总量约是物质总量的5倍,暗能量则是14倍。就算我们把宇宙中的物质都研究明白了,也只不过明白了整个宇宙的5%,剩下的95%还是未知的世界。只要人类还没研究明白暗能量和暗物质,谈论宇宙的终极命运就不免瞎猜。"

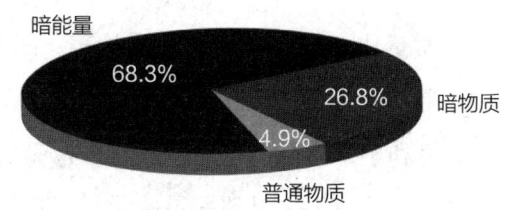

普通物质、暗物质和暗能量在宇宙总质能中的占比

暗物质和暗能量的"暗"不是指颜色,而是指未知。总称为"暗",包含了无数未知的物质和能量,而不是指有一种物质叫暗物质,有一种能量叫暗能量。

"那我们先搁置这个终极大问题,退到小一点的范围里,说说星星的命运吧。"

"好,你现在抬头看看星空。今晚你能看到的所有星星,要不已经死了,要不将要死。它们逃不出这四种命运,也可以说是有四种死法,会留下四种尸骸。"语音停止之时,屏幕上文字接连出现:

小型恒星:比较温和,核心能量消耗得比较慢,耗尽之后变成黑矮星。但至今宇宙中还不存在黑矮星,因为小恒星都是长寿星。

中型恒星:因能量枯竭,会逐渐冷却成白矮星。白矮星是一种结晶体,像一个巨大的钻石。

大型恒星:在核心内部的核聚变熄灭后,外壳坍缩,导致热核失控,爆炸后留下一颗中子星。

超大型恒星：和大型恒星一样会发生外壳坍缩，热核失控，爆炸后留下的核心因质量巨大，将坍缩成一个黑洞。

恒星的寿命与质量成反比，个子越小越长寿。因为质量越大，星体核心的压力也越大，温度也越高，烧得越快，核反应越剧烈，就死得越快。白矮星和中子星虽然已是尸骸，但像吸血鬼，会吸进附近天体，不断变大，然后再次以超新星的形式爆炸，变成更高一级的尸骸。这里说的全是恒星，至于行星，就交给恒星去收拾好了。一旦恒星临近毁灭，皮之不存，毛将焉附，所有曾经绕着它转动的行星都将先行毁灭。

靠这些知识，当你仰望星空的时候，既可以猜测星球的未来，也可以猜测它们的过去。恒星之死就在眼前上演，如果没有这些知识，你就很难意识到星光后面的生死劫。满天星光实际上都是过去的光，甚至是遗迹。在抵达人眼之前的那段漫长的时间里，作为光源的星体中，有一部分已经毁灭了。这就像写信的人在寄出信后就去世了，但收信人在多日之后才接到那封信，光看信里内容，以为写信人还活着。

"你的这个比喻不够好。也许星光更像人死后的灵魂？或者照片？或者记忆？"安得不愿意在阴森森的林地里想象恒星的尸骸。满天星光就在头顶，那里面有多少生与死的大剧不为人知。可那又怎样？毕竟离人类很遥远。

都说少年阳气旺盛，不妨接受一点悲苦阴气平衡一下。马克不相信这类说法，但也不敢进一步说出，既然了解了恒星之死和宇宙之死，那很自然地就可以推想出这样一个可怕的结论：全人类，以及能够证明人类曾经存在过的所有痕迹也许最终都将消失。

"也许宇宙也会记住死去的人。有科学家把信息守恒当作负一定律（minus-first law），也即奠定一切的最根本的定律，地位超过任何第一定律。这又有点接近玄学了，如果这个可信，那么信息永远不会丢失。人的存在痕迹和星光都将永恒，改变的只是保存信息的载体。"

安顿听到这里，又进来想把他们拉回现实了。他凑近镜头，说："这个负一定律会不会只是科学傲慢的表现呢？不管你信不信，我对这类科学规律都抱有难以消除的怀疑。它们往往跳出严格的限定性条件，把局部的假设扩大到整体。简单地说，就是我怀疑这是科学家在吹牛。"

"有可能。霍金就说过，黑洞会破坏信息，信息不可能守恒。可是，提出负一定律的是弦论的创始人之一、斯坦福大学的物理学家伦纳德·萨斯坎德（Leonard Susskind, 1940— ）和1999年诺贝尔物理学奖获得者赫拉德·特霍夫特（Gerard't Hooft, 1946— ），看起来都不像瞎吹牛的人。先不论这个定律的真假，它的愿望总归是好的吧？让宇宙记住我们存在过，这个定律可以有啊，我不反对。"

安得听到大人们又开始争论了，他不愿卷入，自顾自地说："我以为我们仰望星空时，仰望的是时间，现在可能得再加一个了，仰望的是信息。"

人之死和宇宙之死都不是可以轻易碰触的话题。马克提议大家不如抛开这些，别想了，单纯地，天真地，像个婴儿一样，好好享受今夜的星空。

父子俩摘下智能眼镜，踩着一地如水的星光走回露营地。森林里雾气大，刚才就那么一会儿工夫，两人一抹头发，指掌明显感觉到湿意。有的草叶上已经结出星星点点的露珠，幽幽地反射着星光，似乎也反射着不知源自何处的虫鸣。随着夜深,脚下的虫鸣已经变得稀稀疏疏,头上的星光却逐渐密集。那是因为夜空更黑,让一些本来不明显的星星也崭露头角了。薄衣沾露,凉意渐起,安顿搂住儿子的肩膀,悄声走入露营地。

时光和灵光

露营的最后一夜,全家人直接躺到草地上,看着星空。星光如微凉的细雨,让每一个毛孔都畅快地舒展开来,接受它的滋润。他们躺着,想象自己就是植物。想到这些星光都是来自远古的星球,在第一个人类出现之前就已经出发了,甚至在地球诞生之前就已经出发了,直到此时此刻,终于进入自己的眼睛,他们在司空见惯的现象背后感到不可思议的同时,也感受到一种平静的幸福。

"还记得你以前问过黑夜为什么是黑的吗?"

"哦,对啊,马克还没回答呢,他对这个问题躲了半年了,我都快忘了。"

"不用找他了,这半年里,我弄明白了。"

"那太好了,你是刚从宇宙另一边进修回来的吗?"

"呵呵,太专业的专著,咱们看不懂,但是平常有空翻翻爱伦·坡的书,慢慢就有体会了。"

那天晚上不是说到爱伦·坡了吗?就是马克说的,第一次对奥尔伯斯佯谬给出正确解释的那个诗人和侦探小说家。后来,真找到了他的那本《我发现了》。这家伙还真的像是来自黑暗,为黑暗而生,专门来地球为了思考黑暗问题而度过一生的。他才活了40年,短暂的一生里，幼年丧母，中年丧妻，贫困，痛苦，萎靡，酗酒，还赌博，生活一团黑暗。他的作品也常常弥漫着黑暗和恐怖的色彩，但又处处显示出缜密的逻辑和理性的推理。今天，全世界最权威的侦探推理小说奖就是以他的名字命名的：埃德加·爱伦·坡奖。这个几乎全能型的天才，在英年早逝的前一年，在那本融合着哲理、科学和散文诗的小册子里表达了自己的宇宙观。黑暗，笼罩着他的一生，一直到那本书里，才有了一个了结。

书中对黑夜为什么黑的间接解释大致是这样的：如果宇宙中的星体无穷无尽，那么夜空将是一片明亮，因为它们的光有足够的时间——实际上应该是无限长的时间，到达地球。可现实却是黑夜黑暗，那就说明来自遥远恒星的光，还没抵达地球，大部分的区域还没被照亮，夜空中只能看到一小部分已经抵达的星光，"此刻正在我们身边悄声述说着100万个世纪以前的秘密"。爱伦·坡用诗意的语言解答了奥尔伯斯佯谬，浅显易懂，却又富含想象力和推理逻辑。这个答案里，暗含着一个假设，那就是：星体和宇宙都是动态的，而且年龄有限，时空有限，换言之，不是永恒的。他当然不是科学家，但那本书却是以高于当时科学家的视野，神游太空，包罗宇宙，在解释夜空这件事上，和后来的宇宙大爆炸模型达到了异曲同工的水平，赢得了后世科学家的尊敬。

"我们现在就在一个极好的条件下，可以看到比平常更清晰，而且看起来更近的夜空。盯着上方看，想象我们的视线可以越过那些星星，是不是也能看到爱伦·坡所描述的那种有立体感和历史感的星空？"安顿仰躺着，整支手臂举起来，指着星空说。

"危楼高百尺，手可摘星辰。不敢高声语，恐惊天上人。"安得先想到的是前不久刚背下的一首唐诗，"李白《夜宿山寺》，今夜我们夜宿山上，正好用上了。以前看星空不怎么认真，总觉得星星是稀稀疏疏地、不均匀地镶嵌在天幕上的，天幕像是球壳，是星光的起点。现在再看那里，不一样了，天幕被爱伦·坡扯掉了，原来大部分的星光是来自那后面的浩瀚时空，而且来自不同的起始时间，确实能看出一点立体感和历史感。"

"那我们就到了解开那个奥尔伯斯佯谬的时候了。"安顿庄严宣告。

佯谬可不是悖论或者逻辑矛盾，而是基于一个理论的命题或假设，推出一个和事实不符合的结果。所以，多想想各种各样的佯谬，能激活思维，即使找不到答案，也能有其他方面的收获。奥尔伯斯的出发点是当时多数人的宇宙观：宇宙是稳定的、永恒的、无限的，空间是平直的，时间是直线的，宇宙各处密度大致相同，发光体数不胜数。当时的科学家已经提出公式：亮度与距离的平方成反比，而一定距离内的发光体的数目和距离的平方成正比。既然宇宙无限，也就是说距离无穷大，那就很容易推导出一个结果：无限多的星体，无限亮的星光，在无限长的时间里，早该全部到达地球了。从地球上，无论仰望星空的哪个方向，都应该同样明亮。如果考虑到无数光芒层层叠加的效果，夜空甚至应该是全无死角，极度明亮，亮到人眼无法直视。可事实显然不符合那个结果，这就反证了宇宙空间有限，它的存在时间也有限。

爱伦·坡对宇宙的侦探已经非常接近七八十年后的宇宙大爆炸理论了，可散文诗毕竟是散文诗，而且把科学与神学混杂在一起。真正破解这个佯谬的科学武器还是狭义相对论和宇宙大爆炸理论。从奥尔伯斯提出这个佯谬的1823年到狭义相对论诞生的1905年，再经过之后几十年里宇宙大爆炸理论的逐渐完善，一个看似莫名其妙、明知故问的傻问题，花了一百年左右的时间才被破解。那些还没抵达的星光就是宇宙有限的证据：既然"还没"，那就意味着时间有限。除了极少量的新星，一个永恒而且无限的宇宙是不会有还没抵达的星光的。宇宙年龄有限，限制了所有的星光能用的时间都远小于宇宙年龄，黑夜无法被完全照亮。这还导致观测范围受限，逆光倒推也只能按照时间一步一步往回倒退到宇宙大爆炸的早期时空，"过去"也是有限的。所以，无论昼夜，天空的光都是名副其实的"时光"，而且是过去时的光。

除了宇宙有限、时光有限之外，宇宙膨胀和红移也在"黑上加黑"。宇宙在加速膨胀，越远处膨胀得越快，在距离地球140亿光年处，膨胀速度可能就约等于光速了。那么，在那之外的星光，只会越来越远，永远不可能到达地球了。这个距离锁定了人类的观测范围，也划下了夜空星光的溯源上限。红移加剧，还会使遥远的星光逐渐变成微波，而不再是可见光，退出了肉眼和光学望远镜的视野。更可怕的是，随着宇宙加速膨胀，越来越多的光势必逐渐退出人类的视野，以后的黑夜恐怕会更黑。珍惜星空吧，我们每一夜看到的星星都可能已经比前一夜少了那么一点点，几十亿年后的人们会羡慕今天的我们还能看到满天繁星。因为那时的夜空，肉眼可见的星星可能就寥寥无几了，今天用来形容稀少的成语"寥若晨星"在几十亿年后可能不得不省去"晨"字。

过去的"时光"还受到大气层和太空尘埃等物质的影响。从大尺度的时间效果来看，太空尘埃和星球最初确实遮挡了光线，但久而久之，反而会增强光线的亮度，让黑夜更黑的进程延缓一点。安得以前在和马克聊奥尔伯斯佯谬时已经理解了反射和加热会使星际物质发光的原因，但那是在时空无限的前提下做出的推论。现在，既然这个前提已经不存在了，这个现象又该如何理解呢？对儿子的刨根问底，安顿一时想不出可以向哪本著作求救。他盯着附近的树叶，终于想出一个形象的解释：下雨的时候，起先叶子会截留一小部分雨水，保护地面不受雨淋。可是，大雨滂沱或久雨不晴，叶子就不起作用了。雨水很快就会从叶子上滴落下来，最终，地面和叶子都会变湿。太空中那些物质，就像雨中的树叶一样，遮挡不住终将铺天盖地倾洒而来的星光。

"这个推论过程，很像侦探推理啊，怪不得破了这个时空大案的是个侦探小说家。"看来，安得很享受这个推理过程。

"对啊，分析性思维最明显的用处不就是侦探破案吗？奇特的是，这个侦探竟然用散文诗写破案报告，书名也是一绝，叫 Eureka，也许翻译成《灵光闪现》比《我发现了》更妙？"

安得脑子里的英语词汇表里完全没有这个单词。这也难怪，Eureka 是一个希腊语的感叹词，用来表示找到一个期待已久的东西时发出的兴奋的喊叫声。据说，当阿基米德在浴盆里想出浮力原理——可以通过浴盆水位的变化计算出他身体的体积，而浮力就等于溢出的水的重量，兴奋地跳出浴盆，光着身子跑上大街，大喊：Eureka！Eureka！爱伦·坡对黑暗和宇宙不得其解，苦思冥想之后，终于找到答案了，灵光乍现、脑洞大开的那个瞬间的欣喜之情，尽在这个希腊语单词里：Eureka。

安顿结合夜空的原理讲这个故事，是希望儿子不要对看似惯常的事物和现象失去感觉，甚至失去探索的兴趣。夜空不亮，浴盆溢水，日常生活中类似的现象不胜枚举，可多少人都熟视无睹，不曾挖掘那背后的奥秘。一大段故事和说教洋洋洒洒，也不知儿子听进去了多少。安顿接着说："我不懂希腊语，但能感受到那种灵感降临、豁然开朗的瞬间多爽啊，人生就是值得多喊叫几次Eureka。你也要找到自己的Eureka。"

如果Eureka仅指创造性灵感或最终答案的突然降临，那安得当然还没达到。如果指的是大脑某一特定区域对某一问题突然加速的高频活动，那他早已启动。他曾被时空问题刺激得灵光四射，有几次甚至有大脑爆裂的感觉。在逐渐建立分析性思维、批判性思维，以及在各种知识之间建立关联的过程中，他似乎看到了前人留下的一些漏洞、混沌中隐含的一种说不清的线索，以及解决自己疑惑的一点微光。

这几夜的星空，因山上的空气杂质少，光害少，分辨率暴增，让他们看到了平常看不到的很多细节和微妙之处。特别是银河，平常即使在天气清爽时，也只能看到一条带状的稀薄的云，模模糊糊的，没有多大的存在感。可在这山上看到的那云带，无数颗星星联手亮相，惊艳无比。其实，那只是银河系中央圆盘的侧面，数以千亿计的恒星从那里发出的光亮远超太阳，却因距离遥远，即使在这么有利于肉眼观察的地方，也只能看到一小部分暗弱的星芒，它们的亮度远远比不上太阳系的行星。那些行星不发光，但通过反射阳光，且近地球，得地利，反而成了夜空中最亮的几颗星——这有点像人类社会。哦，不，最亮的是名字自带"亮"字的月亮，连行星都不是，却被人类瞻仰、歌颂了几千年。

那天，天文台的纪录片里也说了，在最好的条件下，视力最好的肉眼也只能看到几千颗星星，而他们那种半淘汰状态的天文望远镜能看到几十万颗。可是，光是银河，只占一小片夜空的那条细长的带子里，就藏着1000亿至4000亿颗恒星。只有在这种远离光害的地方，肉眼才能看出银河系像个旋涡。整个银河侧看像一个大圆盘，直径约为10万至20万光年，大旋涡的中心是个超大质量的黑洞，离地球约2.4万至2.8万光年。整个太阳系不过是银河系里微不足道的一个小星系，作为系里的老大，太阳的直径是地球的109倍，占太阳系总质量的99.8%，够伟大了吧？可在银河系里它也只不过是一颗普通的恒星。

银河全景图

图片来源：NASA，ESO/S. Brunier

"既感受到宇宙之大，又感受到地球之小，有点悲喜交加啊。"安得感叹道。

"这就是你的Eureka了吗？是啊，这还没算上我们还看不到的暗物质和弯曲时空，光是眼前这满天星斗，就足以让人觉得全人类都不过是鱼缸里的小鱼，甚至更像银河系大肚子里的小小寄生虫。太多人不自量力，把自己视野的极限当作这个世界的极限。我感觉你还在寻找和拼凑更大的Eureka，那就更要多看看这星空，可以洗一洗自己的思维，拓宽自己的格局。你知道什么是一回事，你能看到什么是另一回事，打开视野和格局之后，人就会变强大，不怕小事小情磕磕碰碰，即使未来要到更大的世界里去拼去游，也能撑得起大格局，打得开大视野。"

这还真被说中了，安得这几天看到了平常模糊的星空后面的高清星空，觉得一下子视野变开阔了。高兴之余，他又不知道这是否值得。因为打开大视野的同时，他的大脑却变糊了。高清星空的后面的后面的后面是什么？可观测宇宙之外的之外的之外是什么？他还是禁不住会去想这些问题，结果越想越不明白。他了解到，自己不知道的事情比已经知道的事情要重要得多，就像看不到的世界比已经看到的世界要大得多。然而，关于可观测宇宙之外的世界，也许不是你怎么想和想什么的问题，一个根本的问题是：人类的思维在那里不会失灵吗？既然观测不到，那人类的科学原理还怎么适用？人类的各种概念、定理和理论在那里还有效吗？好在有一个倔强的理念推动着他继续思考：即使失效了，不适用了，失灵了，也不放弃思考。他已经点火了，已经开弓没有回头箭了，越来越多的火花和猎物已经在他的笔记本上留下了印记。

想到这里，他忽然构思出一个自己的思想实验：是的，箭，如果有一支神奇的箭，可以穿越时空，穿越任何物质，不受任何影响，像永动机一样一直往前，那么，从这里瞄准一颗银河系里的星星射出后，会到达那颗星星吗？

"好主意！"安顿对这个思想实验也很有兴趣，但父子俩很快就不约而同地得出答案了：不会。因为那颗星星发出的星光一路上受到各种曲率的弯曲时空的影响，又与其他星光交相辉映，累积的结果使得人眼看到的并不是它原来的位置。沿着弯曲的光线，射出直飞的箭，那不成了宇宙级的刻舟求剑了吗？理解爱丁顿日食观测里的光线偏折现象的人，都不难想通这个道理。不过，安顿还是夸他提出了一个日食观测的高级版，而且在大脑里就完成了，不用像爱丁顿那样长途跋涉费时费力——当然首先得感谢人家长途跋涉费时费力为我们先验证了这个原理。

这个思想实验还同时可以为同时性的相对性作证，因为银河系里任何一颗星星和地球都难以绝对地同时。实际上，今夜看到的这些遥远的银河星芒，每一颗并不是独立的，即使不考虑光线偏折，也很难明晰地瞄准某一颗。虽然那些星球本身相距遥远，星光的出发点各自独立，但经过一路颠沛，抵达地球时已经模糊了，串连在一起，变成淡淡的光晕。所以，在射箭瞄准之初，就已经找不准靶心了。更重要的是，看遥远的恒星，看到的是时间，是它们的过去，而它们的现在是永远看不到的。一个现实中的射箭场景不会遇到的问题出现了：无法瞄准"现在"。箭射出后，那颗星球说不定就移位了，甚至不存在了，徒有其光。以现在的箭射过去的的，以确定的箭射不确定的的，这才是宇宙级的无的放矢。

"赞一个吧，大格局版，大视野版，Eureka！"安得得意地笑了。他得意的并不是这个思想实验，而是一个酝酿在他脑里的假说。那个东西是他的秘密，已经思考一段时间了，还没成形。今天的这个思想实验，似乎又为它加了一大罐油，还提供了继续往下推导的启示。从几个月前的列车闪电升级到银河星球和飞箭，这已经是一种飞跃了。

银河的存在还有助于理解时间概念，尤其是时间单位的相对性。有个时间单位叫银河年，是太阳系绕着银河系中心公转一圈的时间，大约等于2.25亿至2.5亿个地球年。地球的寿命还剩下大约50亿至60亿地球年，如果用银河年来计时，太阳系绕着银河系中心再转二十几圈，地球就没了。地球上的第一个人属动物大约出现在200

万年前,换算成银河年,即使活到今天也不过是个出生才3天的婴儿。这种大视野里的时间让人警醒,我们每一个人都命在旦夕。

这几夜,兄妹俩利用星空地图还找到了最近的恒星——半人马座里的比邻星、最亮的恒星——大犬座里的天狼星,还有参宿七与参宿四等肉眼可见的巨星。当然,说最,说巨,都比不过太阳。夜里,太阳在地球的另一侧,让位给了这些巨星。月球、木星或金星,常年可见,不稀罕。最引人遐思的还是银河,细看那几千亿点星光,流串成一小团一小团淡淡的光晕,像星又像云,全被整个银河大旋涡裹挟着,撕扯成细条。安得从那些细条的走势,看出了动态的旋涡和那巨大的旋转势能。他的大脑里也有一团大旋涡在转,不定期地、无秩序地、不规则地,酝酿中的假说正在积累势能。

夜深了,他们不好意思继续说话影响别人。安达给这一夜海阔天空的漫聊做了个总结:"不过,有幸欣赏到眼前这成片的光晕,就当作美学享受也值得了。现在理解了为什么叫银河,叫 The Milky Way 了吧?如果这种享受还能滋养灵气,那就更好了。至于那些知识和思想实验,明天回家后,还可以继续。"

露营地四周的虫鸣也逐渐歇息,山中的雾气已经漫上他们的头发。所有的声与光都那么微弱、细腻,却又清晰、透明。时空温柔,护送整座山进入睡眠。

七月·书籍

节节败退的时间

We are just an advanced breed of monkeys on a minor planet of a very average star. But we can understand the Universe. That makes us something very special.

—Stephen Hawking

我们只是一颗非常普通的恒星的小行星上猴子的高级品种。但是我们能够了解宇宙。这让我们变得特别。

——斯蒂芬·霍金

如何与时间相处

进入暑假，作息时间乱套了。安得迷上了星座地图，连续几天都等到深夜，用手机应用和智能眼镜夜观天象。根据他从那个天文台学到的知识，只有夜深了，光污染足够少，夜幕足够黑，星星才能看得比较清晰。

安达对他最近的迟睡晚起有意见了，说了一通时间管理的道理。可到了他耳里，留下的是一堆空洞的词：安排时间、节约时间、组织时间、空出时间、利用时间、耽误时间、拖延时间、浪费时间、时间规律、时间不早啦等等。

"时间时间时间，为什么要有时间？没有时间多好啊！"

他一嘟囔完，安达愣了下，什么话嘛？没有时间，哪来的这世界？她继续劝导，说："这么说就有点暴躁了。你最多只能说，希望时间多一点，希望时间流逝得慢一点。"

"我可不可以干脆就不要时间？"

"那可做不到。你拒绝不了，也躲不开。时间陪着你成长，你最好把时间当作好朋友。"

他现在的好朋友是马克，而不是时间。他已经疲于时间，想找好朋友帮忙，看看能不能把时间修理一番。

"这个问题太抽象了，我都不知道从何聊起，用什么方式聊。真要开始聊时间，不管见不见面，大段大段逻辑完整的文字肯定是免不了的。你吃饱睡足,做好准备了,我们改天找个适合的地方见面。也许是机场候机厅?谈时间问题,那里也许是最能激发火花的地方。不过我得先征得你爸妈的同意。"实际上,马克自己对时间问题也还没整出个完整的清晰的答案,不够确信甚至不敢确信的部分还不少。所以,今天的通话是他们两人有史以来最短的。两人约好在见面之前,各自再深入学习一些,做好功课。马克说完后,发来一些提纲,附带简要的文章,让他先看看,增加一点知识储备。

人类对时间的感知最初来自日月星辰的运动。日出日落标注出昼夜,月圆月缺划分了月份,阳光射向地面的角度决定了季节。这些时间观念都是地球和日月运动合作的结果,日和月,两个星球的名字在很多语言里直接变成两个最重要的时间刻度。人类在进化的过程中也形成了与之和谐的生命节律,比如日出而作,日落而息,熬夜伤身,秋收冬藏。对于多数人而言,时间是如此的坚实牢靠,以至于从来不用担心时间失灵,也不必像对待物质一样钻研时间,加工时间。有人触摸过钟表,但没人触摸过时间;有人看过日落日出,听见钟表滴答,但没人能目睹或听见时间经过。人们只是间接地感知时间,生活于时间,却从未找到一种办法可以实实在在地直接面对时间,质问时间,抓住时间来解剖分析,或者像安得想要的那样,修理时间,改造时间。从更小尺度的刻度,时、刻、分、秒、毫秒等,到更大尺度的年、世纪、公元前后、光年等,以及时区、星期、历法、节气、夏令时、冬令时、节假日、格林威治时间等等,所有这些时间概念都只是时间的表象和刻度,而不是时间本身。所以,从一开始就要注意,我们要考察的是另一种东西。

对时间本身的思考不可避免地会纠缠上"永恒"的概念,而"永恒"只能依靠信仰或极为抽象的思维来确证，所以对时间问题的研究一直是神学和哲学的专长。但是，其中每一步研究的深入，都伴随着科学的进展，有时与科学相互推动，有时又互相辩驳。要厘清这些脉络，光罗列史实和论点会比较无聊，接下来选取四组科学家、哲学家和神学家做个交叉比较，来看看那些最有智慧的人是怎么理解时间的。

第一组：亚里士多德和奥古斯丁。

第二组：牛顿和莱布尼茨。

第三组：康德、柏格森和爱因斯坦。

第四组：爱因斯坦和哥德尔。

前三组半的内容层层演进，可以视为一种智力挑战，而最后半组将开启哥德尔时间之旅，挑战你的想象力。如果你不想看别人是怎么想的，如果没有耐心读完四组，如果觉得这些人的思想实在难以卒读，那些文字实在难啃，那也可以跳过前几组，直接进入下一章，看最后一个也是最匪夷所思的一个：哥德尔——那里才是我们长途跋涉的最后一站。

引力影响时间

黑洞外、黑洞边缘和黑洞内的引力强度不同，使表针指向不同的时间。
（图片来源：美国《天文学》杂志）

第一组：亚里士多德和奥古斯丁

亚里士多德和奥古斯丁（Augustine，354—430）对时间问题都有过深入的思考和结实的定义，但对时间本身却又不约而同地感到难以把握。他们在立论之前，都透露出一种茫然未决的语气。比如，奥古斯丁的这句糊涂话就比他的所有论点更有名："时间究竟是什么？没有人问我，我倒清楚；有人问我，我想说明，便茫然不解了。"

亚里士多德对时间的考察总是与运动纠缠在一起。他认为，人对时间的感觉是与对运动的感觉同时发生的，时间不可能脱离运动，两者必须绑定在一起考察。但运动有快慢，时间却没有快慢。快慢必须用时间来衡量，而时间不能用时间来衡量，所以时间又不等于运动。运动是由一处到另一处，在空间里有前后之分，而时间就在那前后之间过去了。所以，运动可以用来确定时间，也因此成为度量时间的基础；时间通过运动得以体现，并使运动成为可以计数的东西。从这里可以看到，在亚里士多德的认识里，时间是客观存在的，不依赖于人，即使人不存在了，只要还有运动，就有时间。可这并不意味着时间拥有客观的实体，时间只是一种客观的数，是对运动的均匀计数的方式与结果。亚里士多德既把时间称为运动的尺度，又认为时间需用运动来理解或计量，比如用星球的转动来定义日月年。所以，在他的时间观里，时间概念和运动概念互为定义，不可剥离。这种时间观对后来钟表的发明产生了间接的影响，并启发了牛顿的绝对时间观。

如果做一个反面的假设，他的论点也可以变成这样：如果没有运动，就没有前后之分，也就没有时间；运动停止之处，时间也会停止。虽然，亚里士多德的时间有绝对的一面，但因为与运动的必然联系，导致时间严重地依赖于空间。

从今天回头看，亚里士多德对时间的疑问比定义也许更有意义。他认为"时间就已流逝的部分而言已不存在；就尚未到来的部分而言也不存在"。因不复存在和尚未存在，过去和将来无法确认，所以，真实存在的只有"现在"。但"现在"并不是一个没有长度的质点，不管是指今年、今天还是眼前的一分钟，"现在"都有连续性，都有长度。一旦有了长度，就必然包含更小单位的过去和将来，结果导致在逻辑上，"现在"也是不存在的。

更重要的是，如果时间是由不同的"现在"构成的，那之前的那个"现在"消失到哪里去了？人的直觉也许会说，"现在"消失，进入"过去"了。可是，如果"现在"可以这么方便地源源不断地进入"过去"，那就说明"过去"并没有真正地过去。同样的道理也适用于"将来"，结果就会导致一个怪论：所有的时间都是"现在"，只有"现在"。然而，不同时间点上的"现在"必定是异质的，不存在同样的"现在"，昨天的那个"现在"和今天的这个"现在"不可能是同一个"现在"。这就构成了一个悖论："现在"既然是异质的，那就是不同一的；但是，"现在"一统天下，是唯一存在的时

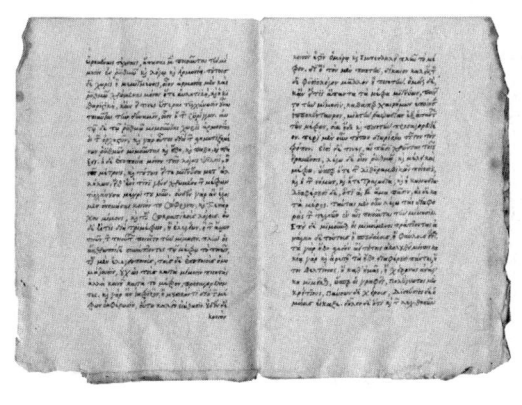

亚里士多德著作的手抄本

这是亚里士多德希腊文原著的手抄本，抄写于1500年左右的意大利中部。（图片来源：www.textmanuscripts.com）

间,那就不是不同一的。一种东西不可能既是不同一的,又不是不同一的。这个自相矛盾在亚里士多德那里并没有处理完毕。

奥古斯丁从事物的存在出发,去说明时间的存在。"我知道如果没有过去的事物,则没有过去的时间;没有即将来到的事物,也就没有将来的时间,并且如果什么也不存在,则也没有现在的时间。"但他的神学家立场压过了对事物存在的追问,最终还是把对时间的理解放在心灵的感知上。这就难免玄之又玄了,还是让他自己直接现身说法吧:"将来既未存在,预言将来的人从何处看到将来?不存在的东西,谁也看不到。讲述往事的人如果心中没有看到,所讲述的不会真实;如果过去不留一丝踪迹,便绝不能看到……我们讲述真实的往事,并非从记忆中取出已经过去的事实,而是根据事实的印象而构成言语,这些印象仿佛是事实在消逝途中通过感觉而遗留在我们心中的踪迹……人们所谓预见将来,不是指尚未存在的将来事物,可能是看到已经存在的原因或征兆。因此对看见的人而言,是现在而不是将来,看见后心中有了概念,才预言将来……有一点已经非常明显,即:将来和过去并不存在。说时间分过去、现在、将来三类是不确当的。或许说:时间分过去的现在、现在的现在和将来的现在三类,比较确当。这三类存在我们心中,别处找不到;过去事物的现在便是记忆,现在事物的现在便是直接感觉,将来事物的现在便是期望。"

这个说法有点像亚里士多德,即时间的存在形式只有一种,那就是:现在。但奥古斯丁是从心灵出发,否定了过去和将来的存在。人们所认识的过去和将来都不过是另一种形式的现在而已,是身处现在的人根据自己掌握的感觉、信息和知识重构出来的产物,可以称为"过去的现在"和"将来的现在"。他的结论是,时间三态只是"现在"的三种不同形式,即现在的记忆、现在的知觉和现在的期待,三者都只存在于人类的心灵之中、精神之中、想象之中、感知之中。

  如果不像亚里士多德那样从运动出发,而是从心灵出发去理解时间,那又该如何测量时间呢?奥古斯丁说:"我们通过感觉来度量时间,只能趁时间在目前经过时加以度量;过去的时间不复存在,将来的时间尚未存在,谁能度量它们呢?谁敢说不存在的东西也能度量?时间在通过之时,我们能觉察度量,过去后,既不存在,便不能觉察度量了……事物经过时,在你里面留下印象,事物过去而印象留着,我是度量现在的印象,而不是度量促起印象而已经过去的实质;我度量时间的时候,是在度量印象。"这几句话有点绕口,简而言之,只有"现在"才可以度量,而这种度量靠的是感觉,所度量的只不过是事物的印象而已。由于感觉和印象都属于心灵,所以心灵才是度量时间的基础。那么,结论水到渠成了:时间来自主体的意识,是思想或心灵的伸展,只能在心灵里度量。

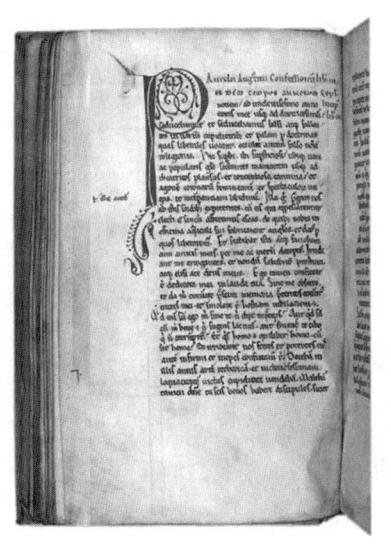

奥古斯丁的《忏悔录》

奥古斯丁《忏悔录》第四卷,1125年的手抄本。图中可见书页边缘留有许多读者的指印,左边空白处的文字是抄写员对正文的补遗。[图片来源:大英图书馆(British Library)]

虽然，亚里士多德和奥古斯丁在"时间"的问题上，隔着700年左右的时间，针尖对麦芒，但两人的论点似乎都符合日常生活经验，也都早已融入后世的时间观。我们今天既看表计时，看日月分昼夜，从时针分针秒针的运动和日月星辰的变化来理解时间，也从心灵感觉和印象来捕捉记忆和时间。这两人的时间观加固了在他们之前就已存在的两种共识：时间是连续的、不可分割的；时间是永恒的、没有终点的。这两点在他们身后的千年里，似已牢不可破。

从影响力来看，亚里士多德的时间观已占上风，成了后世学者绕不过去的基本范式和体系框架。亚里士多德和奥古斯丁都认为，过去已经过去，不存在过去的时间，存在的只是回忆或印象；将来尚未到来，不存在将来的时间，存在的只是预测或期望。而"现在"这个概念最令人困惑。在直观上，如果时间是一维的线，"现在"似乎应该是零维的点，可这零维的又是有长度的，有长度却又无法测量。常人一说时间，就会先想到过去和将来，这两人却一致认为"现在"才是时间的最大问题，甚至是唯一问题。但是，包含这两人在内，古代哲学家、科学家和神学家都没能提出有说服力的方法来把握这个"现在"，验证时间的真实性。

第二组：牛顿和莱布尼茨

到了第二组的牛顿和莱布尼茨（Gottfried Wilhelm Leibniz, 1646—1716）那里，亚里士多德和奥古斯丁的那种茫然未决的语气消失了。"绝对的、真实的和数学的时间自身流逝，它的本质均匀，不与外界事物发生任何联系。"牛顿对时间的定义斩钉截铁。在牛顿的世界里，时间不是亚里士多德所认为的那样,由天体的周期性运动或自然界的其他变化所规定或创造的,而是独立于任何事物和运动;也不是像奥古斯丁所认为的那样,依赖于人类的心灵、感觉或经验,时间是客观真实的存在;前两人只强调"现在",牛顿却不分时间三态,认为时间始终保持均匀的性质和直线的形状。这样一种绝对时间与绝对空间一起构成了一种舞台或容器,让所有的物质、事件、运动或变化都发生在里面。一切位置都在空间之内,一切次序都在时间之内。在牛顿的思想里,时间和空间看似平等,但如果仔细比较,可以发现,时间可能比空间更绝对。因为他曾设想过空的空间,却从未设想过空的时间和没有时间的世界。而且,当他描述绝对空间永远静止不动时,已经引入了"永远"这个时间概念。

这只是牛顿在《自然哲学的数学原理》一书中做出区分的两种时间之第一种。第二种则是"持续的、相对的、表面的和普遍的"时间,这是人类通过天体运动和钟表计时对第一种时间的主观认识。我们可以用个最通俗易懂的例子来理解:作为天体的日月(Sun and Moon)是客观实在的,支持第一种时间。作为时间单位的日月(Day and Month)是主观认识,是第二种时间。后者是对前者的度量,会有误差,会被改进,但任何误差都是相对于作为绝对标准的第一种时间的误差,任何改进都是为了更接近第一种时间的改进。牛顿认为,绝对时间只存在于观念和数学里,通过时间的表象和刻度感知到的时间还不是真实的时间本身。绝对时间和空间具有一种独立于任何事物、任何运动的绝对性,无论事物的变化和运动如何不规则,如何变速,计时设备如何不精确,绝对时间依然故我,绝对真实,客观存在,第一种时间永远不会被第二种时间所改变。

关于时间,牛顿只做简要的定义和阐述,并没有加以论证和解释，但寥寥数语就为他的一系列自然哲学理论奠定了基础，使经典力学拥有一个统一的定量标准可以解释物质的运动和变化。这本《自然哲学的数学原理》完全可以当作哲学书来阅读，因为牛顿搭建的是一种哲学书的框架：从基本的定义开始，再给出规则、原理和定律，经过一系列的推理和演算，得到普适的结论，最后验证结论。牛顿构建了一个空前宏伟的体系，而这个时间论就是全书的基本定义之一，支撑着那个体系，也支撑着今天大部分人对时间的认识。

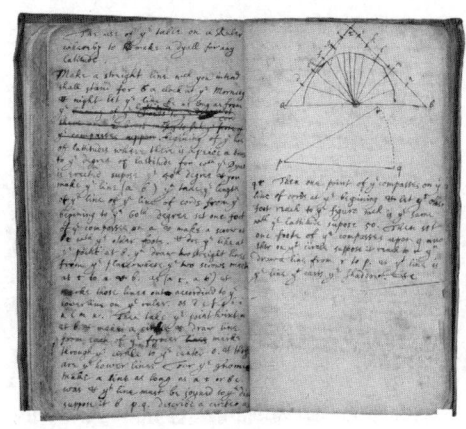

少年牛顿的笔记本

牛顿在中学和大学阶段留下了4本笔记本，这是其中一本，图中是牛顿十几岁时写下的制作日晷的注意事项。[图片来源：摩根图书馆与博物馆（The Morgan Library & Museum）]

与牛顿继承了亚里士多德的时间观不同，莱布尼茨的时间观则可以远溯到奥古斯丁，也吸收了笛卡尔的影响。莱布尼茨也把时间视为人类精神世界里的构造物，时间本身并不存在，存在的只有事件之间的先后关系或同时关系。他认为，时间只是从运动轨迹中想象出来的纯粹理性的观念，过去、现在和将来的分割和界定取决于观察者的位置，而观察者本身也在变化和流逝之中。他不赞同牛顿以天体的运动规律来确定时间的做法，因为他不相信天体的运行是规则的、恒定的。但是，在这个反对意见的背后却也可以看出，两人一致认为绝对均匀的理想运动才是时间的最佳参考系。不同的是，牛顿认为可以通过校正和调节来接近绝对时间，而莱布尼茨则直接否定绝对空间和绝对时间的存在，只愿意把时间理解为前后事件之间的关系。他反对把时间和空间物质化，认为两者都不是实在之物，而是"纯粹的相对物"。他的道理是这样的：时间是一种权宜之计，是为了理解两个以上的事件之间的关系和顺序所需要的一种秩序。在不断认识事物变化及其因果关系后，人类在自己的大脑里把事件彼此相关相联起来，或者用先后发生的差异区分开来。时间的作用就是把事件的发生过程引入"结果秩序"，让顺序、关系和因果变得有秩序，可理解。空间是同时存在之物的秩序，而时间则是相继发生之事的秩序。他认为不存在物质的地方就不存在空间，没有变化或运动的地方就没有时间，所以，空间和时间是有所依赖的，而不是绝对的。既然人类无法确知并掌控绝对均匀的运动和绝对规律的发生顺序，那么，绝对时间和绝对空间，就都变成无法观察、无法研究的东西了。总而言之，时间和空间都不是真实的存在物，而只是一种关系设定的结果：空间是同时存在的事物的相对位置的总和，而时间无非就是不同时存在的事物的变化和运动的总和。

牛顿和莱布尼茨在微积分的发明权上缠斗不休，在时间问题上也算得上一时瑜亮。今天，牛顿的时间观已成为主流，可以不必多说。莱布尼茨的时间观却也并未完全退场，它不时冒出，成为后世科学家和哲学家的灵感来源。影响过爱因斯坦的恩斯特·马赫就曾持有类似的结论："我们完全无法根据时间测量事物的变化。时间其实是我们通过事物的变化形成的一种抽象观念。"到了柏格森（Henri Bergson，1859—1941）、胡塞尔（Edmund Gustav Albrecht Husserl，

1859—1938)、哥德尔、海德格尔（Martin Heidegger，1889—1976）那里，莱布尼茨还获得了更大的支持。虽未成为主流，但莱布尼茨的时间观因认真看待世界的复杂性和多样化的联系，有助于人们反思自己的时间经验，并检视人类意识中的空间秩序和时间秩序是如何构建起来的。

莱布尼茨的手稿和计算器

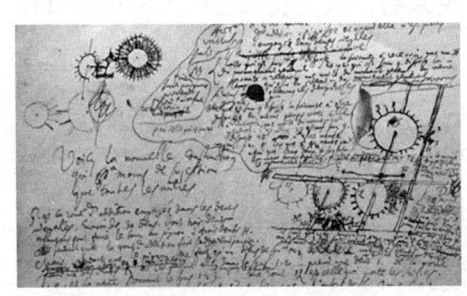

莱布尼茨的计算器在帕斯卡尔计算器的基础上进行改进，于1700年制成，可运行加减乘除四则运算。计算器长67厘米（26英寸）。当时只生产了两台，图为当代复制品。[图片来源：德国莱布尼茨档案馆（Gottfried Wilhelm Leibniz Bibliothek）]

第三组：康德、柏格森和爱因斯坦

牛顿的不朽经典《自然哲学的数学原理》可能是对康德影响最大的一本书。康德是牛顿的坚定支持者，以他的哲学成就，也许可以称为哲学界的牛顿。先来看看作为科学家的康德吧。《自然通史与天体理论，或根据牛顿原理试论整个宇宙的结构及其机械起源》《任何一种能够作为科学出现的未来形而上学导论》，从这些书名，也许多少可以窥见一点他的科学素养和研究能力。这些都得益于牛顿的那部巨著,他几乎全盘接受了牛顿的科学,除了那个无法解释的"第一推动力"。

康德认为,最初的宇宙充满了物质微粒,在万有引力的作用下,大粒吸引小粒,逐渐聚成星云,再聚成星球,成为更大引力的中心。除了引力,还有一种朝相反方向作用的斥力,两力合作,使行星围绕恒星做圆周运动,既不脱离引力中心,又始终保持距离。在圆周运动的过程中,星系逐渐集中到和转动轴垂直的平面上,形成圆盘状的结构。他用这个假说解释了太阳系的形成、土星的光环和彗星的轨道形状。这在当时是一个了不起的创见,打破了宇宙静止不动的观点,而且把神赶出了宇宙。因为,他认为宇宙是自我发展、无限演化的,不需要第一推动力或神的力量,仅凭自然的法则本身,世界就可以得到完整的解释。

在康德提出这个假说41年后,法国数学家和物理学家拉普拉斯(Pierre-Simon Laplace,1749—1827)在他的《宇宙体系论》中独立提出了类似的假说。后来,两人的成就被合称为康德-拉普拉斯星云假说。康德的星云假说在哲学史和科学史上的意义一直被低估。这并不仅仅因为从那以后,几乎再也没有哪个哲学家能提出这么重要的科学假说,而且还因为它赋予自然界的意义并没有被重视。比如,星云假说使自然界也拥有了历史感,并加固了万物都在演变的观念。接受了这种观念之后,就很容易接受后来出现的进化论。有趣的是,进化论的奠基者达尔文(Charles Robert Darwin,1809—1882)的生日和康德的忌日是同一天,康德死后5年整的那一天,达尔文出生。

星云假说是在牛顿力学的基础上,利用牛顿力学否定第一推动力假说,是典型的吃饭砸锅。牛顿定义的绝对时间和绝对空间,也遭到了同样的命运。康德认为，科学研究的是"经验的"世界，而牛顿的绝对时间和绝对空间不符合经验，没有任何实在的东西如何存在？那就只能是一种"先验的"东西了，也就是说，时间和空间是先天存在于人的认识范畴里的。对时间的感知来自变化，但是，被人类认定为变化的那些状态，在另一种生物看来，可能不是变化，而对于那些没有时间观念的生物，根本就没有变化的概念。所以，时间是人的特殊感知方式所产生的幻觉或假象，不具有客观性。时间既不依赖于物质，也不是从经验中引出的，而是像他说的："我在直观的感觉中产生时间本身。"

所以，时间既是先天的，无限的，又是内感的，直观的，感性的。这个先天，既是时间上的先，也是逻辑上的先——时间是一切经验和知识的首要前提。如果时间是由外界刺激人的内心而产生的感觉性、经验性的观念，那就变成我们以前讨论康德时说过的那个红苹果了。只有把时间与空间置于比其他一切知识和观念都更早更优先的地位，才可以解释时间的无限性。康德认为，时间先天就存在于人，是一切现象的先天条件。各种现象因为有了时间才可能向人呈现，现象可能全灭，但时间不灭。时间只有一个向量，永远向前进。种种时间不是同时的，而是连续的；种种空间则是同时的，而不是连续的。

我们不妨用图书馆来模拟一下康德的思路，在掌握了那个红苹果的例子后，再深入一点走进康德哲学看看。时间像书架，有一批名叫"先验"的作者写好一堆书，有几个名叫"感性直观能力"的图书馆管理员，负责整理上架，每次看到外界的信息就调整一下排列，选出最匹配的书放到显眼的位置上。然后，轮到名为"经验"和"知性"的读者上场了。他们进入图书馆，看到无所不在的大书架和分门别类摆好了的书籍，接过管理员递来的书。经过刻苦学习，他们升级成 VIP 了，那个级别叫"理性"。

所以，在康德看来，时间既不是像牛顿所说的"实在的存在物"，也不是莱布尼茨所说的仅仅是一种关系和一种秩序，而是"归属于人心的主观形状"，既有独立于经验的先验性，又有普遍适用于经验的客观性。看表计时确实是对时间的间接感知，但感知的并不是外在于人的绝对时间，而是内在于人的时间。那是本来就预装在人自身的认识范畴里的一种"大书架"。就像书架和书可以分离，独立存在，互不影响一样，在康德看来，时空与物质也是分离的，互不相干，时空只是物质的容器和舞台。这是后来爱因斯坦对他的时间哲学的最大不满。在爱因斯坦那里，我们将会看到，时空和物质内容是不可分割的，物质会影响时空，如同演员会影响舞台，内容会改变容器。

在康德的时代，力学是自然科学的核心，而力的概念是以空间概念为基础的。他对时间的考察是从对空间的考察里剥离出来的，所以，空间框架一直制约着他的时间观。一方面，时间的无限性隐含着可以摆脱空间的逻辑可能性；另一方面，时间总是被类比于空间，连时间的长短都是由空间赋予的。虽然，康德曾试图摆脱空间的限制来思考时间，但所提出的"时间图型"依然立足于空间的架构。

康德把时间的持久性、相继性和同时性归结为时间的先验规定，并分别与实体性、因果性和协同性一一对应。由此构成的"时间图型"，作为一种中介或过渡，连接着经验和先验。比如，时间的相继性就是因果性的图型，因果关系必须放入时间先后发生的次序里来确认。"时间图型"拥有力学的特性，因此可以把当时最先进的力学原理导入因果关系，为人提供一种"经验的类比"。通过这种类比，而不是直观或预测，人可以理解时间的相继性，理解因果规律。

康德哲学的终极问题是：人是什么？这个总问题又被分解为三个问题：我能知道什么？我应该做什么？我可以希望什么？在这个以人为中心的哲学里，时间概念自然也不能脱离或超越这个中心。时间和整个世界一样，是作为对象来符合我们的观念的，而不是让观念去符合对象。如果时间和空间在人之外客观存在，那就必然有损人的主体性。康德的做法是，把空间视为主体外感的纯粹形式，把时间视为主体内感的纯粹形式，把两者都收进人之内。在人的认识范畴之外，并不存在绝对的时间和空间。在物理时间里，人是没有自由的。在康德的哲学里，既然人是主体，拥有最高的价值，那么，时间就只能从属于人，而不能让人从属于物理时间。所以叔本华说，在康德之前，人存在于时空中，在康德之后，时空存在于人中。

康德的时间观为人类改变世界提供了前所未有的能动性和历史感。牛顿的绝对时空观在康德之后，就逐渐失去了绝对地位。可以说，它是被康德和爱因斯坦一起，分别从哲学和科学两个角度推翻的。

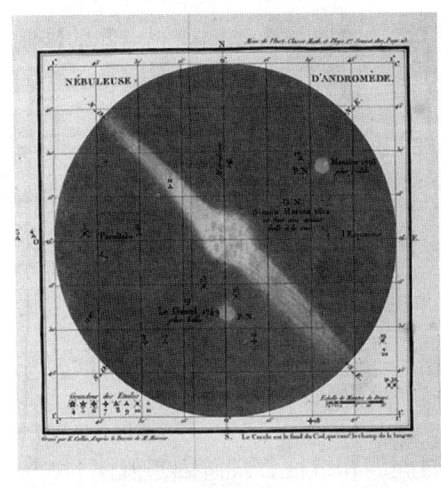

康德《自然通史与天体理论，或根据牛顿原理试论整个宇宙的结构及其机械起源》书中一页

在这本书中，康德提出了星云假说。原著出版于1755年，出版时出版商破产，书本被法院没收，现存稀少，其中一本收藏在琳达·霍尔图书馆。[图片来源：琳达·霍尔图书馆（www.lindahall.org）]

亨利·柏格森更进一步，赋予时间比空间更为根本的意义，并把时间还原到人的生活领域。他认为，刻度计时的时间只是被实体化和空间化了的时间，是被宰割了的、停顿的时间，而真正的时间则是生命之流的纯粹的绵延，而不是外在于人的某种物性的存在。时间不仅是认识的形式和框架，更是认识主体本身所具有的能动性的源泉。从根本上讲，是作为主体的人赋予世界以时间，而不是人从世界获得时间。面对时间，人理应拥有更大的自由意志。柏格森以浓烈的笔墨和激情呼吁人们专注于时间之流中的主观的直觉体验和内在的生命冲动。

柏格森比爱因斯坦年长20岁，两人曾生活在同一个时代。在时间和空间上的接近，使两人终于在1922年的巴黎有机会见面，正面杠上了。

历史上还没有哪次科学家和哲学家的会面比这次更像巨星相撞。会面7个月后，爱因斯坦在香港或上海得知自己获得1921年的诺贝尔物理学奖——上一年这个奖项空缺，到第二年才补发。5年后，柏格森获得了1927年诺贝尔文学奖。从当时的实力和名望上看，两人似乎旗鼓相当，会面就是冲着争议的焦点而来的：如何理解时间。

在由法国哲学学会组织的会议上，柏格森发表讲话，阐述了他一贯的时间观。他区分了两种时间：一种是数学的、物理的、度量的、抽象的时间，是无机体经历的时间；另一种则是哲学的、心理的、生活的、具体的时间，是生命体经历的时间。后者才是真正的时间，是"我们生活的时间"，是一种"绵延"（duration），"一种连续体，其性质在不断的变化中相互融合渗透，彼此之间没有明晰的界限"。这种时间混合着过去和现在，连绵不断，相互渗透，没有缝隙和界限，是一种"活的永恒"，与生命和自我粘连在一起。前一种时间并不是真正的时间，而是空间的一种形式，"不过是空间的幽灵在思索意识上作怪而已"。柏格森认真研读过爱因斯坦的相对论。他认为自己的时间观与相对论并不冲突，也无意质疑任何科学结论。但是，世界变动不居，如果不对时间加以哲学的理解，就无从探索万物不可测的本性、流变、偶然性，以及人类在宇宙中的位置。相对论已经推导出速度和引力可以改变时间，那生活经历和生命的冲动为什么就不可能改变时间呢？他认为，前一种时间只是一种小写的时间，后一种时间才是大写的时间，更适用于他所关心的生命的世界。而这种真正的时间不能用语言来定义，不能用数字来分割，也不能用仪器来测量，因此不可言说。

爱因斯坦的回答干脆利落：不存在什么哲学时间，只存在物理时间。你所说的那些东西，充其量只是某种心理学意义上的时间。

这一年，爱因斯坦43岁，柏格森63岁，分别处于各自领域的黄金时期。柏格森在争论中表明了自己想要融合两个领域的野心，反复表明对相对论及其公式的认同，甚至动情地说：爱因斯坦先生，我们比你更像爱因斯坦。

但是，爱因斯坦毫不领情。实际上，爱因斯坦本身在生活中就非常符合柏格森所倡导的那种生命形式。柏格森认为，像爱因斯坦那种生命的创造力是无法用物理时间解释的。延续牛顿和康德的说法，他也把时间本身和对时间的度量分开处理，分别放在本体论和认识论的层面上来说明。但爱因斯坦对这种差异毫无兴趣，在他看来，不存在任何不能用钟表度量的时间。而柏格森认为，正是这种钟表的时间使时间产生停顿和碎片化，有可能妨碍人类自由的天赋、感情和绵延不绝的创造力。放在今天这个时代里，这个说法就像是提醒人们，不能依赖卡顿的动画片去碎片化地理解世界一样。

最终，两人谁也没能说服谁。他们的分歧似乎象征着哲学和科学再也无法同居了。两人的时间观在各自的领域里都延续着强大的影响力，又跨界吸引了对方的人。法国数学家、科学家亨利·庞加莱（Jules Henri Poincaré，1854—1912）的理论距离相对论只有几步之遥，爱因斯坦阅读过他的大部分著作。这么一个人，却是柏格森的支持者。还有，每一部详解相对论的书几乎都要提到洛伦兹变换和迈克尔逊–莫雷实验。可是，连洛伦兹和迈克尔逊也"叛变"了，他们并未选择支持爱因斯坦。今天回头来看这一场争论，黑白并没有那么分明。他们最初设定的那个问题——如何理解时间，也许可以换言成：究竟谁对时间的本质问题拥有更大或最终的发言权？

第四组：爱因斯坦和哥德尔

对于上一节最后的那个问题，也许有人会认为答案很明显，爱因斯坦必胜无疑。几千年来，每一个思考和研究时间问题的科学家和哲学家都只在问题的边缘徘徊，却自以为或被认为进入了问题的核心。确实，只有爱因斯坦指出速度和引力影响时间，时空合体成四维；只有爱因斯坦才真正解开了时间之谜，用科学而不是哲学或神学，否定了时间的绝对性，并且在随后的百年里不断被证实。但是，他拥有最终的发言权吗？且慢，他遇到库尔特·哥德尔（Kurt Godel，1906—1978）了。

哥德尔何许人也？这得从大约100年前的两大科学革命说起。两大科学革命指的是相对论和量子力学，相对论颠覆了人类对宏观世界的认知，尤其是时空观，量子力学颠覆了人类对微观世界的认知。余震惊心，此后的人们把维系古典体系的最后希望，或者说是稳定统一的体系之梦，寄托在数学和逻辑学上。因为，数学与逻辑是不依赖于外界物质的理性架构，是人类大脑里的建筑物，也许可以避开科学革命的冲击。20世纪20年代，当时最具影响力的数学家大卫·希尔伯特（David Hilbert，1862—1943）和最具影响力的逻辑学家伯特兰·亚瑟·威廉·罗素（Bertrand Arthur William Russell，1872—1970）致力于为数学提供一个绝对安全的逻辑基础。希尔伯特更是雄心勃勃地推出希尔伯特计划，希望建立一套形式化的公理体系，涵盖所有数学命题，并保持完备性、独立性和一致性，就像用电脑编程语言重新编译数学一样。他的豪言壮语"我们必须知道，我们终将知道！"刚刚说过一年，年仅25岁的哥德尔就提出不完备性定理，摧毁了通过这个计划建立数学大厦的美梦。这个定理断定任何系统都是不完备的，因为其中必定存在某些真的命题，而用那个系统自身所允许的方法又无法证明为真。真的不一定可证，系统就不具备完备性。又因为任何形式一致的系统都不能自己证明自己的一致性，系统总是有矛盾的，因此，任何系统都不可能既完备又一致。

不完备性定理被誉为"数学和逻辑发展史中的里程碑"，哥德尔因为这个成就被尊为亚里士多德和莱布尼茨之后最伟大的逻辑学家，有人甚至称他为人工智能理论之父。霍金曾经把哥德尔不完备性定理和费马大定理当作人类的最高成就，假如只让挑选两件事情告诉外星人，他认为这两个是人类可以拿得出手，而且外星人也能够理解的东西。

如果再深入一点，横向联系起来看看，就会在相对论、量子力学和不完备性定理之间发现一个有趣的相同点：有限。时空的基础、物质的基础、数学和逻辑的基础，几千年来一直被默认为具有无限的性质，现在则被认为都是有限的。因为有限，所以时空是不绝对的，量子是测不准的，系统是不完备的。这些新知识，一方面对最基础的部分设限，另一方面却又对最深远的部分撤限，从而拓展了人类知识的疆域。

不少人对哥德尔未受广泛重视感到不平。既然这样，那就在这里花点篇幅补偿一下吧。他只是有点小众，其实从来就不缺来自同行小圈子的激赏。请欣赏下面几段赞誉。

不少圈外人是通过爱因斯坦对他的深厚情谊和高度赞赏认识哥德尔的。即使是提出不完备性定理之后，他依然是地位低下的无薪讲师。1951年，爱因斯坦深知这个好友需要一个巨大的肯定，就把第一届爱因斯坦奖授予哥德尔。颁奖时，后来被称为计算机之父兼博弈论之父的冯·诺依曼（John von Neumann，1903—1957）的评价是这样的："哥德尔在现代逻辑中的成就是非凡的、不朽的——他的不朽甚至超过了纪念碑，他是一个里程碑，是永存的纪念碑。"

1975年，普林斯顿大学在他的荣誉博士学位授予仪式上对他的评价是这样的："他以最平常的基本的数学分支——整数算术——中被普遍接受的证明方法的革命性分析，动摇了我们对人类思维以及我们最喜欢的工具——公理方法——的理解。就如同所有重要的革命一样，他不仅表明了旧方法的局限，同时也展示了新方法的丰富来源，开创了兴旺繁荣的新学科。逻辑、数学和哲学都因他的天赋而受益匪浅。哥德尔的每条定理都是现代数理逻辑一整个分支的开端，包括证明论、模型论、递归论、集合论、直觉主义逻辑，这些要么是由哥德尔的工作转化而来，要么是以某种形式从中得以发端。"

2021年，被称为"计算机深度学习之父"的于尔根·施密德胡伯（Jürgen Schmidhuber，1963—）在纪念哥德尔不完备性定理发表90周年的文章里对他的论文是这样评价的："这篇论文奠定了理论计算机科学和人工智能理论的基础，展示了定理证明、计算、人工智能、逻辑和数学本身的基础局限性，在学术界引起了轰动。这一研究对20世纪的科学和哲学发展产生了巨大影响。"

2019年，联合国教科文组织宣布哥德尔去世之日1月14日为世界逻辑日。公文第一条："思考能力是人类最显著的特征之一。在不同的文化中，对人类的定义都与意识、知识和理性等概念相关联。根据西方经典传统，人被定义为'理性动物'或'逻辑动物'。纵观历史长河，逻辑学作为推理原则研究，曾被许多文明所探究，而且从最早期的逻辑表达式出现以来，逻辑在哲学和科学的发展中发挥了重要作用。"

以上至少可以看出哥德尔不是不讲逻辑的，他的思考能力是卓越的，而且在哲学和科学史上举足轻重。所以，当我们接下来看到他关于时间的奇谈怪论时，请认真对待。

哥德尔的人生故事比他的理论还有趣。他出生于爱因斯坦奇迹年的次年，曾着迷于莱布尼茨和康德的哲学思想。他认为自己融会贯通了相对论和康德哲学，到了晚年，他更愿意认为自己是个哲学家。不过，和康德不一样的是，他的一生混杂着理性和非理性，或者说过于理性。这个怪才，从纳粹德国携妻逃亡美国的旅途竟然是，坐西伯利亚铁路从欧洲横贯亚洲，再坐船横渡太平洋，上岸后再坐火车横穿美国，去新泽西州的普林斯顿高等研究院报到。在那里，爱因斯坦帮他找到了一个职位。

爱因斯坦帮人帮到底，连后来的入籍面试都作为见证人陪他去。1947年在申请成为美国公民的入籍面试中，哥德尔过度发挥，反驳面试官的提问，还按捺不住要当场论证美国宪法的漏洞。面试前一天，他已经把自己的想法告诉院里的同事，数学家、经济学家奥斯卡·摩根斯坦（Oskar Morgenstern，1902—1977），他认为自己找出了美国宪法中逻辑和法律的漏洞，并想出了防止被利用，进而演变成独裁制的补救方案。当天去面试的路上，摩根斯坦开车，爱因斯坦一路上讲故事，故意让他分心。可是，面试开始不久，哥德尔就按捺不住要开始论证宪法漏洞了。两位好友合力让他安静，制止他继续说下去，才避免了一场争论。

就是这个摩根斯坦，爱因斯坦晚年时曾对他说过，自己的研究已经没什么意思了，之所以每天还去研究院的办公室，只是为了获得能和哥德尔一起步行回家的荣幸。这句话对于任何一个人都会是巨大的荣幸，但也许真的只有哥德尔才担当得起。同在普林斯顿高等研究院的弗里曼·戴森（Freeman John Dyson，1923—2020）曾说过："哥德尔是我们同行中唯一一位与爱因斯坦平等地走路和交谈的人！"

"就像我爸和你一样？或者，更像你和我？"安得问马克。

"都不像，我们不仅离他们的水平太远，也离普林斯顿太远。好了，预备知识到此为止，剩下的见面谈。这些知识有点深度和难度，限于时间和篇幅，还不得不浓缩和提炼。而接下来的时间论，对讲的人而言，更难解释，对于听的人，则要求更高的理解力，得找个大块时间了。要想剥茧抽丝，深入浅出地讲到位，非见面不可了。不过，在那之前，有一件令人沮丧的事不得不先了解一下。"

人类对时空的探索既令人振奋，也令人沮丧，因为整个探索的过程都在不断地打击人类的自信。地心说时代，人类自以为占据着宇宙的中心，日月星辰都围着地球在转，甚至为了人类而存在；到了日心说时代，地球降格了，太阳变成宇宙的中心，不过，作为太阳系的一部分，地球与有荣焉，离中心也还不远；日心说被否定后，一个又一个星系被陆续发现，即使在银河系里，太阳系的存在感都低到无足轻重。这时，人类才认识到，地球在整个宇宙里的份量简直就是一粒大尘埃，更何况附着在大尘埃上的人类。这个过程中的每一步进展都是巨大的尺度，按比例降低了人类的存在感，人类自以为是的那种顶天立地的虚假形象以及由此而来的特权意识一落千丈。你以为这就完了吗？不，这个宇宙都有可能不是唯一的。在这个意义上，我们这几个月走过的这段知识之旅，思考之旅，也可以说，就是一部人类特权的消亡史，人类中心意识的消亡史。

爱因斯坦和哥德尔

左为爱因斯坦，右为哥德尔，拍摄于1954年，普林斯顿。吉姆·霍尔特（Jim Holt, 1954—）：哥德尔和爱因斯坦都坚持认为，世界独立于我们的思想，但它是合理组织的，对人类的理解是开放的。他们因共同的智力孤立感而团结在一起，在互相陪伴中找到了慰藉。"他们不想和其他人说话，"研究院的另一名成员说，"他们只想和对方说话。"（图片来源：《生活》杂志）

八月·机场

可是，时间真的存在吗？

A day is a miniature eternity.
—Ralph Waldo Emerson

一天是一种永恒的缩影。
——拉尔夫·沃尔多·爱默生

不平等的时间

安得父母觉得大老远去机场见个面是个投入和产出不成比例的买卖,但还是拗不过他。他执意要去的理由很简单:在被那么多关于时间的思想、知识和事实密集轰炸之后,他的大脑已经屏蔽了大部分鸡毛蒜皮的小事,就想着请哥德尔来打扫战场——如果爱因斯坦都能把和他一起步行当作荣幸,那走一趟机场算什么投入嘛,况且又不是什么买卖。从亚里士多德算起,这可是等了两千年的结论了,两千年一遇呢。

哥德尔当然遇不到了。1978年,哥德尔活活把自己给饿死了。他对健康的过度关注和敏感使他痴迷于食物的纯度,临终前,不相信别人提供的任何食物,最后绝食而死。

安得和马克今天都很守时,几乎同时按约定时间来到航站楼。两人随便找张椅子坐了下来,接着聊哥德尔。面对着动态显示航班信息的大屏幕,不带任何行李的两个人远看就像是来接机的,近看呢?像两个丢了机票的乘客在着急地盘问对方。

"这……我没想到他竟然饿死自己……我以为我们可以好好聊聊时间问题。这也太……我要平静一下。"安得喝口水,像是要补充一点能量,确认一下自己不至于饿死,然后,提议道:"我们要不要在这里为他默哀一分钟?"

马克听完差点笑了,但马上意识到不对劲,安得不是开玩笑,显得不敬的是他自己。停顿了几秒,他说:"那倒不必,毕竟已经去世四五十年了。不过,回顾他的人生,也许可以从中体会他独特的思维，对我们有所启发。"

比如他在逝世前一个月曾对王浩说过："我已经失去做肯定判断的能力了，我只能做否定判断。"王浩是数学、计算机科学和逻辑学的华人大学者，但和哥德尔一样，内心里把自己当作哲学家。爱因斯坦去世后，哥德尔变得越来越孤僻。王浩是与晚年的哥德尔接触最多的学者，也许是除了家人之外，唯一能亲近晚年哥德尔的人。很多人是通过他写的哥德尔传记才深入了解了这位超越现世的天才。虽然和爱因斯坦一样都是颠覆者，但爱因斯坦在颠覆之后创建体系，而哥德尔则是颠覆之后接着颠覆，一生专精摧毁体系。正如他自己那句话所说的，他就是擅长做否定判断。还记得他入籍面试时的闹剧吗？他发现了美国宪法的漏洞，是的，那是他的另一项本领：善于发现漏洞。你还别说，也许他真的有先见之明。如果哪天美国真的出现独裁者，可能他又会被人提起。发现漏洞，然后推出否定判断，否定判断催生颠覆性观点，这不正是我们面对一些权威和高深问题时，应该学会的重要技能吗？

"那他连爱因斯坦也要否定吗？"

"更合适的说法也许是漏洞。他从爱因斯坦的理论里发现了时间的漏洞。"

"爱因斯坦不是他的好朋友吗？而且都快封神了，他也不回避一下？"

"就是因为是经常一起散步的好朋友，哥德尔才深度切入相对论。可这次又和他那次摧毁了希尔伯特计划一样，出发点本来是参与和贡献，结果却是否定和颠覆。他用相对论的方程式推导出一个连爱因斯坦自己都始料未及的结论，直接把时间删除掉了。"

"这人太危险，简直就是科学界的间谍加恐怖分子。先深入内部,然后找到漏洞,最后引爆炸弹。"

"还真有人这么评论过他,说他的这个理论是一枚由最珍贵的定律打造的,缓缓沉入科学基础的炸弹。"

航站楼里人来人往,每个人都被时间催赶着,而那大钟里的指针就是赶人的鞭子。不仅赶人,也赶飞机和各种物资,一切都被时间重新组织着,驱使着。时间,只有时间,才是整个机场真正的统治者。马克曾经在那个小山坡上说过,一个城市的运作靠的是时间在无形之中的组织和维持。那个认识也可以套用在现在这个机场,只是在体积上显得更小更紧张而已,但也正是因为更小更紧张,时间问题在这里被凸显得更尖锐。

安得对时间的抱怨在这里找到了一个发泄口。马克听完他这几天里想到的几个问题后,试着把他先往后拉回一步:"说到时间,也就是那个控制你,强制你,而你又不想要的东西,你只要想想,你真正想要摆脱,想要取消的是时间的刻度,是计时的工具,还是时间本身,就可以明白我前几天说的是什么了。"

"我还是不明白。"他想了一会儿,找到一个实物来举例说明,"时间的工具和时间本身一样让人烦。比如说吧,我既烦长时间的刷牙,也烦洗面台上那个监督我刷够时间的沙漏。那也算一个计算时间的工具吧?我对沙漏本身没恶意,但它作为计时器,就和时间本身一样讨厌了,虽然我到现在都还不知道那些沙子漏光一次要花多久,大约一两百秒吧。"

"不用换算成秒,自古以来,沙漏本身就是一种时间刻度,而且没有一个固定的标准,沙子可多可少,漏洞可大可小,反正只要能均匀地分割出时间就可以成为有用的计时器。沙漏,或者叫沙钟,还有同样原理的古代的水钟，英语中都叫hourglass，意为时间玻璃杯，很明确地强调了它可以度量时间的工具特性。沙漏的透明玻璃把时间感可视化了：看似线性的、单向的，伴随着一直流逝的失去感，却又是闭环的、循环的，总是回到相同状态，带着周期性或轮回的观念。古代人比较倾向于闭环的、循环的时间形象，现代人则比较倾向于线性的、单向的时间形象。两者看似矛盾，却拥有共同的特征：均匀和连续。也正是因为这些共同特征，这两种可视化的时间感至今并未完全分离，从计时器到人类的历史观，都还可以找到两者既互相矛盾又和谐共存的痕迹。"

"哦，还有一种感觉。有时候，我看着玻璃球里的沙子，上半部一点点变少，下半部一点点变多，觉得时间就像一种财富，会慢慢流失。可一旦倒过来，沙子又会反向流动，这让我有一种幻觉，时间既是守恒的，又是有限的，结构一改变就可以反向流动。可不管倒过来反过去，就那么点财富，有点像财富守恒。这也让我有点不舒服，像是被囚禁的富豪。可你说这些都不算时间？"

"是的，时间独立于这些东西。有人用一炷香的工夫、一袋烟的工夫或燃尽一根蜡烛作为时间刻度，也有人用'肚子饿了''睡觉时间到了''过年了''又发工资了'来划分时间。如果你把这些都加在一块儿想想，就很容易看出这些都只是工具和表象，严重依赖于人。如果不能跳出那些物质和它们的运动，当你思考时间时，你思考的是什么？其实是这类或虚或实的计时器，是时间的工具，而不是时间本身。我就问一点，如果没有作为观察者的人，时间还存在不？"

"我觉得时间还存在，但可能不是人类定义的年月日时分秒这种刻度。"

"不一定哦，我们还是从钟表的发明开始说起吧。"两人一起抬头看着大钟。故事有点长,安得的脖子都有点酸了。

伽利略曾在比萨的教堂发现屋顶的枝形吊灯在轻轻地摆动。他的直觉感受到,不管摆动幅度大小,吊灯完成每次摆动所用的时间可能是相等的。如果伽利略在这个航站楼里就好了,有这么多计时设备可用。可那是1581年,钟表还没发明,如何计算那么短暂的时间呢?他想到了自己的脉搏。太阳和月亮是因为日出日落和月圆月缺所具有的大致均等的频率而成为古人的计时工具的,脉搏也一样,一个人的任何两次脉搏之间的时间长度大致相同,这就拥有了可以成为计时工具的最重要特性:均等的周期性。他一手摁着另一手的动脉血管,盯着在风中摆动的吊灯,数着脉搏。他数完的结果,我们今天已经习以为常了:那个摆动的吊灯演化成了旧式大钟里的钟摆,继而演化成石英表里的石英水晶。石英水晶受电流震动而产生的高频振动达到每秒32768次,是一种更为精确的计时周期。从古人的日晷计时,到伽利略的数脉搏,再到石英表,在不同的文明里有一个共同的目标:提高计时的精度和准确性。

沙漏与光晶格钟

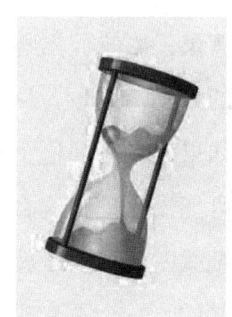

图片来源:东京大学香取·牛岛研究室

有史以来最精确的计时设备是光晶格钟，使用激光捕获、冷却和探测原子，运行150亿年误差少于1秒——还是有误差。我们之前说到尺缩钟慢时，曾对日常生活中无法体验那么微小的变化感到沮丧。现在好了，有了光晶格钟，就可以很直观地看到"钟慢"了。日本东京大学的香取秀俊（Hidetoshi Katori，1964— ）在2019年的一次实验中，把两个光晶格钟分别放在东京晴空塔距地面450米的展望台上和一个地面一层的实验室里，一天后，地面上的那个比展望台上的慢了十亿分之4.3秒。这个实验结果只能用相对论的引力时间膨胀来解释：离地心越近，引力越大，时间越慢。这和安得发现的那个高楼秘密是一致的：住在高层比住在低层老得快。

引力造成的时间膨胀是比尺缩钟慢更本质的时间变化。尺缩钟慢是相对的，有点像雾里看花，是一种影像的偏差，只要降速或静止，就能恢复。而引力时间膨胀则直接改变粒子经历的世界线，使被改变的时间不可恢复。时间是和速度、质量、引力——或者更准确地说，时空曲率——相互依赖的变量。理解了这一点，就可以理解为什么在宇宙大爆炸的奇点里没有时间。因为大爆炸开始后才有变化，在那之前，没有变化，也就没有时间。不是先有时空的空篮子，后装入物质，而是先有物质，物质变化，造出了时空。然后，物质又用它的质量扭曲时空，产生引力的假象，影响周围物质的运动。运动导致能量的波动，速度改变物质的相对论质量，从而进一步影响时空。这里面的每一步都是变化，如果没有时间这个东西来组织、计量和建立关系，人类的大脑就有可能没法理解这么复杂的现象和原理。越精确的计时工具越能发现细微的变化，也就越能发现时空的奥秘，计测引力波是不能指望沙漏的。一个不变的世界是不需要时间的，变化，只有变化才能定义时间。如果时间是一条河，那么,没有了变化,河流就会干涸。如果时间之河激流澎湃,那就意味着变化丰富。到这里,可以看出来了吧:其实,有没有时间并不重要,我们在本质上需要的不一定是时间,而是对变化的理解和计量。让我们对着钟表说出真话吧:时间的本质就是变化,我们关注的是变化,而不是你们时间。

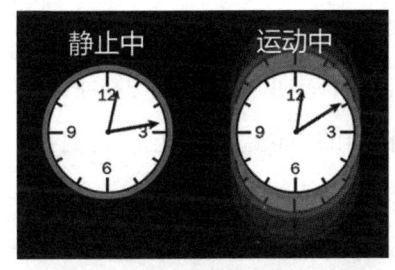

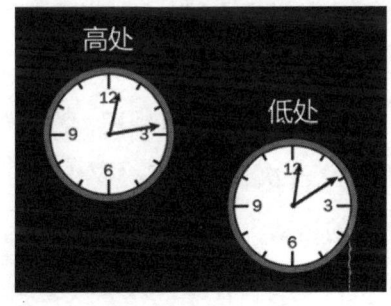

速度和引力改变时间

从分针的位置可以看出,右边的时间慢于左边,原因在于速度和引力。运动中速度快,导致时间变慢;低处引力大,也可导致时间变慢。

他们两人也许是机场里少数几个注意大钟的人。其他人都行色匆匆,即使要确认时间,也只翻眼瞧一下大屏幕上变动的数字。实际上,没有人能报出完全正确的时间,连光晶格钟也做不到百分百的精确。大屏幕上还显示出不同时区的时间,提示人们别忘了,世界不在同一个时间里,没有全局时间,只有本地时间。如果按牛顿的观点,在这些钟摆、石英和数字的背后,有一个绝对时间的存在,那问题并不大,无限接近那个绝对时间就可以了。可是,当爱因斯坦把这个绝对性颠覆之后,我们应该靠什么来定义时间?

当人们采用"时间过了一小时"之类的说法时,一般很难意识到这句话里的矛盾:以时间定义时间自身,以时间度量时间自身。那是一种不可能的事情,时间的定义和度量只能依靠计时工具。作为最早的计时工具,地球转一圈算一天,和钟表的时针转一圈12小时,长度不同,可道理相同。问题是,无论是钟表,还是日月星辰,它们自身的周期都不等于时间的周期,否则时间就会拥有亿万种周期,以及不断循环轮回的方向。因为各种周期不同,所以各种计时工具之间需要有一个在彼此间可以转换的单位、可以互换的关系。其实,如果不嫌麻烦,不怕冗长的数字,完全可以不理会这个变换关系,直接用钟摆或石英振动的计数来理解运动和变化就好了。比如,3小时的飞行时间可以换算成10800次的钟摆来回,航班信息里的飞行时长就可以显示为10800。如果抹去其他所有计时工具,只用钟摆的来回次数来理解所有的事件,那结果将是,只有钟摆,没有时间,时间概念可以完全消失,只剩下钟摆1次、300次、5亿次、7千万亿次之类的说法。钟摆是一种物质的运动,是在空间里发生的事情,所以,不仅时间的长度可以换算成空间里的运动次数,时间有可能就是空间变化的一种表象。当然,真要那么做,世界就乱套了,太麻烦了,超出人类的智力了。所以,时间会不会只是人类出于自身的局限,为了理解的方便才不得不创造出来的一个概念?不同的人之间达成了一个约定,然后,不同时代的人都继承了这个约定,本该乱套的世界才逐渐变得秩序井然,简洁易懂。这个时间概念如此好使,如此根深蒂固,如此高度数学化和集合化,以致于被误以为是一种独立于人的客观存在?但至少有一个事实需要先确定下来:绝对时间不存在之后,只剩下不同的计时工具,在不同的速度里,以不同的周期,与各种不同的事件同步。

你看,那个旅客在托运行李的队伍里前进了一步,而那一头的大钟,钟摆完成了大约10次来回。钟摆的10次来回和排队移动的那一步是同步完成的。这两者之间,仅仅因为被人看见了,产生了时长等价的关联。实际上,它们本来是毫不相干的两件事,是时间将两个事件同步起来了。那个航班信息大屏幕上显示的那班飞机将于11点到达,其实只是意味着当那个大钟的指针走到11点时,飞机正好在这个机场落地。指针抵达和飞机抵达这两件事将同时发生,并借助时间概念,建立起一种特殊的关系。乘客只要根据眼前这个大钟的指针做出判断,就可以对还在千里之外的那架飞机做出预估,从而做出与飞机抵达那个结果同步的时间安排。

机场像是一种时间的战场,把矛盾和真相都加剧暴露出来了。日常生活中的时间在大部分情况下,虽然也有忙碌和闲散之分,也有重要和次要之分,但不至于像机场时间这么紧凑和不平等。人们常常会看到黑发变白发,看到婴儿肥变成满脸皱纹,然后从这些漫长的变化中感受到时间的流逝。这些都可以看作是机场时间感的慢版或稀释版本。

在马克的引导之下,安得也看出来了。在这样一个场所里,时间的统治使人们疲于奔命,多少人总是倾向于把起飞之前的等待当作浪费时间。时间总是指向下一个事件,抬高下一个时间的重要性。时间被分层了,最高位的是登机时间,其次是值机时间,候机时间则被当作三流时间——时间变得不平等了。不平等的时间总是把人们驱赶去更有利可图的那个时间,而把当下时间视为垃圾时间。人们总想要加快进度,也就是想要战胜时间,或提高每个单位时间的产量。可越是想要在固定的时间里完成更多的事情,人们越会发现,那么做的结果反而是每天要完成的事情变得越来越多，时间总是不够用。这就奇怪了，本来被认为是永恒不变、用之不尽的东西怎么就变得稀缺了呢？所有的控制系统都精准利用时间，因为有效利用时间可以提高可控性。这适用于对自己的控制，也适用于自己被别人或系统控制。也许这就是你妈妈唠叨里所隐含的真谛。

到这儿为止，还只是我们个人的感觉和疑问，并不是哥德尔的问题意识。"谈论哥德尔，离不开他的不完备性定理，但那不是我们的话题。你只要记住一点就行了，按那条定理行事，你可以放心地怀疑任何系统的确定性、完备性和一致性。如果我们现在正在思考的问题需要从那里获取帮助，那也可以进一步说，人类的认知有极限，宇宙中存在无法证明为真的东西。"两人终于要进入那个有点冒险的话题了。

时间闭环和漏网之鱼

哥德尔曾经用至少一整年的时间专注于研究相对论与康德哲学的关系。他在两者中看出的共同点是：时间也许只是人理解或表现世界的方式。他一方面赞叹相对论"给予我们新的惊人的洞察力去看时间的本性，那种神秘莫测、貌似自相矛盾而偏偏又仿佛构成世界与我们自身存在基础的东西的本性。狭义相对论的出发点正在于发现时间的一种新的很让人震惊的性质。"另一方面又认为，包括爱因斯坦在内，人观察的是人理解力范围内的时间，靠人理解到的这些主观的局部时间无法拟合出宇宙整体的客观的全局时间。

既然物质可以告诉时空如何扭曲，那么，物质的运动和分布达到某种程度后，有没有可能把时间扭曲到向后转呢？原则上，这种可能性并没有被禁止。哥德尔设想的是一个高速旋转，但不膨胀的宇宙。旋转带来的离心力和引力相抵消，只要旋转的速度够快，不仅会搅动附近的时空，还会拖曳时间的方向。当时空被扭曲到某种程度，世界线就有可能扭头向下，向后，甚至绕圈回到起点。这在空间上比较容易理解，当作走迷宫、爬弯曲梯子或者绕圈子瞎跑来理解就好了。对于时间，如果你已经有了一个时间之箭的形象理解，那么，把那条被扭曲的线当作时间之箭就有这样一个问题：弯曲时空里的时间之箭还可以保持直线前行吗？既然时间和空间必须合成时空来理解，那空间的弯曲就可以适用到时间的弯曲上来，结果就是时空都弯曲。当弯曲的方向朝向后方，时间之箭就有可能扭头回到过去的某一点上，或者从过去的某一点穿越而过。

这不就是人类几千年来一直幻想着期待着的时间倒流吗？严格而言，那只是看起来像是回到过去，因为这种过去只是参考系的过去，光或物质粒子本身只知一味运动，并不区分过去、现在和未来。假设有一艘宇宙飞船沿着这种曲线飞行，如果观察者站在没有时间概念的参考系里看，那就看不出异样。但从有时间概念的参考系看过来，飞船的轨迹就是在绕圈子，既在空间上绕，也在时间上绕，也就是穿越时间，回到过去，有时甚至回到出发点，然后又飞出去奔向未来。当某一段时间之箭弯曲到闭合了，首尾相接了，时间的起点和终点，以及空间的入口和出口，就都将失去意义。

哥德尔本来只想证明时间的流逝并不是客观的，关于时间并没有绝对的标准，结果却让时空变得更加难解了。不过，有一个值得期待的好事是，既然时空有可能回转、倒流，那么，宇宙也有可能回转、倒流，甚至周而复始，而不再是一条道走到黑的结局。

时间光锥

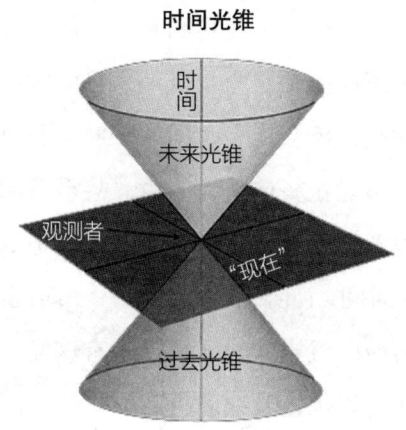

在每一个"现在"的时间点上看，"过去"和"未来"都是光锥的形状，而不是线条的形状。对于"过去"而言，"现在"这个点是一系列事件和因果关系最终收敛的结果。想回到"过去"的时间旅行必须逆转光锥，也就是逆转"过去"里的所有事件和因果关系。这可能吗？对于"未来"而言，"现在"是一个中性的出发点。请在这个图中找到希望：每一个"现在"都面向开放的"未来"；也请在这个图中找到悲剧：光锥之内即命运。

在玩打水漂时，我们已经知道了随着涟漪扩散逐渐变大的圆形在时空坐标上会形成一个圆锥形的世界体积。光从光源出发后，扩散开来，也会形成一个圆锥形的辐射范围。如果把涟漪的中心和光的出发点换成时间的出发点，就可以在时空坐标上想象同样的圆锥体形状，那就是时间光锥。这种形状如果开口朝上，在时间坐标轴上就是面向未来，称为未来光锥，可以理解成一个时间的出发点所具有的所有因果关系的扩散范围，是可能发生但还没发生的所有事件的集合体；如果开口朝下，那就是过去光锥，那个时间点就不是出发点，而是那个时间段的终点，是一系列事件和因果关系最终收敛的结果。在高速旋转的宇宙里，时间光锥很难一直保持直立状态。因为，离中心越远，转动的线速度越大，对时间方向的拖曳力也越大，时间光锥就会变形或倾斜得越严重。变形主要是开口变大，倾斜则会改变开口的方向，甚至会使未来光锥翻转倒下，开口朝下。奇妙的悖论来了：未来光锥开口朝下，那就意味着，向着未来走进过去。假设你计划直奔未来，可途中遇到这种倾斜的光锥，就会被卷进去，脱离原计划的方向。随着不同的旋转速度和时空曲率，未来光锥的开口会朝向不同的方向，不再是一致向上的，连翻转向下都有可能。这不仅剥夺了时间方向的唯一性，还使时间的性状看起来像空间。原来以为一个东西从甲处移到乙处是在时间里发生的变化，搁到哥德尔设想的这个宇宙里，那更像是甲和乙两个东西存在于同一个时空框架里，难分前后。在那里，不仅时间的同时性是相对的，连时间的先后顺序也是相对的。

哥德尔宇宙中的时间光锥

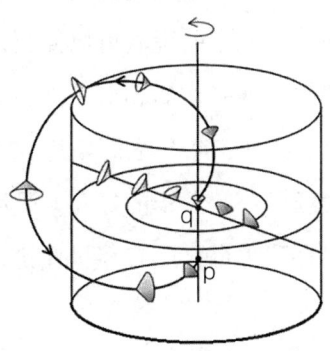

图中p点代表过去，q点代表现在。高速旋转的状态下，光锥会发生倾斜，开口会扩大。如果朝外加速运动，就可能绕道再次抵达p点。从箭号方向看，总是在向前，走向未来，但结果看起来却是回到过去。

哥德尔用一个人类从未体验过，也不曾观测过的旋转宇宙推导出时间弯曲的可能性，为时间旅行提供了理论支撑。在哥德尔宇宙里，时光倒流不再是幻想，而是可以经由方程式推算出来的结果。前面梳理过的那几组时间观里，有的强调现在、当下、瞬间，把过去和将来都当作现在的另一种性质的存在；有的认为只存在现在，不存在过去和将来。到了哥德尔这里，既然时间不再是一条永不回头的直线，那原来标注在那条直线上的过去、现在和将来都将失去意义，或者更严格地说，过去、现在和将来都将失去绝对性。这样一来，那些围绕着过去、现在和将来的讨论和争议就失去意义了。不仅过去、现在和将来的划分没有意义，连时间问题的意义也会随着时间确定性的消失而消失。其结果将是，前三组时间观全都灰飞烟灭——时间概念本身就这样被消解了。前有不确定性定理，后有时间闭环，哥德尔简直就是确定性的"杀手"。

哥德尔还计算出时间旅行所需要的速度和能量，并花时间收集了很多有关星系分布的数据，考虑了旅行途上的各种细节。看到这个最好的朋友所拟出的疯狂计划，爱因斯坦深感震惊，对他的推导过程却又找不出毛病。哥德尔的说法可以简化成这样：我是从你的场方程式推出一个新解，如果你的相对论是真的，那么，你的那个时间概念就不是真的。这是1949年爱因斯坦70岁生日那天，哥德尔送给他的礼物。作为经常一起散步的好友，爱因斯坦肯定认真对待过这个生日礼物，但直到去世，虽有零星评论，却没有对此做出完整的公开的回应。

"粒子在旋转，星球在旋转，星系在旋转。再延伸几步，推想出宇宙也在旋转，这似乎顺理成章，这个前提好像可以接受啊。可是，从这个前提出发，只靠数学和逻辑推理得出的这个结论是否可信呢？

爱因斯坦去世后,谁还有资格来回应?哥德尔会不会因为不再有棋逢对手的感觉而不屑认真对待反对意见?"安得不敢对哥德尔妄下评判,想到的办法是可靠的第三方验证:如果爱因斯坦那种级别的科学家认可了,那就可能是对的,否则,我们哪有能力判断?

马克很欣赏这个想法,却不得不遗憾地说:"有人说,哥德尔这个太阳,刚刚升起就陨落了。戴森曾经回忆过,哥德尔知道自己的研究很难被学界主流接受,心里有点忐忑不安,经常问戴森,他们发现了吗?他们知道宇宙在旋转了吗?对戴森的否定回答,他总是很失望。不仅哥德尔在世时没有得到观测结果的支持,至今也还没有。但别忘了,当年相对论也是从思想实验推导出来的,早期也缺乏观测数据的支持,后来经过数十年才逐步被证实。今天,我们只能想象,如果在可观测宇宙之外的某处时空里,存在那种高速旋转加时空弯曲,那么,那里的外星人就不会有时间概念,或者说,那个星球上,时间不存在。"

"这么说来,它还未成定论,不会被列入考试范围了。"他放心了。

"谁敢考这种题目?也许只有科幻小说和科幻电影敢碰。哥德尔的新解让时间和空间一样可以弯曲,这对爱因斯坦虽是个意外,本质上却是帮这个好友一把,让牛顿的时间消失在相对论里。哥德尔用到的物理学、数学和哲学都是当时最新的,所以,他的结论有可能太超前了,需要等待更久才有可能被证实或证伪。如果不能进入那个领域做专业研究,我们就得有更大的耐心去等待验证的结果,同时培养更大的想象力去接受那些启发。"

"嗯,我正在把时间想象成一条狡猾的鱼。"安得在马克说话的过程中一直按捺不住这个想象,现在终于有机会说出来了。"人们以为这条鱼只会游直线,后来看到它在爱因斯坦的弯曲时空里随波逐流，时快时慢。你不是常用格子模样描绘那个弯曲时空吗？那看起来就像一张渔网。这个哥德尔说的意思，我把它放到这个想象里，就变成鱼会洄游，会跳龙门，甚至会跳出那个渔网。"

"这个比喻很好，"马克接过这个想象，继续推演下去，"但结论可能很绝情：你以为看到了一条狡猾的鱼，其实，那鱼并不存在，你看到的只是空间里的几朵浪花，然后根据浪花的形状和轨迹，自己想象出一条鱼从那里经过了。"

"我好不容易想出一个这么好的比喻，又被你消灭了。一条名叫时间的鱼和一条名叫时间的河流，哪一个接近时间的本质？"

"鱼也好，河流也好，你爱怎么想象都可以，哥德尔会说那些都是虚拟的。是他把时间消灭了，怪不到我哦。"

"这家伙，杀伤力太大了，大到杀了自己。我有点不想接近他了，让我们回到眼前这个真实的时空，回到现在吧。"

"你是说现在吗？现在这个时空？"

不可能的现在

我们在海边之旅时提到过时间的同时性的相对性，当时用到的例子还只是列车、闪电、轨道和月台，经过最近的进阶之后，现在可以把视野扩大到宇宙，开始一个关于时间同时性问题的放大版了。

实际上，早在爱因斯坦那里，"现在"一词就已经失去了在绝对时空下的客观意义，不管是亚里士多德的"现在"，还是奥古斯丁的"现在"。放眼望去，你能看到的都是来自过去的光线，即使只是一毫秒前的过去，也是过去。我们以前也说过，由于地球与太阳之间的距离，在地球上只能看到大约8分钟前的太阳，永远看不到"现在"的太阳。其他事物的"现在"也可以依此类推。

安得把视线从远处天窗收回到大厅内，再次看到那个大钟，说："我从那个钟里，也看不到'现在'——这是我的错觉吗？钟表计数的都是过去和将来，留不住'现在'。指针一到马上就进入下一秒，一直不停地进入'将来'，除非拔掉它的电源。"

"拔掉电源，你也阻止不住。"

"抽刀断水水更流？所以，时间如流水？会不会孔子比哥德尔还更接近时间的本质：逝者如斯夫？"

"你这倒提醒了我，有一个对时间的最大的比喻不应该漏过。所有的语种里，都有把时间比喻成河流的说法。这个不约而同的比喻显示出，人类对时间的最大感受就是流体和线性。孔子只在岸上看，看着时间流逝，而哥德尔却是要造出一艘船，不仅可以顺流而下，还可以逆流而上。"

"嘿，我喜欢这个比喻。刚才听得迷迷糊糊的，现在有了这个比喻，一下子变清晰了。既然船可以在空间的河流里逆流而上，为什么不可以在时间的河流里也这么做呢？也许只是因为能量不够？比如，一片无力的小草叶，身不由己，只能随波逐流；人的能量比草叶大，一个人跳下去游泳，体力可以支撑他逆流游一小段；如果现在来了一艘核动力的船，就可以随心所欲了，想去哪个方向就开往哪个方向，不受河流方向制约了。"

"没错，你发挥得很好。孔子和牛顿都觉得时间就像一条河，但他们都以为所有人都只能跟着河流往前走。爱因斯坦说，那是因为你的速度不够快，如果你的速度接近光速，呵呵，你知道他要说什么了。人为什么只能是随波逐流的漂流物或岸上的看客？人类在空间上获得的自由度比在时间上获得的自由度差太多了。沿着空间方向，可以作自由运动，那时间呢？为什么就根本没法随意驾驭呢？所以，思考时间的解决方案时，船也许会成为一个值得想象的重点。"

"记住了。发明时间之船吧，但最好是顺风船。因为不管是船，还是游泳，和河流的方向保持一致才是最省力的，符合最小作用量原理，是不是？"

"但也不妨碍想折腾的人逆流啊。而且，时空还可以协同，河道还会弯曲。问题的核心在于，河水本身是不是只有一个方向？它会不会倒流？它的'现在'在那里？"

安得自己不回答，而是让哥德尔来回答："如果哥德尔在这里加入我们，他可能会说，河水的方向乱七八糟的，没有什么是不可能的吧？"

接下来的内容有点艰涩，马克放慢了语速，说："就像空间的方向是开放的，时间也应该有这可能性。所谓流动，无非就是位置的变化，位置属于空间，那么，时间的流动就可以看成是空间的变化了。河流是每一个水分子的运动的集合体，向后运动就是过去，向前运动就是将来。但无论向前向后，都是水分子的运动，所以，时间又可以看作是物质的变化。人类只是怕麻烦，才想出一个时间的概念来加在空间上。当然，也有可能，四维时空本来就是宇宙的实体，是人类把其中一维分离出来，不单独考察，就难以理解它为什么和其他三维如此不同。不过，比这一切更为重要的是，我们自己要对时间观念保持开放的态度，承认自己的无知，等待更多的观测和实验的证明。"

"我现在真觉得人们对时间真的几乎没有什么思考，过一天算一天。"

"过一天算一天也是一种时间观啊。古希腊哲学家赫拉克利特说,人不能两次踏进同一条河流。他的本意是任何事物都没有稳定不变的状态,变化无时无刻不在发生,不可能有片刻的静止和稳定。如果这条河流是时间呢?你只能踏进一次算一次吗?你能切断河流,指着某一点说,这是'现在'吗?如果不止一条河流,每种空间、每一群人都有一条时间之河呢?流速不同,方向不同,不同的河流会拥有共同的'现在'吗?如果过去、现在和将来都不是绝对的,不能在时间之流中确定分段,那时间就不应该被认为是绝对的、永恒的。"

"你怎么都是问句啊?头晕脑胀。"他在马克说完最后一句之前,好几次要插话,想让他停止发问。

"我们不是说过全人类对时间都知之甚少吗?那我们肯定也不会了解太多,问句肯定比答案多啊。不过,你说的也对,不能发散太大了,我们还是把问题拉回'现在'这个焦点吧。"

言归正传,又要说到宇宙的光线了。人眼看到的宇宙景象是由来自不同的过去的光构成的,永远看不到不同的星球在此时此刻一起发出的光。如果你通过望远镜看到银河外的某颗星球上一朵花开了,然后眼睛离开望远镜看到自己的桌上也有一朵花开了,你可不能觉得那两朵花是同时开的。这个以前已经解释过了,由于光从那颗星球到达地球时已经经过漫长的时空,望远镜里看到的那朵外星的花可能早就谢了,那颗外星植物,甚至那颗星球都有可能早已不存在了。

安得说:"我做过一个射星的思想实验,异曲同工。没有共同的现在,箭最多只能射到星星的过去。"

"我听说了,你的那个思想实验很了不起,还有那个被你重新发明的词儿：时光。现在，我们可以站在同一个高度上，继续思考这个问题了。"

分散在时空里的宇宙万物，不可能找到一个"现在"共处一室，我们永远没有机会看到一个全宇宙的"现在"。我们在宇宙演化概念图里看到的那种横断切面，只是为了便于理解"处于某一特定时间的空间"，在自己的概念里做出的时空切片而已。不同时间的宇宙，可以被看作不同的切片，而每一个切片，只要切得够细，就能看作只有空间，没有时间——时间再次被取消了。但是，一片一片的切片全部叠合起来，又可以再次合成宇宙——你看，时间又回来了，宇宙重获历史感。我们可以像读历史或看古装大片一样，用时间给过去的空间层层切片，分片研究，然后再用时间一路叠加，累积出今天的空间。空间连接起来，就可以看出时间，而时间拉长，就会变成历史。

安得觉得马克的这个切片理论好理解，能接受。想象也好，假说也罢，以这种新的方式观察时空，思考时空，将会加深对世界的理解，尤其是对"现在"的理解。他现在觉得马克的"现在论"是可以接受的了：时间用切片构成了一种错觉，提取出一种并不存在的状态，让人误以为是可以共享的现在。

他们又回到爱因斯坦在专利局当小职员时思考的那些问题。那是个提速的年代，铁路提高了人和物的运动速度，提升了社会和经济的网络化，使得各个车站之间协调合作的技术亟需升级。这种需求和专利发明的一部分到了瑞士伯尔尼专利局，在一个小职员的大脑里炸出了火花。普通人的生活中也有这种需求：守时有利于协调合作，提速就会促进突破。用爱因斯坦的原话说，"如果只是定义钟表所在地的时间，这样一种定义实际上足够了；一旦涉及发生于不同地点的事件序列在时间上的彼此关联，或者——这带来相同的结果——对发生地远离钟表的事件进行时间方面的评价，这个定义就不再够用"。这句话中的"定义"是指相对论之前的时间定义。他的问题意识的出发点是：两个钟表分别放置在距离遥远的两地，如何才能保持同步，共享同一个"现在"？

"现在我们身处机场，你可以把这个机场看作铁路车站的放大版，把问题换成，如何保证分别位于地球两侧的两个机场共享同一时刻，拥有对'现在'的一致定义？"马克诱导他把爱因斯坦从专利局拉进眼前的机场来加深理解。

"如果时间不一致，飞机就要在空中打架了，各地的起飞时间和抵达时间各说各话，飞机和乘客都没个准时，空难就难以避免。但这会是个问题吗？现在互联网都是即时通信了，校对个时间不是难事吧？"

"是的，受益于通信技术的发展，这个问题似乎已经消失了。那我们再升级一次，把那个问题放在不同星球之间来想想看。从两个机场之间变成两个星球之间，时间会有什么变化？"

"这个我们以前聊过了，不同星球上的不同钟表会因速度和引力的不同而发生不同程度的变形和变速，时间不同步。就是那个例子，双胞胎哥哥从太空回来后，发现弟弟比他老……"

"所以，尺寸放大后，就看得明显了，是吧？时间的同步一直是个问题，在不同事件的不同轨迹里，流逝的时间有可能是不一样的。这是老话了，我们再次回到'现在'。你还记得空间的参考系吧，就是那个定位上下左右东西南北的，时间也同样需要有个参考系才能定义过去、现在和将来。"

在日常生活里，昼夜和季节的更替、钟表的周而复始和历书等组成了时间的参考系。各国各地以前有不同的参考系，不同的时间参考系暗中决定了人们看待一切事件的差异。随着人类交流的深入，普遍使用的计时工具或时间标度会逐渐趋同，比如，公元纪年和24小时制成为主流。计时工具或时间标度的目的本来就是为了降低复杂性，提高协调性，使不同时空里的人可以互相理解，易于合作。只有统一的参考系才能建立起统一的时间感，才能使天南海北的人一起谈论航班，约定见面，共建'现在'。历史上，普遍认为蒸汽机启动了工业革命，如果把历史拉长一点来看，也许钟表的发明意义更为重大。时间工具的趋同带来时间感的趋同，再加上即时通信和互联，确实减少了差异，提高了社会的组织性和条理性。但是，你看看这里，这个繁忙的机场：流动性极高，计划性极强，紧迫感极大。眼前的这幅图景会不会促使你加深思考一些问题？我们今天选在机场见面也是有理由的不是？"

"我不喜欢这里的时间感，太压迫人了。幸好这只是一个特定的时空、局部的时空，如果整体的时空都是这个状态，人太累了。我们来机场不就是因为我不想要那种紧迫的时间吗？"

"我们无法确知整体，只有一个个特定的、局部的时间。也许还有一些比这更极端、更奇特的时空，比如闭合后又打开了，像开花一样，绽放出多种可能性；或者像爆米花一样，不是周期性的，而是一粒一粒的，有限膨胀，每一粒都大同小异，具有同样的性质，可以不断复制。"

"这个好，爆米花好。我每门课都投一颗爆米花进去，会是什么结果？哈哈，想想就乐。对于时间，用同质复制替换周期性，我同意；有限膨胀，谁能做到我支持谁。你的想象力真好，这种时间可爱多了，我喜欢。"

时间旅行与因果律

当然，如果时间是爆米花之类的实在物，那我们今天所谈的所有问题就都变成废话了。安得以前曾想过最简洁的证明：既然时间是看不见，摸不着的，那它就不是一个真真切切存在的物体。马克说，这个可以同意，但太简单，不能因此证明时间不存在。不过，这个最简洁的证明也切中了时间问题的难处：时间不是一个可以直接感知的东西。现在的科学无法直接定义时间，所有的定义都是间接的。不管用什么工具，即使不是计时器，而是用感性和理性，也都只是对时间的间接测量、感知或认识，而无法捕捉到时间本身。在这一点上，康德可能是对的，时间来自人，而非物质。爱因斯坦对此不以为然，他的时空几何学既贬低了时间，又保障了时间不至于因为不绝对就不存在。但他们都没有想象到时间之箭可以弯曲，甚至消失。实际上，即使时间倒流，几乎所有的物理定律都还同样有效。适用于正向走的方程，改个参数，也适用于反向走，这个也是对称性的表现。我们已经理解了时间是通过物质和运动来表达的，那么，只要物质运动的所有粒子做个反向运动，回到原来的位置，不就是时间倒流了吗？如果时间是一条河，河流冻结了，就是时间停止；把河里的每一滴水都放回原处，就是时间倒流。所以，对于多数人而言，比起其他时空问题或答案，时间倒流、时间逆行和时间旅行之类的概念更容易接受。

坏消息是，哥德尔没看到证明，我们至今也没看到。支持时间倒流的观测结果没一个，支持时间之箭单向前进的倒是不缺。对宇宙大爆炸和膨胀的观测结果显示，从奇点演化到未来的宇宙，极有可能是一个无法逆转的过程。这个单向的过程还受到热力学第二定律的支持。这个定律在很多科学家眼里,是最可靠的定律,具有一票否决的崇高地位。爱丁顿就曾说过:"我认为,熵增定律——热力学第二定律——在自然界的定律中具有至高无上的地位。如果有人指出你的宇宙理论与麦克斯韦方程不符,那么麦克斯韦方程可能有不对;如果你的宇宙理论与观测相矛盾,好吧,观测的人有时也会把事情搞错;但是,如果你的理论违背了热力学第二定律,我敢说你没指望了,你的理论只会无可奈何地在最深的屈辱中崩溃。"熵(Entropy)不是一种物质或物质的属性,而是一种统计学的概念,用于衡量系统内部的混乱程度。在一个封闭的孤立系统里,如果没有外力做功,在系统总能量不变的情况下,其中可用部分或有效能量就会逐渐减少,其结果就是越来越无序、越混乱。宇宙膨胀也符合这个定律,与早期宇宙相比,现在的宇宙比较混乱和无序,未来还会继续熵增,直到耗尽所有的有效能量,宇宙无序到极限。这是一个单向的不可逆的过程。马克交代他,如果以后有机会在所有定律中选一个判死刑,拜托,一定要选这个熵增定律。

  与这个让人没有后路、让人最感恐惧的定律相比,哥德尔的时间虽然难解,却可爱多了。不过,哥德尔所想到的这个宇宙只是理论上的存在,那个闭合的世界线实在太长了,用整个太阳系的一生还走不完半圈,不知猴年马月才能观测到。所以,尽管时间旅行已经成为妇孺皆知的说法了,但一直苦于与熵增定律的不兼容以及缺乏观测结果和实验证据而处于悬而未决的状态。有科学家提议建造一个高速旋转的设备,在小尺度上来验证。这个小尺度有多小呢?整个设备的最小部位也必须比地球大,这显然是不可能的任务。还有科学家在理论上提出假说,在哥德尔的宇宙和平行宇宙中可以发现熵减,这不仅意味着时间可以倒退逆行,还意味着宇宙可以免于一死。更有霍金提出"时序保护"假说,从因果律出发,认为那种时间旅行是不可能的,即使能造出时间机器,一开机就会自毁。索恩不是说过吗?等到2050年,引力波可能会提示宇宙深处惊人的细节。那就让时间来解决这些对时间的争议吧。

"我们没有能力判断这些人谁对谁错,但可以顺着他们的思路前行。爱因斯坦创造性地把时间和物质联系起来,结果却在哥德尔手上栽了。既然时间被物质牵制,那就不可能像上帝那样,是一种超越性的存在。哥德尔曾以宗教为例来论证时间是否存在。如果有人认为上帝不存在,那就不仅要论证上帝不存在,还要论证上帝是不可能存在的;如果有人相信上帝存在,那就必须证明上帝不仅存在在地球上,还必须存在在宇宙内外从精神到物质的任何形式和任何角落,包括哥德尔的那个宇宙,只管一个地球或只管一个宇宙的上帝就不配叫上帝。同理,时间像上帝,要么无处不在,要么完全不存在。上帝不会因为高速旋转就消失,同理,如果高速旋转就能让时间消失,那么,时间也不可能存在于我们眼前的这个世界里。"

"这个太惊心动魄了。有没有平易近人一些的,没那么多火药味,不说大道理,也不用多动脑筋的说法?我的小脑袋好像有点超载了。"

"对不起。要不我们学学费米,跳到他的问句里试试看?他有个著名的疑问:为什么我们从未见到一个来自未来的旅客?这就是一个很好的思路。先不说过去,先说将来,也可以思考时间问题。我们也学着这个思路,离开'过去'话题,转入'将来'话题,然后再回头看'过去'是不是可以过去。刚才提到双胞胎哥哥从太空回到地球,你先说说看,他是回到过去,还是回到将来?"

"我可以学奥古斯丁说句话吗?你不问我还明白,你这一问,我又糊涂了。天上一日，地上一年，哥哥从天而降，应该是回到过去吧？"

"也许吧。可换个角度看，他回来后发现，自己比留在地球的孪生弟弟更年轻，为什么不能说是，他走进了弟弟的将来呢？"

"好像也可以啊。这……过去和将来又混了吗？"

"参考系，参考系。谈时空，万万离不开参考系。"

"哦，所以问题不在于过去还是将来，而在于你站在哪一方看时间，对不对？"

"是的。但是，再往深处挖下去，你就会碰到问题的根本：因果律。我们在那里会合吧。"

"什么？我们正在谈科学，好不好？怎么又扯进因果律了？"

哥德尔有自知之明，知道自己的时间观不会被科学界主流接受。他只玩了那么一票，从那以后，再也没有发表与宇宙学或时间有关的研究成果了。他不解释，不辩解，不争论，不反驳，悄悄转向研究逻辑学和哲学。这背后可能有一种因素值得注意，那就是，他的时间观违背了人们赖以理解世界的因果律。科学的一大任务就是，寻找一个事件和另一个事件之间的必然关系，比如摩擦必然产生阻力。这种必然关系就是因果律的准则，不管科学家是否自觉，致力于寻找必然关系就是为了精心维护因果律。日常生活里，人们也对因果律运用得得心应手，前一个事件一般会被称为原因，后一个事件则是结果，原因决定结果。这反映在时间线上，则必然地形成原因在前、结果在后的顺序。从宇宙到社会，乃至一件件小事，人们都可以理直气壮地说，当前事件或状态是之前的事件或状态汇总的结果。所以，科学就必须提供可预测性，在一个给定的系统或条件下，从已知数据可预测未来的结果。比如，不合理的力学结构会导致房屋倒塌，物体的移动方向可以从受力的方向来预测。这种预测的歧义或分叉越少，就越科学。把这个落实到时间问题上，时间作为关系和顺序的属性就凸显出来了。时间标记出不同的事件，度量出这些事件之间的距离，并为它们排序，使人类可以通过因果关系来区分过去、现在和将来。先出现的是过去，是原因，后出现的则是将来，是结果，正陷在事件或状态里的则是现在。如果一个事件对另一个事件产生了影响，那么它的发生或存在就先于后者，将来不会影响现在。所以，由时间安排的秩序本质上就是因果序列，整个世界都可以看作一种因果结构。最短的因果关系是光，因为光速可以最快地走完同等的距离，完成一次因果的过程所需的时间最短。在因果律的担保之下，所有的物理定律，都可以严格地适用于过去和将来，只在"现在"或某年某月有效的定律就不算定律。

这才是问题的核心。那些反对哥德尔的科学家，与其说是想要保护时间的存在，不如说是试图保护这个因果律。在哥德尔的宇宙里，变形和倾斜的光锥不仅扭曲了光线，也扭曲了时间线上的因果关系，时间序列不能再简单地对应于因果关系了。因果不再是一成不变的先后关系，而可能是某种互补关系。如果说，在宏观世界里，哥德尔还只是间接地打乱了因果序列，那么，在微观世界里，量子力学的主要创始人维尔纳·海森堡（Werner Heisenberg，1901—1976）则干脆利落地宣告"因果性原理在量子物理学中已失去了它的适用性"。到了混沌理论那里，在有规则支配的系统中照样可以发现无序，确定的作用关系也可以产生不可预期的结果。因果律不再是严格的真理，世界不再是确定的。

"这可如何是好？如果不能确定因果关系，那善有善报，恶有恶报不就不成立了吗？"

马克有点舍不得打破这一层，可看着他，似乎最近长大了不少，似乎可以多承受一点了，就轻声说道："这还轮得着哥德尔出力吗？现实中，反例比比皆是，那种因果关系好像从来就不牢靠。"

"如果能够时间旅行，那就更不牢靠了，要防止坏人破坏因果关系。"

"是的。但是，人类的想象力全被因果关系困住了，没法前进了。我们还是继续谈时间旅行吧。"马克希望尽快离开因果律的困境，他真的不想破坏少年眼里残存的善念和纯真世界。"你还是要记住，好人有好报。记下了这个，我们就可以先把这个因果律的话题放下，来看一个新问题。你有没有一种感觉，回到过去，走向未来，这两件事相比，人们似乎更愿意讨论回到过去？"

"我看过报道科学实验的新闻，加速走向下一秒是可以做到的。所以，向前的时间旅行不成问题，问题是向后。"

"是的，加速向前，进入将来，在理论上是可能的，剩下的只是经费和工程技术的问题。相比之下，回到过去这个主题总是更令人遐想。为什么呢？因为那从未体验过，从未发生过。你看那边的电视屏幕，又来一个跳水运动员，我们等等……看，她走过高台，立定，起跳，转身，落水，水花溅起。如果能回到过去，那意味着你看到的将是：水里涌出水花，托起运动员，凭空升起，回到跳板上……"

"咦，这不是我妹妹以前说过的想法吗？世上真有后悔药吗？"

"你看，我给你的生日礼物所带出的那些最初的问题，与你妹妹那天提出的问题走到一块儿了吧？时间能不能倒逆，这不仅和生命有关，还可能隐藏着一个令人悲哀的现实。那就是，大部分人对自己的过去是后悔的，希望重来一遍。当然，也有可能仅仅只是因为事后诸葛亮好当,用过去改变现在,比用现在改变将来来得容易。"

"我就是其中一个。"安得举手,说:"要是能回到一岁,带上最近学到的这些知识和思维,说不定我可以超越爱因斯坦和哥德尔,再不济也是个小天才吧?"

"会的,我毫不怀疑。你先说说,我们去哪儿吃午餐吧,小天才。"

不知不觉已到了午餐时间,他们起身去找餐馆。一离开航站楼,刚才那种非日常的时空和超现实的气氛就消失了,走入餐馆,就像从太空回到地球一样,心里踏实了。安得觉得这之前的一整个上午似乎已经很遥远了,好像是被外星人绑架了半天。在一场不可思议的对话之后,绑匪和外星忽地一下都消失了,他们回到真实生活。这里的机场餐厅和大部分国家的机场一样,没有坐地起价,和市区的餐馆定价相差无几。看着真实的、普通的、熟悉的餐桌和菜单,他从虚幻感中慢慢地走了出来。午餐时间,店里客人却不多。他环顾四周,心里升起一个疑问:他们都是来自同一个星球的吗?不管怎样,他觉得自己和马克回到熟悉的地球了,该好好吃点实实在在的食物了。有一点他比较确定:是一种叫午餐的时间把他们一起推进这里的吗?不,是肚子里的空间空了。

九月·影院

当最后一个地球人听到敲门声

> Thou great star! What would be thy happiness if thou hadst not those for whom thou shinest!
>
> —Friedrich Wilhelm Nietzsche
>
> 伟大的星球!假如没有你所照耀的人们,你的快乐何在?
> ——弗里德里希·威廉·尼采

数学里的外星人

安得聊起外星人，似乎比邻居还熟悉。听到马克说，外星人也许并不存在，他大声抗议，你不看科幻片可以，但不能反科学啊。

其实，马克和他一样爱看科幻片，他们现在就在电影院的走廊里。电影院和机场有点像，都有一种脱离日常的超现实氛围，尤其是当电影院不放电影时。他们刚才到了门口才知道，预定的电影突遭审查，临时停演了。看门的人说，来都来了，空着也是空着，就破例让他们进去了。这下可好，空荡荡的走廊，空荡荡的剧场，就他们俩，闲逛了半圈，无所事事，不知该走还是该坐下。

"我们像不像两个外星人，降临空无一人的地球？"安得撩开帘幕时，回头问马克。

马克走进剧场，扫视了下前几排的空座椅，认真地回答："东西都还没腐烂，看来地球人刚离开不久，他们撤离到哪个星球去了呢？"

这两天在预定电影票的过程中，两人聊到了外星人和星际移民。安得和他爸妈一样，觉得地球之外肯定有智慧生命存在，说不定明天就会光顾地球，来他们家敲门。

在人类的可观测范围内，按以前的估算，有一两千亿个星系，按一种最新的说法，至少有2万亿个星系——数字差异如此之大，也可以看出人类的无知。每个星系都像银河系那样拥有几千亿个恒星。

地球，一个不起眼的小行星，体积只有最近的那颗恒星的130万分之一，诞生于46亿年前。最初，和太阳系里的其他行星一样，没有任何生命，直到38亿年前，第一个生命诞生了，然后不断进化，在直立猿人和早期智人出现又灭绝之后，大约在20万年前，第一次在东非演化出晚期智人，又称现代人。1961年4月12日，人类第一次飞出地球，在离地330千米的高空飞行了108分钟，环绕地球整整一圈后，于当天安全返回——那个人是苏联东方一号飞船的宇航员尤里·加加林（Yuri Alekseyevich Gagarin，1934—1968）。1969年7月21日，人类第一次到达地球以外的星球——那是美国阿波罗11号的宇航员尼尔·阿姆斯特朗（Neil Alden Armstrong，1930—2012）和巴兹·奥尔德林（Buzz Aldrin，1930—）。迄今为止，飞往月球的地球人总共24名，其中12人踏上了月表地面。不过，人类的脚步止于月球这颗小小的卫星。在直径930亿光年的可观测宇宙里，迄今为止，人类离开地球的最远距离不超过1.3光秒；目前，全球人类总数超过70亿，却没有一个人去过任何一颗恒星，想到这点，你不觉得人类幼稚，而且可悲吗？

那，外星人呢？有没有不幼稚、不可悲的外星人呢？全宇宙那么多星球，怎么可能只有地球有智慧生命？他们会不会生活在某颗遥远的行星或恒星上，或者脱离星球，住在某种航行器上，甚至寄生在太空漂浮物上？按概率算，每个星系里总会有那么一两处可能拥有智慧生命吧？这就是他们一家人朴素的疑问。

可以间接回答这个问题的最新报告是2021年由美国国家情报总监办公室向国会提交的一份关于不明飞行物目击事件的调查报告。一年前，美国国会的议员可能被他们的选民追问得答不上来了，要求情报部门在半年内提交一份关于不明飞行物的报告。这份报告抛弃了历来用于表示不明飞行物的专用词UFO（Unidentified Flying Object），而代之以UAP（Unidentified Aerial Phenomena），中文可以翻译作不明空中现象。从用词的变化也可以看出，从物体改到现象，这次调查囊括了更多的记录，涵盖了更大的范围。令人失望的是，在分析了从2004年到2021年期间的144次目击事件之后，它的结论是：目前没有结论，没有任何证据显示外星人存在或来过地球。

这个没有结论的结论，显然压不住各种阴谋论。但是，按科学的态度，也许只能做到那样了。那些目击情报和照片、录像也许有真实的，却不能等同于外星人到来这件事的真实性。大部分UAP记录都缺乏足够详细的信息，有限的资料让那些记录得不到合理的解释。只能说，有些事情，人类还无法识别，无法理解，无法解释，无法证明。虽然在人类的想象和电影里，外星人层出不穷，有人甚至声称自己被外星人绑架过。但事实是，人类从来就没见过外星人。

"没见过不等于不存在，你不是老爱说想象力吗？"安得对这个报告不以为然。

"想象力也需要有个基础啊。不过，有一些研究正在为你夯实这个基础，比如德雷克方程和CETI方程。"

天文学家弗兰克·德雷克（Frank Donald Drake，1930—）曾于1960年提出德雷克方程用于计算银河系中可能有多少先进文明。先进文明的标准是：能够通过无线电波发送或接收星际信息。按这个标准，地球在麦克斯韦之后才进入先进文明——这也是为什么我们之前要从麦克斯韦谈起。德雷克方程中重要的参数有：

银河系内先进文明数量；

银河系内的平均恒星形成率（SFR）；

恒星与行星的比例；

每颗恒星中可能支持生命存在的行星平均数量；

可能孕育生命的行星的比例；

可能演化出智慧生命的比例；

那些智慧生命中能够发出可检测信号的比例；

一个先进文明的平均寿命，即一个文明在发展出传输信号的技术能力后还能存活多久。

这么一项项乘积下来，方程式的解介于零与万之间，这未免太粗糙了。方程式里几乎每一项都还是巨大的未知数，所以，任何结论都还为时尚早。

2020年6月，有两位科学家提出德雷克方程的改进版——CETI（Communication with Extraterrestrial Intelligence，外星文明交流）方程，得出一个解：银河系中先进文明的数量至少是36。方程式中意义最大也最有争议的两项是：

年龄大于50亿年的恒星比例——参照从地球诞生到麦克斯韦为止的时间，智慧生命的形成需要至少50亿年的时间。

先进文明维持100年以上的比例——这也是从麦克斯韦算起的一个概数。通过卫星和无线电传输，人类文明能够被外界感知的时间只有100年左右。

他们还算出在最严格的条件下，最近的先进文明大约距离地球

1.7万光年，而这个距离对现阶段的人类而言，已经遥远到不可能进行通信了。

这是我们第一次接触到这么多数学，可也就是几个数字的乘积而已，并没有那么复杂，是不是？对时空的研究主要依赖于哲学、逻辑学、数学和物理学，到了现代科学，最后两个的结合成了大趋势。很多科学家用数学理解物理，澄清理论和概念的数学意义，有时甚至仅仅因为不符合数学推理或方程式的美感，而排斥一些假说。相反，有些假说虽然无法确证，但经由数学的严格推导，却是可被接受的。希尔伯特曾说过："物理对于物理学家来说实在是太难了！"他是作为数学家在嘲讽物理学家，因为物理学家往往在数学方面有所欠缺，结果就难以真正掌握物理学。上面这些方程式就是一例，典型的数学题，却在对宇宙学攻城略地。人们可以说那是纸上谈兵，但要否定它和肯定它一样困难。不过，致命的一点在于，那只是根据人类的经验选择参数，试图用多个因素的概率相乘算出外星生物的存在概率。显然，这种数学建模里包含了太多的假设和变数。人类出现在地球，并且发展出射电天文学的各种条件都非常苛刻，可以说是一种混沌学的结果，似乎不是一两个简单的公式就可以计算的决定论。况且，地球人也已经意识到了，文明本身也是脆弱的，技术文明总是隐含着自我毁灭的风险，地球自己都有可能自身难保，泥菩萨不仅过不了银河，说不定几千年后就会毁灭于核能、生物工程、巨大陨石或其他力量。同样的道理，地外文明即使存在，也有可能早已毁灭。

这两个方程式都支持对外星文明存在的相对乐观的看法，但也没少受到质疑和挑战。即使未来可以把其中的各项参数调整到更为精确的数值，这种数学模型也不太可能令人信服地回应费米悖论。

从这些方程式里还可以得出一个解,那就是,我们越是了解就越是心怀感激:宇宙的这个小角落如此宜居,各种自然定律和条件都恰到好处地调谐到这个状态,那么多参数通力合作,让生物诞生,人类存在,在处处陷阱的时空里悬而不坠,而我们都有幸生在麦克斯韦之后,得享现代文明。

"如果靠想象没法发现外星人,那我也不觉得靠数学能发现外星人。"安得对两个方程式都不以为然。

"那你还可以试试看,靠心灵。不希望在地球上独居的人,必然也不希望在宇宙中只有人类文明独存。渴望有外星人的存在,就像单身的人渴望结婚一样。结婚不一定都是好事,但总有人跃跃欲试。多数人选择相信外星人的存在,这里面有多少是出于科学原因,多少是出于情感原因呢?"

"地球的求爱好辛苦啊。"安得感叹道。虽然还不理解婚恋,但他对这种单相思一样的心理似乎有点感觉了,知道那可能是一种无法用数学计算的东西。

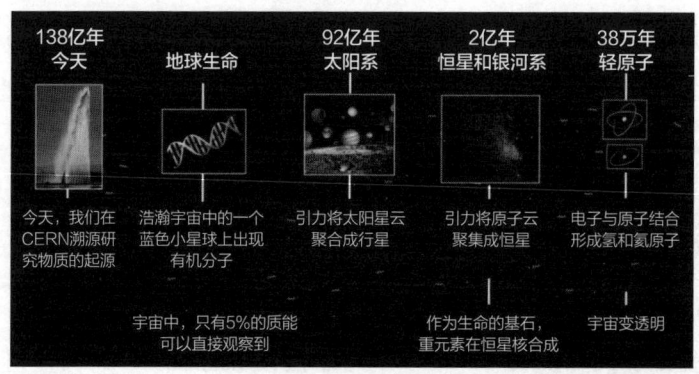

图片来源:编译自 CERN

宇宙大沉默

费米悖论的最简单表述可以这么说：宇宙如此之大，如此之古老，理论上，地球之外应该广泛存在高等文明，可实际上并没有充分的证据证明高等地外文明存在。这个悖论始于1950年的一次非正式讨论，物理学家恩里科·费米（Enrico Fermi，1901—1954）突发奇问：如果银河系中存在大量先进文明，为什么看不到来自外星的飞船或者探测器？即使先进文明的存在概率很小，比例很小，但在银河系中也应该数量庞大。先进文明总是渴求更多的能量资源，总是难以抑制对外扩张的倾向。文明程度越高，越有可能在更大的范围内被观测到，也越有可能接近地球。可事实是，迄今为止，没有任何确切的观测证据足以证明地外文明的存在。

"也许只是因为人类还没踏足月球之外的星球？未来的星际旅行走出太阳系之后，也许就会遇到外星人了吧？"安得已经意识到希望越来越渺茫了，外星人根本不像他的邻居那样确定存在。

马克还在继续泼冷水："不一定要人类自己肉眼看见，地球发射出去的探测器和望远镜也可以胜任的，可为什么它们也探测不到地外文明的电磁信号呢？"

"不是已经发现了几个长得像地球的行星吗？连那上面也没有吗？"

"寄希望于类地行星吗？考虑到如此宜居的地球在几十亿年里，也只有一个物种演化成拥有智慧的生命，以能发出电磁波为标志进入宇宙先进文明，也只是最近100年左右的事，其余物种或已灭绝，或还处于低级状态，那些长得像地球的行星上存在智慧生命或先进文明的可能性能有多少呢？即使复制一个刚刚诞生的地球，或者时光倒流从地球早期重来一遍，又或者人类灭绝后再过20亿年，是否还能演化出智慧生命和先进文明都还不好说呢。今天人类的这种存在更可能是一个偶然的事件，未必能在其他时空里重演。"

"也许外星人太稀少，太低级，或者太遥远，以至于人类不可能探测得到？"

"也许他们要么不存在，要么早已灭绝——即使灭绝了，也应该能找到曾经生存的痕迹，但就是没找到，连遗迹也没找到。总之，至少现在，人类是孤独的，宇宙是沉默的，渺无音信的大沉默。"

两人都陷入沉默。法国数学家、物理学家和哲学家布莱士·帕斯卡尔（Blaise Pascal，1623—1662）曾说过："这些无限空间的永恒沉默使我恐惧。"不知道安得是不是还没能感受到这种恐惧，在两人的小沉默里没入一小会儿，他突然要上来透气一样，抬头说："嘿，你不觉得这样更好吗？算了，我不要外星人了，没有外星人，人类更安全。要不然，他们找上门来……能找到这里就可以说明他们技术水平远超人类吧？技高一筹，如果还不怀好意，甚至有威胁性呀侵略性什么的，那人类能打得过他们吗？"

"凶多吉少。人类自己能不打自己就够难的了，还要去招惹外星人，那不找死吗？"

可事实是，早就招惹去了，怎么办？宇宙学成为一门可以量化的科学，也只是最近几十年的事情。在早期宇宙学里，全是乐观的展望，像青春期或发情期，忍不住想要搭讪外星人。1974年，人类第一次向太空主动发射"无线电报"。那条被称为阿雷西博信息的内容是1679个二进制数字，包含着人类使用的数字、DNA元素和基本结构、人类形状和地球人口总数、地球和发射台的位置。发射目标是2.5万光年外的M13星团。3年后的1977年，两颗太阳系外空间探测器——旅行者一号和二号，发射上天，各自携带一张相同的"地球名片"——12英寸的镀金铜碟,外号"金唱片",内含来自不同文化与时代的音乐、各样动物叫声和风雨雷电的录音、115张"相亲照"、55种语言的问候语等等。致命的是,唱片的表面上刻着太阳系在宇宙中的位置,和唱片放在一起的还有一瓶超高纯度的浓缩铀——通过计算铀的衰变程度就能鉴定出唱片在宇宙中飞行了多久。空间和时间都说白了,就看外星人能不能看懂这个太空漂流瓶了。旅行者一号是飞得最远、速度最快的航天器,也是目前唯一一个飞进恒星际空间的人造物体。几年后,旅行者二号也随之穿越太阳风所能到达的边界。2017年,位于加利福尼亚州帕萨迪纳市的喷气推进实验室(Jet Propulsion Laboratory,JPL)的工程师们隔空给旅行者一号做了一次小手术。那是人类首次在太阳系边缘的星际空间启动发动机,远程修复一组航迹修正推进器。修复是修复了,遗憾的是,它的核能电池仅有40多年的寿命,将在2025年后耗尽,之后就可能会与地球失去联系,也有可能再也飞不出奥尔特云——在某些定义里,那里才是太阳系的边界。

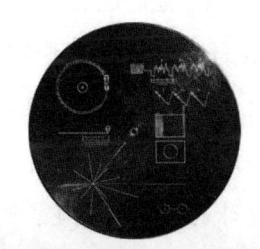

金唱片和旅行者一号

唱片左下角的图案显示的是太阳系的位置。像爆炸一样散射的14条直线的末端,代表着14颗脉冲星——一种自转迅速而且自转周期稳定的星体,其自转周期线用二进制数字标注在线条上。外星文明只要能找到其中任何三颗脉冲星,就能够准确定位太阳的位置,也就是14条直线的交汇处。下图是旅行者一号航天器。图中可以看出金唱片安装在白色长方形的左侧。(图片来源:NASA)

和现实生活一样，你发信息，就有可能暴露自己。如果这只是人类的一厢情愿，外星人看不懂，或直接无视，那就继续相安无事。如果更高级的文明循着那些线索，找到地球，那就等着灾难性的后果吧。再说了，地球上就是因为有了生命，才发生这么剧烈的能量和资源的争夺战。如果有外星人，他们迟早也会有耗尽能量和资源的时候。那么，争夺和战争就有可能搬到太空，在星际文明间重演。

安得感到事情有点严重了："不知道别人会不会后悔，我觉得可以考虑再发个太空追捕器，追上它们，把金唱片收回地球来。"

"也许还来得及。不过，两个旅行者号的电池可能都撑不到飞出奥尔特云的那一天了。一旦没了电源，不会发光，就是个宇宙小垃圾了，很难被探测到的。再说了，抓回它们的成本太高了，谁愿意出钱？"

"但愿没有外星人发现，发现了也暂时不要来。人类这么低级，载人航天最远还只能飞到月球，哪能承受得住他们的降维攻击？"他说完，双手合十。

"你不发信息，或者发出后丢包了，也不一定就能挡住外星人自发探测到这里的生命迹象。我们只能猜测，也许他们还没有那么高级的人肉搜索技术，也许人家根本就看不上地球，就像老虎不吃蚂蚁和豆芽菜一样，你能量太少，文明太低，七十几亿人还不够他塞牙缝。"

这个想象的广度太吸引人了，安得放手来个更大的："不一定冲着人肉来啊，也许两口气就可以吸干全地球的石油和铀矿，哗啦啦几下就把地球的资源掠夺一光，顺手把人类给灭了，甚至用整个太阳充电，完了扔下一个干瘪的黑球，扬长而去。"

马克继续用问句引导："如果只是来观光旅游呢？"

"那只能祈祷他们都是友善的，仁慈的，最好信佛不杀生，放过我们，即使抓到了也一定要放生啊。"他说完，再次双手合十。

马克看得笑了:"那我们人类岂不成了动物园里的动物?鬼知道他们会怎么对待我们……所以啊,霍金生前曾严肃警告人类,千万不要主动和外星人联系。"

安得今天不知哪来的底气,也许是因为对外星人的熟悉吧,马上喊起来了:"我不相信他的警告会起作用,人类怎么可能会停止探索宇宙?"

"是啊,不可能的,是个文明就会想着外溢。闭目塞听也不可取,否则还怎么算智慧生命?但另一种保守的生存之道也有道理:保持沉默,别去惹是生非,自取灭亡。"

马克的意思是,这个问题在本质上不是科学的问题,而是价值的问题。因为人类可以基于自身利益和条件做出选择,选择的背后就是价值的取舍。至于宇宙飞船能飞多远,核能有多强大,人类寿命能维持多久等等,都是探索过程中的技术性问题。人们一味地盯着这些技术性问题,却忘了问一下为什么、要不要、好不好。

美国的那个UAP报告里也提到一些技术手段。比如,今后要用AI学习算法识别UAP,也就是让AI预先学习已经存储的记录,遇到新UAP后就可以自动匹配、比较、分析和评估。冯·诺依曼曾经设想过一种微型的无人探测器,出发时只需携带少量的能量,进入太空后,可以就地利用材料,不断地自我复制,一个接一个地克隆,一步接一步地拓展,假以时日,就可以探索整个银河系。当然,就像安得所担心的,如果外星人先拥有这类技术,那么,他们的探测器或信号就会先到达地球。如果有更高级的外星文明,也许还会屏蔽信号,不让人类理解他们和接触他们。

"等等,他们能监控我们,我们却看不到他们——这会不会就是找不到他们的原因?会不会就是宇宙的真相,世界的真相?"

"看你的想象力咯。从哲学家到科技富豪,时不时有惊人之语,认为人类实际上生活在某种高级文明的实验室里、电脑程序里,或模拟状态里。也许发现不了外星文明的原因是人家不让你发现,其实,他们正充满好奇地观察着人类呢。如果真是那样,那数学、物理、因果律和逻辑等等都没多大意义了,我们在这个世界的存在只是为了满足那个高级文明的好奇心而已。如果真是那样,他们的世界是真的,而我们的世界却是假的,我们并未生活在现实中。这有点像最近火热的元宇宙概念:一个假世界、虚世界、虚拟现实或游戏里的人,其意义和价值都是由外部操纵者定义的,你一思考,人家就笑了。"

侦探片或恐怖片

两人坐在舞台边,双腿垂下,晃悠着,看着电影院里一大片空椅子。几天前的聊天无缝连接到今天的这个场景,空旷,寂寞,只知道起因于一场计划外的停演,不知道接下来会发生什么。这种意外的空洞没法让人享受悠闲,因为眼前的时空显得不真实,不确定,说不定哪张椅子下突然就冒出一个外星人。

现在,安得有机会当面问马克了:"招不招惹是一回事,存在不存在是另一回事。你再说一遍,外星人真的不存在?看外星人会不会找到这里来打你,或者把你从虚拟世界里踢出去。我觉得,你不至于这么武断吧?"

"也许我前天没说透,但没关系,让外星人自己来证明吧。"马克本来是开放的态度,但被问紧了,反而收回去,显得没信心了,

"多少人费尽口舌，想要说明宇宙中存在先进文明。如果真的存在，那里会不会也有两个人像我们现在这样，也在讨论同样的问题？也许他们更焦虑，为什么地球人还没来敲门呢？"

"是啊，为什么还没来找我们？在双方都活在真实世界里，而不是虚拟世界的前提下，我觉得，如果他们想明白了，就说明文明程度高于地球人，就会很快到来。既然还没到来，想必他们遭遇到了和我们一样的问题，百思不得其解。"

"你把那个'为什么我们还没找到外星人'的问题改换成'为什么外星人还没找到我们'了。这个思路对头！前一个问题是好奇，会引出宇宙侦探片；后一个问题有可能是惊悚，将引出地球恐怖片。"

"说不定他们已经到了，就在刚才，这个电影院外的世界全被摧毁了，他们就在门外……"

"那你要开门吗？"

"你呢？你先说。"

"先假设我不在。我只观察，不干涉。"

"我觉得，即使在这样的想象里，人类的想象力还是有局限，你看科幻电影里的外星人几乎都是地球生命的改版，要不长得像人，要不长得像狗、羊或者章鱼，还要受地球人的时空观制约。为什么不可以是随时能分解和组合的硅基生命，而必须是有血有肉的碳基生命？为什么不可以是纳米级别的小分身，就几个分子组成，根本不用开门，从门缝里就可以钻进一大群。"

"所以，如果你听到了敲门声，那就说明你不是最后一个地球人。敲门是地球人的行为，外星人也许会不理解为什么一道门就可以隔开地球人的空间，就像人类看着可笑的蚂蚁跨不过一条小水沟一样。"

两人正沉浸在幻想里，左侧的边门突然被拉开，一道刺眼的光亮后面，一个人若无其事地推着一台小小的手推车进来了。安得吓得赶紧站起来，正要跑开时，看出来了，那是电影院的清洁工。

马克拉住惊魂甫定的安得，问他要不要离开这里。他们都觉得，蹭到这个难得的空荡荡的电影院，独占了这么久，今天没看到电影也值得了，可这毕竟不是可以久留之地。走出电影院的那一刻，安得觉得自己像是从外星荒漠回到地球，他从来没有像现在这样为活在地球感到舒适。

这让他情不自禁地赞叹起人类，自豪得好像自己就是人类的代表一样："人类虽小，但可能是宇宙中的最高文明了，不然早被外星人找上门来了。这地球，虽然文明还很低级，但可能不低于可观测范围内的所有星球。孤独的地球，渺小的人类，最高的文明。"

马克既不捅破他那种代表地球人孤芳自赏的态度，也不纠正他的最高文明之说，说不定真是那样呢。他说："最高文明的高明做法，我觉得，应该是不去招惹外星人，但要积极寻找类地行星，让人类早日变成多星球生物，分散风险，开拓未来。由于宇宙膨胀，星系退行，除了彗星之类的意外，所有的星球和地球的距离将越来越远。即使有外星人，既然他们现有的运输能力和通信手段、探测手段都没能到达地球，那未来到达地球的可能性只会越来越小，地球只会越来越孤独。"

安得对马克的预测有点不满意，说："你怎么把侦探推理片倒推回去，又变成恐怖片了？"

"这就恐怖了？你把地球会毁灭，太阳系会毁灭都考虑进去了吗？"

"那是另一个话题了吧？我只觉得如果宇宙没有外星人，就会变得像个鬼屋，不用任何剧情，就够恐怖了。"

"宇宙不一定要理会人类的小情绪。从大一点的视野来看,恐怖和侦探属于同一个主题,那就是,在我们聊过这么多之后,在这样重新认识的时空里,我们该如何自处?要消除恐惧,最终还是要回归到自身,侦探自己。"

"听起来,又是一个'你不问我还明白,你一问我又糊涂了'的问题。"

"正因为这样,每个人都应该问问自己:你真的知道自己身处何时何地?将要何去何从?"

宇宙必须有意义、目的和合理性吗?

两人过了红绿灯,走到斜对面的一家小店里坐下。可能因为刚开门不久吧,店里没什么人,服务员刚刚把食物上架。放眼店里,桌椅柜台,处处有序,小糕点小杯具都摆放得恰到好处,让人感觉精致的同时又不会因过于合理而感到压力。这种气氛让安得放松了,逐渐忘了刚才在电影院里的奇怪感觉。

"我们的聊天一直是天马行空似的,这次会不会又跑题太远了?我们不是谈时空问题吗,为什么要涉及外星人和星际旅行?"

马克哈哈笑了:"这是一个只有人类才会问的问题。"

"这是什么话?"安得可笑不出来了,觉得马克说了等于没说,一点都不好笑。"猫狗当然不会提问呀。"

"归根结底,人是寻求意义的动物,难以忍受没有意义的时空。"马克间接地回答了他的疑问,"人类的爱恨情仇、生死争斗在宇宙里很难界定意义。因为宇宙并不会把意义赋予人类的生命,迄今为止,从来没有一个人从地球之外获得过意义,连宇航员都没有。他如果失去和地球的联系,就会变成漂流在没有意义的时空里的没有意义的物质。是我们人类将意义赋予宇宙,赋予每一块可观测的时空。所以,除了一小部分科学狂人,大部分人应该是不愿看到一个全空的宇宙的——如果没有其他文明,没有智慧生命,那地球之外,在人类的意义上,就有可能是'空'的,而人类最终会厌倦那种'空'。如果没有文明可交流,单向的求爱最后就会遇到价值困境:为了什么?前面做过比喻了,像恋爱一样,文明总是期待发现文明,当然,最好是相爱的,至少是友善的,而且大致同等的文明。这就是为什么这一百年来,主流的声音是赞赏和支持这类探索,希望积极寻找并联络到地外文明。"

两人点的茶和咖啡都上来了。马克一边品味,一边在手机上搜图片。

"放松一下,来看看几张照片吧。你看,这张被称为'蓝色弹珠'的照片,史上第一张地球全身照,是阿波罗17号的宇航员在飞往月球的途中拍下的。人类历史上在太空的数次回望地球,都留下了非常令人震撼的照片。想想看,这张照片的震撼点在哪里呢?"

"大?可也大不过你的手机屏幕。嗯,只缘身在此山中?此地球中?对啊,你留在地球,就永远不可能拍到整个地球,所以,这个全身照是人类飞出地球的证据。"

"你说对了。所以,我们在地球上谈地球,总难免有局限,希望有一天能从外面看看地球。不过有几张照片可以参考,喏,这是从月球上拍到的半个地球……这是地球从月平线上刚刚升起的风景……这是2003年探勘者号在火星轨道上拍到的地球和月球的合影……"

第一张地球全身照"蓝色弹珠"

微信用户对这张照片应该很熟悉。1972年12月7日,阿波罗17号宇航员在距离地球29000千米之处,拍下了完整的地球全身照。因完美的球形和颜色,被称为"蓝色弹珠"(the Blue Marble)。原照片和这张插图是上下颠倒的,为了照顾人类的习惯,照片被倒转了。(图片来源:NASA)

从太空拍到的地月合影

这是第一张从火星拍摄的地月合影。2003年,NASA火星全球探勘者号(MGS)在距离地球1.39亿千米的火星轨道上,回望地球时,拍摄到地球和身后的月球。(图片来源:NASA)

看过这些照片,安得心想,这还只是地球人或地球物拍的地球照,如果外星人来拍,他们可能会另有一套成像原理和显像技术,甚至不靠光,而是靠声音,在一片滋滋声中听到噗的一声,就认定那是地球了。他现在对太阳系里的这些太空比较适应了,感觉像是邻国一样。因为这些实际上离地球并不远,都还局限在可观测宇宙里，只占宇宙整体的一小部分。问题是，其他星球的可观测部分与地球的肯定不一样，有的会有部分重合，更多的则可能是完全不搭边。那么，理所当然地，那些遥远星球上的文明所发展出来的宇宙观和时空观可能就是另一套了。可那又是什么呢？想到这里，人脑有点不够用了。毕竟，人类只能从地球出发，也就只能按照基于地球的时空观走向宇宙，走得越远，越有可能撞上一种不一样的时空——那将是一场巨大的冒险。

　　马克说，他也没办法想象外星文明的时空观，那可能需要另一套理论和与之匹配的能力。他安慰安得，不知为不知，承认自己的无知，承认人类的无知，也不是那么可怕的事情。还记得马克和安顿的争论吗？宇宙为什么诞生？为谁而爆炸？宇宙膨胀的意义何在？一个拼命想问价值问题，一个拼命想用事实去堵，谁也说服不了谁。其实，那些问题就是人类的问题，而不是宇宙的问题，你必须先假定这宇宙里，甚至这宇宙之前，有一种人的意志、神的意志或者一种与人的意志相符合的非物质的存在，才可以开始解答。如果找不到这些存在，那宇宙的意义就不可问。但问题并不是到此为止，人类还是可以在这些基础上继续思考的。即使宇宙本身没有意义可言，只要有人不断地理解和思索宇宙，就有可能把意义赋予宇宙。这本来就是我们学好新的时空观之后的应有之义。因为时空会参与到物质和运动里，而不是不声不响地提供一种一成不变的背景。时空的结构是动态的，影响是互动的。把这种新的观念应用在宇宙探索上，就会支撑起更为积极的态度，就会期待人与宇宙的良性互动，动态调整探索策略。当然，人类也要谦虚一点，要认识到，人类在物理规律中或是在宇宙的初始条件中并不占有任何特殊的地位，人类的价值观和意义到底又有何意义，首先就应该成为一个问题。

在这件天大的事上,至少有两类科学家的态度值得注意。一类是保罗·狄拉克(Paul Adrien Maurice Dirac,1902—1984)那样,追求极致的数学美,却不关心物理现实的可理解性,认为那是哲学家在自寻烦恼。他说,只要知道如何计算,并能与实验结果相符,就够了,只有哲学家才会想要一个对自然的令人满意的描述。他说得非常现实,却令人沮丧,因为物理现实的可理解性本应是科学家的重要任务之一。另一类就是像爱因斯坦那样,和我们一样希望世界是可理解的。当爱因斯坦惊叹于世界的可理解性时,这种可理解性的价值就已经再次被肯定了。只要那种理解的渴望存在,哲学思考就不可能缺位。在后一类人中,至少有两位给我们带来了"好消息"。

帕斯卡尔计算器

帕斯卡尔16岁时做过的事情:发现帕斯卡尔定理,开始研究概率,开始制造人类历史上第一台机械式计算器。计算器最终在帕斯卡尔22岁时完成,图为该计算器的复制品。机器上方的6个小孔里有数字转轮,用于显示计算结果,约等于今天电脑的显示器。下方6个转轮上刻有数字0到9,类似于电脑用的键盘,但只可依次输入6位数,只能做加减法计算。[图片来源:英国科学博物馆(sciencemuseumgroup.org.uk)]

帕斯卡尔前面已经提到过，就是对宇宙大沉默感到恐惧的那个科学家和哲学家。他对人类处于这样的境地深怀忧虑，有极大的不安难以排遣。在无边无际的宇宙里，在无穷和虚无这两个深渊之间，人类该如何自处？帕斯卡尔从投资收益比的角度下了一个赌注：如果上帝存在，那宇宙就不缺意义。但人类理性有限，无法判断上帝是否存在。那就抛硬币吧：如果选择相信上帝，你需要付出的成本很小，却可能受益很大：你将得救，获得精神安宁，即使上帝真的不存在，你也没多少损失。如果选择硬币的另一面，不相信上帝，你的收益有限，远小于受损的可能性：万一上帝真的存在，你就会被扔下地狱。所以，稳妥的赌注应该在考虑两种可能性的后果后，下在相信上帝这一面。

以人类的有限性，不可能完整理解宇宙"是什么"，也找不出终极的"为什么"。帕斯卡尔认为原因决定结果，第一因则可以决定任何事，他赌的就是这个第一因。这个投资决策有助于人类面对各种不确定性：宇宙终极的不确定性、人生目的的不确定性、理性的不确定性、科学的不确定性、宗教的不确定性，以及对不确定性的不确定——无法确知是否一切都是不确定的。

帕斯卡尔的赌注真的能把人类从无穷和虚无的深渊里解救出来吗？否定的声音越来越大，本来就不信上帝的人本来就不在这个赌局里。人类依然在深渊之中进退维谷，但这种行事必须权衡利弊得失的原则对太空探索依然有意义。寻找外星人，并不是用外星人替代上帝，而是一种人类的意义偏好。你想想看，如果某颗遥远的星球上确定有一群文明人存在，那他们就会为周边的时空带来意义，照亮地球与他们之间的路程，人类就会对太空有一种不一样的观感：仰望星空时，会因远方有个亲友的存在而感到安慰。这种互相赋予意义、互相安慰的结果可以缓和人类面对无穷和虚无的无力感和行动时手足无措的茫然感，而这本来就是从原始时代以来，人类和自然互动的最好方式。

还记得爱因斯坦和哥德尔的那个同事弗里曼·戴森吗？他有个和我们的话题密切相关的称号："太空梦想家"。97岁的戴森在2020年去世当天，《科学美国人》发表的讣文称赞他是现代社会里为数不多的"具有真正原创思维的大脑"之一。他一生涉猎极广，成就斐然，却没有博士学位，没有诺贝尔奖。人如其名，"弗里曼"的英文Freeman意为"自由人"，他一辈子自由，不局限于物理学和数学，甚至不局限于科学，从量子电动力学到天体物理学，从核工程到生物技术与基因工程，从数论到外星智能、太空殖民，还曾深度介入民权运动、反战运动和气候变化争论，被公认为20世纪最伟大的科学家之一。就像他的自传《模式的创造者》（*Maker of Patterns*）的书名所显示的那样，他提出了许多以他的名字命名的理论和构想：戴森球、戴森树、戴森数、戴森变换、戴森算子、戴森系列、戴森积分、戴森猜想、戴森图等等。2004年的诺贝尔物理学奖得主弗兰克·维尔切克（Frank Wilczek，1951—）曾形容他，以光速思考。

和帕斯卡尔相比，得益于麦克斯韦和爱因斯坦以来的科学发展和技术支持，戴森论述太空探索时，充满了积极进取的精神和乐观自信的气度，还延续了帕斯卡尔计算投资收益比的行事原则。他对当年五月花号从英国到美国的航行费用，以及美国摩门教徒向犹他州移民的过程做过统计研究，并以此类比，估算出小规模太空旅行的合理费用应该在每人4万美元左右。那是1978年的美元，换算成今天的币值，接近于20万美元。超过这个金额，就只能靠政府负担的航天计划了。当科技的进步和市场的力量将费用逐渐降低到这个金额时，太空旅行和星际移民就会成为有利可图的生意，诱使企业家参与开发，让更多非宇航员的民间个人得以成行，在太空重演美国早期的殖民。戴森预测这种廉价太空旅行将在他提出之后的50年里成为现实。几乎就是按他预计的时间，今天，戴森的预言已经变成了现实。2021年，由民间企业，美国的蓝色起源公司（Blue Origin）、英国的维珍银河公司（Virgin Galactic）和美国的Space-X公司开发的商用太空旅行先后完成了第一次载人飞行。其中SpaceX的灵感4号（Inspiration 4）的飞行时间最长，4名非专业人士完成了为期3天的环绕地球之旅。2021年可以称为商用太空旅行或民间太空旅行的元年。

这些太空探索意义非凡，可毕竟都是人类的意义。宇宙不一定非要有意义、目的和合理性不可，那是人类的需求或恐惧——害怕"空"的时空。戴森的构想就正好可以满足这个需求，仅仅只是把人成规模地送到地球之外，就可以让人随身携带的意义充实那些"空"的时空。随着太空移民，人类的时空观念也将有可能复制到地外星球。虽然会根据当时当地的现实有所调整，但是，比如到火星建设新城，基本上还是会模仿地球上的建筑物和居住环境一样，太空移民地或殖民地的时空概念极有可能将继承地球人所奠定的基本架构，然后，让"时空告诉物质如何运动"。

2021年去世的诺贝尔物理学奖得主史蒂文·温伯格对戴森极为赞赏，说他要多聪明就有多聪明。但在对宇宙的意义这个问题上，两人意见有分歧。在《最初三分钟：关于宇宙起源的现代观点》（*The First Three Minutes: A Modern View of the Origin of the Universe*）一书的结尾处，温伯格曾写下一句重要的判断："宇宙越是显得可理解，它就越显得无意义。"这句话遭到了很多人，尤其是宗教人士的批评，因为人们从中读出了一种冷酷无情和绝望无助，不喜欢温伯格那种非常机械地看待世界的方式。温伯格相信科学已经描绘了一个令人不寒而栗的毫无意义的宇宙，人类可能不是任何宇宙大片中的明星。戴森认为温伯格的那句话是一种严重的偏见。如果没有智慧生命，宇宙当然会变得毫无意义，也无法评估它的目的和合理性。而一旦智慧生命想要为宇宙赋予意义，或者要评估它的目的和合理性，哪怕仅仅只是想预测宇宙的未来，就又触及哲学问题了。因为，智慧生命总想引导宇宙向符合自己目的的方向发展，那就不可避免地要先考察他们的价值和目的。他调侃好友温伯格的那本书，用150页来描述宇宙的最初三分钟，却只用5页草草交代整个宇宙的未来。作为太空梦想家，为了研究人类和宇宙的未来，戴森在一次演讲中叛逆地，但又是再次自由地宣称，知识与价值观的混合不是禁忌，"我将不再为自己把哲学思辨与数学方程式混为一谈而道歉"。

"这家伙未免太乐观了吧？"安得为戴森的豪言壮语捏了一把汗，"如果戴森是对的，那他就必须证明智慧生命或人类永生，否则，一旦灭绝，宇宙就又失去意义了。"

"如果宇宙这么容易失去意义，那就说明它的意义确实很依赖于智慧生命。另一方面，只有智慧生命才会担心这个，石头和风才不担心呢。这就对时空问题的一个重要前提构成质疑了：宇宙和时空是不是只有与人类发生关联才是有意义的？"

"好像是，又好像不是，是不是？呃……我能想象到与人类无关的空间，也能想象到人类不存在了，空间还照样存在的世界。可时间呢？如果有一天，人类灭绝了，那么，时间会变成什么样？时间会在人类灭亡后终结吗？"

人类的终局和永恒智能

"先给你一个好消息,还是那个2020年刚去世的戴森留下的一个假说:永恒智能。靠永恒智能,你的问题也许会自动消失,不必回答了。"

乐观的戴森当然也明白,人类只是栖息在一颗微不足道的宇宙尘埃上。他还研究过生命起源,和主流进化论有过争论,认为在小种群的进化过程中,随机漂移实际上比物竞天择更明显,所以,人类这种生命形式出现在这颗小尘埃上,更多的是出于一种偶然。但他再次乐观地预言,有一天,人类有可能进化到可以脱离血肉之躯,变成一团带电粒子云或有感知能力的量子计算机。只有到了那种文明阶段,人类才有可能抵抗宇宙的剧烈变化,因为那种形态的人类可以把有限的能量储存起来,储存在星际云中带电的尘埃颗粒里,或者量子计算机里,到了宇宙的冷却期,就可以像冬眠一样度过难关。然后,到了某个合适的时间点,靠释放出一半的剩余能量复活,重新恢复智能。这个过程可以无限重复下去,冬眠,苏醒,恢复,再冬眠,再苏醒,再恢复,每次恢复都只用一半的剩余能量。这有点像《庄子·天下篇》中提到的:"一尺之棰,日取其半,万世不竭。"也有点像芝诺悖论,可以无限次地细分出一段距离的中点。庄子和芝诺所说的其实都是无穷小量的问题,但这个永恒智能的能量供应却不会陷入无穷小量的困境,不会把能量消耗到无以为继,无法维持自己的生命。因为消耗能量的同时会散发出热量,就像电脑运行时会发热一样。永恒智能会把那些散发出来的热量转化为能量,使能量代谢,永不枯竭。再加上每次苏醒后还有可能从别的渠道补充能量,永生是有可能实现的。

庄子和芝诺挑战的是空间、时间、无限、连续和运动的概念，戴森的永恒智能在大尺度的宇宙时空里，也同样挑战了这些概念。永恒智能，顾名思义，意味着至少在主观上，时间将是无限的。虽然，随着宇宙的膨胀，生物钟会变慢并断断续续地运行，但主观时间会永远持续下去。所以，戴森发表这个理论时用的题目是《没有尽头的时间：开放宇宙中的物理学和生物学》(*Time Without End: Physics and Biology in an Open Universe*)。

温伯格实际上也没有那么绝情。"面对一个没有爱心和没有人情味的宇宙"，他抽象地认为，爱和艺术可以赋予宇宙一个目的。戴森也有这一面，他说得更具体一点：为了生存，我们需要贝多芬和莎士比亚。但是，当他用公式演示如何将智能编码，细分为直径几微米的尘埃颗粒时，还是难免让人感到切骨之寒。这个永恒智能比物理学的智能和计算机科学的智能都更进一步，直接挑战了生物的概念，听起来像是科幻版《天方夜谭》。但是，在一千年前，有谁想象过人体内的细胞结构和神经的工作原理？如果我们把戴森的构想与细胞学和神经学重叠在一起看，那种景象就会变得好理解一点：就像人是一团细胞和神经的聚合体一样，人也可以变成一团带电粒子云，通过电磁力组织自身，维持体内交流。生命可以进化成最适合其目的的任何物质形式，而不必拘泥于现有的这些物种特征。

在1988年出版的《全方位无限》(*Infinite in All Directions*)一书中，这个太空梦想家还推测人工智能和生物基因技术有可能大量培育出廉价的"太空鸡"(Astro Chicken)——大小和智力都像鸡，但翅膀可吸收太阳能和其他恒星的能量，有能力飞出太阳系，有自我维生、知觉探测和通讯功能，将成为人类的助手。除了动物，还有植物。戴森树就是一种可以在彗星或地外星球上生长的基因工程植物。带着这类动植物，人类将开启星际航行和太空移民，抵达类地行星，成为多星球生物。最终，戴森预测，人类的智能有可能会传播到宇宙极远处。到那时，时空的意义将不再是问题。因为只要有智慧生命在思考，时空就有意义，宇宙就有意义。

"吁——终于放心了。"安得听完，长长地舒了一口气，"这是我今天最大的收获。"

马克乘机再补上一句戴森的原话："无论我们在未来里走多远，总会有新事物发生，新信息不断涌入，新世界等待探索，生命、意识和记忆的领域将不断扩大。"

他们现在可以放心回到那个惊悚问题了：假如世界上只剩下你一个人，门外传来敲门声，你敢开门吗？

首先，到底有没有外星人，是一个问题。这个已经聊过了，概率上，有可能，现实中，未发现。"既然这样，外星人会不会就是现代版的妖魔鬼怪？两者的地位好像差不多了呀。"安得觉得外星人已经不再像个邻居了。

"我们该走啦，离开之前，索性来个脑洞大开，想象一下：如果敲门人就是你自己，会是一种什么情况？"

安得有点懵圈了："我自己不是在屋子里吗？"

"你既在门里，也在门外，敲门人根本就不是别人。门里和门外本来属于两个不同的时空，但是，时空扭曲到重叠了，闭环了，或者钻进虫洞了，你来到了自己的门外。"

"这不还是有两个人吗？那个从外面回来的我，原来在哪里，怎么来的？"

"有一种还没被广泛接受的假说认为，过去的事情并没有过去，都保留在过去的时空里。过去的时空也是一种时空,你陷在现在的时空里,进不去。但是,时空变化到了某个极限,就打通了——你来到门外,敲门呼叫门里的你自己。不过,你要想好了,一开门,那种时空就会瞬间坍塌。我们不知道那会发生什么,也许就是宇宙末日……"

"算了,我还是不开门吧,我的想象力不够用了。"

Imagination is more important than knowledge. For knowledge is limited to all we now know and understand, while imagination embraces the entire world, and all there ever will be to know and understand.

—Albert Einstein

十月·洞穴

整个太空都是你的舞台和实验室

想象力比知识更重要。因为知识仅限于我们现在所知道和理解的一切，而想象力则包含整个世界，以及将要知道和理解的一切。

——阿尔伯特·爱因斯坦

深度时间

进入冬季,夜晚时间变长,一家人的外出相对减少了一些。但这对安得来说,还远远不够。他有一个很难被父母接受的计划,经过长时间的软缠硬磨,这个周末,终于获得了许可。囤好食物和水,关门,拉上窗帘,屏蔽了所有人和事,停止了全部活动,他的"山洞"实验终于启动了。

如果说,在找到外星人之前,外星人是被发明出来的人造意象,那么,时间呢?有人找到过时间吗?有史以来,所有对时间的认知都是间接的,从来就没有一个人见过时间。马克和他已经检视过那些把时间视为被发明物或人造概念的各种说法,他的不满是,不管正方反方,都缺乏实验证明。时间和外星人的存在都让人觉得,既无法肯定,也无法否定。他联想到数学中的虚数,那个在现实中不存在的虚数是发明还是发现?不管答案是哪一个,这东西有用,好使,可以让人在先不论及真假的情况下,把推论顺利地进行下去。会不会因为时间概念太好使了,以至于像虚数和外星人一样,被误以为是固有的存在?这几个对象都合乎理性,逻辑自洽,但是合乎实验吗?没有实验,如何发现?到底是发明还是发现,这个出发点上的区别将决定思考的走向。他对时间的看法已经动摇,但还在摇摆不定,而且只发生在模糊的理论层面。在现实生活中,他始终找不到正确的答案,甚至不知道该如何正确地怀疑。

早有人比他先想到这些问题了。2021年3月14日,15名不同年龄段的志愿者进入法国的一个山洞，开始一场为期40天的"深度时间"实验。洞里没有自然光，没有钟表和手机等计时设备，也无法与外界联系，但有井水和足够的食物供给，唯一的光源来自一个脚踏板驱动的发电机。每个人身上都有一个传感器，用于向洞外的30名科学家团队传送信息，后者借以观察和评估他们的大脑和身体如何感知、管理和产生新的时间感和空间感。

我们之前提到时间，每一次都不得不依靠某种周期性运动的物体来感知。可是，在那个暗无天日的山洞里，连原始人的条件都没有——原始人还可以看日月星辰判断时间。洞里唯一有周期性的可能就是人体的生物钟和睡眠周期了，这使得他们只能依靠自己的身体来感知时间。可是，在那种环境里，生物钟难免会变得紊乱，以此来安排和计时的结果，导致他们生活的周期单位约等于32小时。在他们的认知里，这就是洞中一天的长度了。

在那之前，已经有过多次类似的实验。1962年和1972年，法国地质学家米切尔·西弗里（Michel Siffre, 1939—）分别在不同的山洞里独处了58天和205天。在第一次实验中，他的时间周期逐渐被拉长到48小时，每"天"睡12小时，醒36小时。第二次实验则差点摧毁了他的精神状态，以至于想通过自残腿骨，"在不损害身为科学家的荣誉的前提下"制造借口，提前结束实验。1989年，美国NASA组织了一个类似的地洞实验。地洞里为参与者量身定制了小屋，生活必需品和食材则由洞外定期送入。但同样地，没有任何计时设备，完全无法感知洞外世界的时间，连洞中的电脑都被改造成不显示时间。实验原定一年，但在130天后，因为参与者精神状态出问题，提前结束了实验。

与前几次单人独居的实验不同，2021年的这个实验有15位参与者。这个人数以及相对较少的日数使那场实验变得有点像一场聚会活动，以至于一些人走出山洞后说，今后如有机会，还想参加。但是，即使在那么短的时间里，实验参与者的时间感知也已经产生了不小的误差。1962年，西弗里在第58天被带离山洞时，按洞中的周期计算，他以为才度过25天。1989年，当NASA研究人员询问参与者在地洞里住了多久时，得到的回答是2个月，实际上是130天。到了2021年最新的这次，当那15个人走出山洞时，以为经过了29天，但实际上那次实验按原计划的40天完成了任务。这种误差为时间的本质再添加一个疑问：洞里洞外，究竟哪种时间才是正确的？

深度时间实验参加者

上图：实验开始，进入山洞之前；
中图：实验中，在洞里；
下图：实验结束，走出山洞之后。

［图片来源：深度时间实验官网（deeptime.fr）］

这些实验都有探究极端环境里人体、心理和睡眠变化的目的，其初衷或有不同偏重，但共通的一点就是对时间的验证。为什么需要一个与外界完全隔绝的封闭环境才能验证时间？当人们经历了时空的隔绝，仅靠身体的生理节律来感知周期，甚至放弃计算时间之后，时间这个东西还剩下什么？如果地球本身就是另一种形式的大号地洞或大号金鱼缸呢？这也许正好印证了关于时间的感性和社会性的定义，从而否定了时间的绝对性。当然，在那几次实验里，时间本身并没有被否定，那不是这种小空间、小尺度、小规模的实验所能胜任的。

而这正是小小的安得现在在他小小的卧室里想要挑战的大任务。不可能的，不现实的，不安全的，滑稽可笑的，徒劳无功的——这是他父母最初的态度。他自己未尝不知，但人生那么长，拿出一个周末试一试，即使没有结果，又能有多少损失呢？从帕斯卡尔那里学到的这个经济学之问难倒他的父母，从而开启了他的奇思异想之旅。

他这信心满满的计划在第一步就崩溃了。所谓计划，无非就是把时间分段，在不同的时段里填入具体的事情。他计划像写日记一样每小时留下记录，可很快就发现无法界定那个"每小时"。刚开始，他学伽利略用数脉搏来计算，每72次相当于1分钟。可是，还不到3分钟，他就放弃了。不仅因为数多了就乱，主要是数了脉搏，就没法做其他事情了。这让他感受到，分割时间的单位越小，反而越无效，越难做事，可以跟争分夺秒这个成语告别了。

在生活按下暂停键之后，连时间单位也取消了，这让他有一种解脱感，心态变得更宁静了，注意力更能集中了。在这种宁静中，他看一会儿书，起来走几步，喝口水，一切显得非常有规律，只要不想时间，一切都不受影响。可是，越是不想时间，时间这个词就越是驱赶不走，因为那本来就是他要集中注意力的核心问题。他总是尽力想要知道过了多久了，掌握不住这个数字，就意味着丧失了对时间的掌控，连单纯根据感觉或生物节律做事都变得困难，事情就会开始往混乱无序的方向发展。当然，就一个周末这么短的期限里，不可能出现失控状态，很多感觉都是刚刚开头的微妙颤动，正好被年少敏感的他捕捉到了。这对于一天到晚都在很有规律的学校和家庭生活里度过的学生来说，是一种一时难以适应的自由。这个自由正好又印证了马克提到的那些哲学家们对"现在"的强调——他无需考虑几小时后会发生什么，只要专注于"现在"，就可以从"现在"中获利。

他现在就很享受这个"现在"，但这种享受的感觉又有点不真实，有点虚空。时间是一种幻觉吗？是一种人类依赖太久的幻觉吗？他现在就在依赖时间进行质疑时间的个人实验。这种依赖让他感到不舒服，也使他惊讶地发现自己的天平更倾向于那种把时间与事物变化的持续性、顺序性和因果关系紧密相连的时间观。这和之前的感觉已经不一样了。他们父子本来只知绝对时空观，后来虽有疑问，逐渐放弃，但心理上多少还是更亲近于牛顿的那一套。他继续深挖自己现在的感受：与其说依赖时间，不如说是依赖持续性、顺序性和因果关系。因为失去这些东西，生活就会混乱，不可理解，生活将变得不值得生活。而那种生活，恐怕就是以光年为单位的星际旅行不得不面对的真实：只有"现在"，没有时间感，没有外界联系，持续性、顺序性和因果关系变得很稀薄，即使物理定律还有效，人文社会的准则也要面临挑战。如果没有时间概念，制订计划、安排工作、组织团队、分工合作，都将变成巨大的难事，丧失了时间感的大脑需要寻找新的解决方案，重建认知和情感功能。如果时间是人造概念，那它现在反过来控制人了，因为现代人的生活和秩序是现代时间概念的结果。他这才领悟到，实际上，是人类需要时间，而不是时间需要人类。

既然需要时间,那么时间从何而得?山洞实验表明,观察者无法局限在自己有限的参考系里了解外部世界,了解时间。时间问题的根基在于计时问题,而计时问题的本质是对周期性变化的量度,变化则必然牵扯到相对的参考系。但不管在什么参考系里,所有变化的本质都是粒子在空间里的运动。所以,这个世界上只有粒子和粒子的运动才是最根本的,时间概念可能只能算是在那之下的次级概念。从这个想法出发,他感觉到了,时间的地位应该低于空间,甚至只能附着在空间上。

据说,最新的脑科学和神经科学研究已经在大脑中的海马和内嗅皮层发现了一种专门负责处理时间信息的"时间细胞"(Time Cells)的踪迹。在空间上,与此对应的则有"位置细胞"(Place Cells)和"网格细胞"(Grid Cells),帮助大脑绘制空间,构建脑中地图。2014年诺贝尔生理学或医学奖就是颁发给发现这些细胞构成的大脑定位系统的3位科学家。这是一种动物和人类在移动时用于导航的系统,可以说是人脑里的GPS,阿尔茨海默病人的定位能力低下就与位置细胞与网格细胞受损有关。但是,在自己的实验中,安得感觉到人类的时间细胞似乎不太强大,至少比用于空间的那两种细胞差。那几个山洞实验也都令人失望地证明了人类并不是很好的时间界定者和判断者,几乎无法有效应对没有计时工具的挑战。如果没有钟表的发明在先,就不会有牛顿力学和工业革命的产生在后,也不可能催生爱因斯坦的相对论,因为做不到精密计时,很多物理公式都会失去意义。当山洞实验规定不许带钟表、手机和电脑,要求摈弃任何可以计时的科技要素时,有可能已经无意中击中了时间问题的核心。现代意义上的时间其实就是被发明出来的,是一种科技的产物。所以，一旦脱离计时工具，对时间存在的感受就会越来越低，人体生物钟就会逐渐趋向混乱，身心都将逐渐进入无序状态。人能感知到的事物变化越少，对时间的感知就越微弱。进一步，他很自然地想到，如果更低，低到事物没有变化呢？这就又进入问题的后半部分了：如果人类灭绝了，万物静止了，那么，时间还会存在吗？这么问的前提，就已经明显地认定时间是真实存在的。可是，时间真的存在吗？他想起马克在河边长椅上说过的话，所有的维度都是人类用来描述世界的概念，而不是真实存在的物体，和点与线一样，都是没有体积的存在，都是虚无的概念。作为四维之一，时间到底是什么？该如何正确地质疑它的存在？绕了一大圈，如果它本来就不存在，那还实验什么呢？

他的大脑到这里卡住了，这些问题太难了。时间只是我们想象的虚构吗？难道万物的变化就是时间本身吗？时间会随人类消亡吗？这些问题一个套着一个，绕来绕去，把他自己缠住了。虽然有些问题已经和马克聊过一点了，但要继续推动，他感到有点力不从心。于是，他只好停下，可一停下又觉得无聊，只好在大脑里一会儿倒放记忆，一会儿做白日梦来消磨时间。

在逐渐变得淡薄的时间感觉里，他猜测一整天肯定过去了，但不知是第二天的几点。睡意越来越重，重得眼皮都抬不起来了。那些问题也变得越来越重，超出了他的理解力和思考力，这几个月积累的知识也开始捉襟见肘，露出短板了。在这个自己营造的与世隔绝的空间里，独思冥想，没有对话，整个人都开始恍恍惚惚，不知不觉间，他睡着了。

这次小小的思想实验和历史上有过的那些山洞实验一样，最终也没能证明时间是否存在。当他感受不到时间流逝时，时间在他的意识中是混乱的。但是，他也实实在在地感受到，在他之外，时间依旧存在，并没有因他的实验而断裂、断流或消失。通过自身的体验，他也理解到，那些山洞实验参与者的孤独封闭会破坏实验的结果。也许未来需要更大规模的实验来验证时间和对时间的感知，因为一个人独居和一万人群居的实验设定可能会使参与者产生不同的时间感。另外，他还痛感到，与外界的联系比时间感更重要，尤其是对于未来的星际航行。飞出太阳系后，宇宙飞船里的人到时如何解决这个问题？迄今为止的宇航员即使长期住在宇宙空间站里，也没有陷入那种失序的精神混乱状态，最主要的原因可能就在于他们没有失去与地球的联系。

时间的"生"与"死"

"山洞"实验结束后，他和马克做了一次讨论。他还记得自己在实验中感受最深的，不是时间的流逝，而是时间感的逐渐丧失。这让他第一次切身体会到，时间有可能不是取之不竭用之不尽的东西，还真的要珍惜时间。如果只是流逝，你还可以进入下一个时间点，时间永远都在，你只是有时比较赶，有时用错地方了。如果是时间感丧失了，那问题的性质就完全变了。这几乎就是你看着一个人跑远了和看着一个人逐渐死去的差别。

"你这么年轻，不应该联系到死亡。"马克有点痛心。他知道丧失时间的痛感，但不觉得需要与一个少年分享那种感受。但刚才的聊天让他有种感觉，安得的成长比他想象的还快，不仅心理上做好准备了，思想上也已经到位了。自创的"山洞"实验表明，他已经开始自己驱动自己去探索和思考了，那不就是爱因斯坦说的那种由自我行动和自我责任驱动的学习方式吗？说不定在旁人不知情之下，他已经走得更远，想得更多了。经过几分钟的磨合、解释和说明之后，他们两人都觉得，时间到了，可以开始这个残酷的话题了：时间之死。

安得的第一个问题是："既然时间有诞生，就难免让人想到死亡。这么简单的道理，人们为什么那么忌讳，又觉得那么不可思议呢？"

马克说，那我们就放开说一说时间会怎么死吧。不过，未知生，焉知死。要谈时间之死，先来看看时间之生。

关于时空起源与宇宙大爆炸，我们在之前的几个月里由浅入深，反复讲过了。这些年来，对于那个起点，更精细的认识正在逐步完善。罗杰·彭罗斯因证明黑洞是广义相对论的直接结果而获得2020年诺贝尔物理学奖。在他的研究里，大爆炸后的最初10皮秒（picosecond）内，宇宙里完全不存在结构，只有夸克、电子等基本粒子。那些粒子还没有质量，没有固定的大小，只有量子效应的尺度。整个宇宙连基本的尺度属性都没有，也就无法标记出时空间隔。在大爆炸后10微秒左右，那些基本粒子才组装出质子和中子，宇宙才有了结构和质量。时间就诞生于结构和质量拥有可测量间隔的那一个点上。时间的起点不再是玄而又玄的糊涂账，而是可以精确计算的数值了。

既然时间来自宇宙最初的结构和质量，那就说明时间不是来自空间外部，而是从空间内部产生的。只要时间不是来自外部，事情就好理解了：当时间赖以存在的结构分崩离析时，时间就会终结，就像人饿死一样。

"可是，时间又不需要原材料，时间诞生后，一直都不用有人喂它吃饭。这样的东西会不会不至于饿死？"

"不用吃饭，没有生命的物质照样会死。但时间之死可能会和有生命的物质一样，是一个复杂系统的逐渐崩溃瓦解的过程。在那个过程里,依赖时空结构而存在和运动的所有东西和特性都将逐渐失去依托。有机体结构的分崩离析会导致皮之不存,毛将焉附。时空的崩溃要剧烈得多,将使得皮、毛、生命、信息、能量全都灰飞烟灭,没有任何东西可以保持不变,也许连光速都不可以。框架、维度、坐标、方向、参照系,全都无从定义。所以,就像我们之前已经了解的那样,时间的单向性可能不可靠,这个特性可能会最先丧失。"

"我从熵增定律里感觉到这个了。奇怪的是,我怎么看都觉得熵增定律是个双刃剑,开始时会保障时间的单向性,进入混乱无序的状态后,时间的单向性不仅得不到保障,还会和物质秩序一起变得混乱。既然都混乱无序了,有什么理由认定时间继续稳定向前?如果时空都崩溃了,所有的事情和东西都会天翻地覆地变化,连光速不变都有可能失去保证——速度的概念不是严重依赖于时间和空间吗?"

"你的这个感觉,也许会在遥远的未来拯救宇宙。因为时间有可能在乱中取巧,找到一个缝隙,重回老路走直线。如果那时候的智慧生命掌握了巨大的能量,也许可以利用那个机会重建时空的秩序,然后用戴森球包起来,或者通过其他什么手段变成一个宇宙小泡泡。看来,有你在,熵增也没那么令人绝望。不过,如何阻止或回避熵增的极限还是个无解的大难题。因为熵增到极限之后,宇宙就会进入大冻结状态,整体世界将不再有任何变化,虽然粒子还在,但物质将面目全非,宇宙不变了,时间也就失去可以依托的结构了。"

"你讲得太快了,一下子就进入死局了。先说说,单向性之后,第二个丧失的将会是什么特性吧。"

"可能是周期性,或者说是时间工具吧。当所有的钟表都越走越慢,并最终停止,没人能听到最后一声滴答声,时间的绝唱无人欣赏。更致命的是,当运动变得无序,甚至没有变化了,就找不到有规律的周期性的运动来计量时间，时间将变得虚无。当所有的恒星都熄灭了，甚至连黑洞也消散了，只剩下几种基本粒子，宇宙每天都是末日，时间就无关紧要了，谁还会想到要去测量时间呢？"

"可是，我们现在这世界，即使没有钟表，抽象的时间也继续存在啊。"

"是的。这里有个难题。在今天的科学共识里，无法测量或感知到的东西就不能认定为存在，否则，时间不就成了神仙鬼怪了吗？研究妖怪，不是科学。至于这个对不对，那得交给哲学家去思考了。因为今天的科学依然是麦克斯韦时代的定义，必须是'可证明的知识'。也许你以后可以说服人们接受，无法感知的东西也不能否定，也可以纳入科学研究的范围。"

"那第三个呢？"

"时间将失去排序功能和因果关系。没了计时工具，就再也没法给每个运动和事件标上时间了。失去时间的单向性并不可怕，我相信很多人反而会充满期待，可以在过去和未来之间穿梭往返，多爽啊。可失去钟表后呢？我们说的当然是指钟表所代表的那种计时和排序的功能。当时间失去那种功能后，你再也没法把事件摆到一条线上，用因果关系去串起来了。这三个特性，一个比一个重要，丧失的后果也一个比一个严重。"

"最后呢？"

"最后一个，我觉得将是世界线。粒子不按人类所理解的物理规律运动了，闵可夫斯基也束手无策了，爱因斯坦的时空几何学将遭到最后幸存的那几种粒子嘲笑。"

"到那时候，是不需要时间了，还是因为这些特性丧失之后，时间就瘫痪了？"

"需要？这种词，只有人类才会用。如果戴森的预言不准确，那时可能已经没有人类了。离开人类，你的前半个问题就自动作废了。至于后半个，你想象看看，如果一个人没了血液，没了神经，没了细胞，没了气，你还用问人还活着吗？"

"我一直有一个想法，宇宙的结局不是你们大人说的那样。还没找到更好的表达，只是觉得鸡死了，蛋还会生鸡，或者，宇宙有很多区域，合久必分，分久必合。我们会有出路的。"

"你又提到这个了，我希望你是正确的。还有一些可能性存在，比如，时间可能会转化成另外一个维度，具有和今天的时间不一样的性质。我们一开始就心心念念的四维时空变形了，但时间可以免于一死。还有，既然宇宙的终极状态有点像极早期的宇宙，那么，时间会不会也将回到诞生之初的状态呢？久远的未来与久远的过去可能有某种相似性。"

"那就热闹了。时间终结，将变得像钟表的时针返回起点，停一停，没关系的。等新一轮的宇宙大爆炸酝酿好了，时间就可以死而复活了。"

"你一直抱着这个想法，善良得像是现在就要拯救整个宇宙似的。我觉得你有希望，我也喜欢这种想法，喜欢那些能带来希望的理论。归根结底，我们还是要回到人的立场上来，不能忘了这个出发点。"

他才不会忘呢。他一想到时间将会逐渐丧失就会受不了。时间的那些特性平常感受不到，一旦理解了，就会惊觉，那些可都是这个人类社会赖以存在的先决条件，人一天都离不开那些特性。他不能就这么看着时间走向死亡，"山洞"实验里的那种丧失时间的感觉就已经够难受了，他不想承受任何一种时间特性逐渐丧失的后果。时间的单向性可以保障他的成长，排序功能和因果关系可以提供人生的意义，世界线的存在可以给人带来希望。这么多好东西，他一个都舍不得丧失。他不仅要珍惜时间，还要挽救时间。

"那你先挽救空间吧，"马克建议他用起排序功能，先从身边做起，从内向外，一步步搞定空间，"只要把空间稳住了，参透了，时间就好解决了。"

"通过'山洞'实验，我好像已经理解了这个道理。即使时间不依赖人，也会依赖空间。通过参悟空间，也可以达到参悟时间的目的。这个我已经有了一个小小的计划，但还要再考虑一下，看看怎么先破解空间的幻象。"

空间的表象

回头想想，引力被冠以万有之名，结果却被证实为时空弯曲造成的假象。这世界上有多少比引力还强大的力量呢？继续往前几步，如果时间被证实为假象，心理上似乎也不是不可以接受的。不过，如果有人以为只有时间被欺负着、被虐待着，空间却可以逍遥科学外，那就放心得太早了。自从出了个爱因斯坦，时间和空间就被贬流放，从君临万方的帝王变成了一对流离失所的难兄难弟。

他联想到几天前，打开手机的灯光，在镜子前晃来晃去，找不到什么办法能让灯光弯曲。他走出"山洞"的第一件事就是和父母商量，要买一面大三棱镜或者小曲面透镜。被妈妈提醒后，他才想起小时候玩过的哈哈镜还留在杂物间里。刚才找出来了，他拿到手，第一眼就惊讶于它的小，拥有那么多快乐记忆的哈哈镜原来比书本还小，是记忆的错还是空间的错？擦去灰尘，镜面有点暗淡，怎么擦都没法变得更锃亮一点,也许确实有一种叫作时间的东西在那上面留下了痕迹吧。现在,他的桌面上整齐地排列着他爸的近视镜、爷爷奶奶的老花镜、放大镜、三棱镜和一面儿童玩具哈哈镜,他使手机的灯光从各种角度穿过这些镜面,欣赏光与影的变化成像。

山洞实验的初衷是针对时间问题的,但他现在觉得空间问题也可以放在那里得出一个类似的结论:如果山洞在高速运动,或者就直接换成一辆列车,那他不仅感觉不到时间流逝速度的变化,也将感觉不到山洞在空间里运动速度的变化。这使他加深了对爱因斯坦电梯实验的理解。

电梯实验还可以推导出光线弯曲。假设电梯的左右两面墙壁上有两个高度一样的小洞,光线从左边的小洞水平射入,在静止状态下,那光线将从右边的小洞水平射出。但是,如果电梯正在高速下降,而且电梯是透明的,那么电梯外的人将会看到,光线进入左边小洞后,将打在右边的小洞上方,而不会保持水平方向,刚好穿洞而出。高速升降改变了光线的方向,这是光线受引力影响的结果,和光线在太阳附近发生偏折的现象在原理上是相通的。

既然引力或时空弯曲会导致光线弯曲,那么,通过弯曲的光线看到的宇宙空间就有可能失真。这在夜观星空时,已经理解了,那是无数弯曲的光线最终汇集起来的假象。在他原来的经验里,只有平直空间里的平直镜面才能反映出真实的空间,虽然左右反了,但可以靠经验纠正。但是,光线一弯曲,这个经验就被打破了。在哈哈镜里,同一个东西在不同的位置从不同的角度看,就会呈现出不同的形状。变形的空间里,唯一不变的只剩下颜色了。可他早已知道,颜色是最不靠谱的表象。到了弯曲空间里,光速还是不变,但光的颜色会发生变化。准确地说,是光的频率或者波长的改变导致光的变色。我们以前聊过的红移,就是因为光线在远离而去的过程中消耗了能量,导致频率变低,波长变长,颜色变红。反之,则变成蓝移。一颗星球不管它原来是什么颜色,如果远离观测者而去,就会看起来逐渐变红;如果向观察者靠近而来,就会逐渐变蓝。这在近距离的观察中是违反日常经验的,除了变色龙,谁见过同一个东西远近不同色?

"远近不同色的确实没有,但远近不同声的有,声波。"安顿提供一个常见的例子来帮助儿子,"声波和光波也许有相通的道理?假设你闭眼站在路上,有一辆车快速经过你。如果你听到汽车发出的声音逐渐变高,那就可以判断它是在向你驶来,因为汽车前方的声波被压缩,距离越近,音调就会变得越高。如果听到音调逐渐变低,那就是声波被拉长,说明它在离你而去。同理,光波的波长也会伸缩,但可能需要更快的速度和更长的距离才可以观察得到。"

声波和光波,红移和蓝移

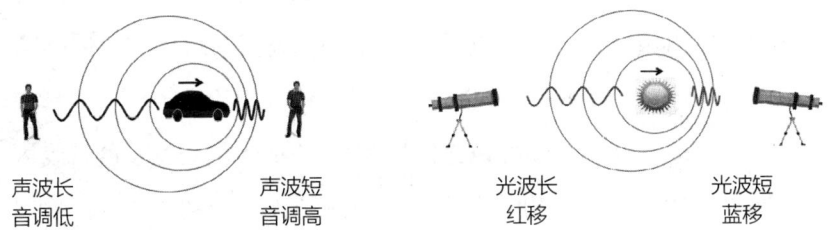

声波长　　　　　声波短　　　　光波长　　　　光波短
音调低　　　　　音调高　　　　红移　　　　　蓝移

当一个移动的发射源,比如星系或恒星,远离观测者而去的时候,所发射的电磁波就会移向波长更长频率更低的红色部分。这种现象,称为红移(redshift)。反之,当发射源接近观测者,则会移向蓝色部分,称为蓝移(blueshift)。

这个例子把宇宙中的红移变得像马路边的寻常小事一样通俗易懂,而且那种声波的变化也是发生在空间里的,同理即可类推。安得希望他爸再接再厉，给另一个更离谱的现象也提供一个好的解释。这次却卡壳了，安顿搜肠刮肚也想不通，为什么在某些特定的位置上，同一颗星体的成像不止一个，为什么多个虚像可以同时存在。父子俩只好一起求助于爱因斯坦了。

爱因斯坦曾经预言，巨大质量的物体造成的弯曲时空里，光线不仅走弯路，而且还会被引力吸引，像经过一种特殊的透镜一样，被聚集起来，形成一种引力透镜效应。遇到这种引力透镜，光线在变色的同时，还会呈现出更匪夷所思的现象。天文学家将哈勃太空望远镜和斯隆数字巡天项目的数据结合起来，已经发现了100多个引力透镜星系。同一个遥远的星系或者类星体在引力透镜效应下会呈现出古怪的形状，有时还会形成多个虚像。如果光源、引力透镜和观测者三者连成直线，这种复数成像就会变成四人照，一颗星球分身有术，变成四个成像，对称分布在十字形的四个端点。如果弯曲的路径完美对称，背景光就会被拉伸成圆形的光环或光弧。这两种现象被分别称为"爱因斯坦十字架"和"爱因斯坦环"。1979年，美国基特峰天文台第一次观测到一个类星体因引力透镜效应而形成的双重成像；1998年，哈勃太空望远镜第一次观测到完整的"爱因斯坦环"。2014年，哈勃太空望远镜观测到更为复杂的"爱因斯坦十字架"，一颗超新星的光线经过引力透镜时形成三个成像，其中一个又遇到一个更大的引力透镜变成四个成像，结果共有六个成像。这等于一个人分两级共拥有六个化身，而且同时出现。现实生活中，即使有人能化身多个身份，也不可能让多个身份同时出现。

对这些"魔术"有多期待，安得对桌面上的这些玻璃就有多失望。不过，至少有一个现象没那么魔幻，可以用那些玻璃马马虎虎地模拟出来，那就是放大成像。发现一颗星球六个成像的那个小组在检查那些图像时，就曾发现有个光点似乎被引力透镜显著放大了。从那种放大效应逆向推算出，那是一个恒星，而且是迄今为止观测到的最远的恒星。

比起星光的变色和多重化身，光源被放大的现象太平庸了，桌面上的放大镜就可以做到。但这个放大效应有可能把一些原本暗弱到无法被观测到的星体或星系，以及暗物质带进人类的视野。暗物质因为名副其实的暗，无法用任何望远镜探测到。但是，借助引力透镜效应，只要把望远镜的位置和角度调整到和光源、引力透镜三点成一线，就有可能让暗物质偶然现身。

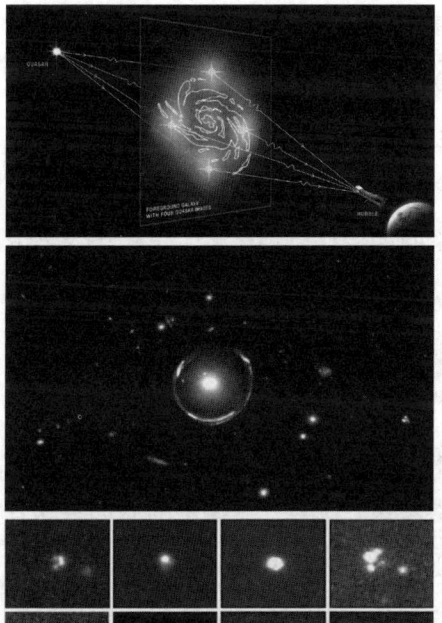

引力透镜原理

图片来源：stsci-opo.org

引力透镜观测结果1：
爱因斯坦环

弯曲空间影响光线，把遥远的星系发出的光线扭曲成一道光弧。在观测者、前方天体、后方天体对齐时，可以看到背景光被拉伸成圆形结构。（图片来源：ESA）

引力透镜观测结果2：
爱因斯坦十字架

2021年为止，ESA发现的12个爱因斯坦十字架。12个类星体的光在途中的星系附近发生强烈偏折，每个类星体都呈现出4个不同的图像，有的形如十字架。（图片来源：ESA）

弯曲光线除了带来变幻的虚像之外，还会产生能量上的实质变化。在地球上，下落的物体砸下来或者顺着斜坡下滑后形成的力度会超过物体本身的重量，光线在弯曲空间里也一样，曲率越高，越陡峭，光线滑入时就会获得越大的能量。相反，从低处爬上来时，越陡峭，光线就要消耗越多的能量。如果时空曲率大到光都无法逃脱，便会形成黑洞，光只会掉落，却爬不上来了，黑洞一团黑。另一方面，时空曲率越大，在洞口旋转的吸积盘的能量也越大。能量越大，发出的光和电磁波就越强，这就使得黑洞虽黑，却有一圈巨亮的圆环。其实，在没那么极端的时空曲率里，波长的变化导致的变色效果反而更"好看"，因为随着能量的变动，光的变化比较丰富。中子星附近的弯曲空间就属于这一类，光的颜色在那里变化得像舞台灯光一样。当然了，说变色也只是权宜之计，因为那里没有人，没有人的世界就无所谓颜色了。

了解了这些鬼魅般的现象之后，还会有人觉得空间是眼见为实的对象吗？一旦进入宇宙，对空间的信任恐怕维系不了多久。宇宙中的空间，只要换个观察位置，可以说处处都是虚像、化身和弯曲。当然，我们早已知道，肉眼或望远镜看到的其实不是星球或星系，而是它们发出的光或电磁波。在我们实地拜访那些星球或星系之前，只能看到它们的这种表象。可一旦抵达，又会因为身在其中而无法把握整体，陷入那里的参考系。况且，观测中的遥远星球有可能早已泯灭，即使存在，也可能离开原来的位置了——时空弯曲、宇宙膨胀或外星碰撞都可能使它移位。总而言之，太空观察尽己所能想要揭开空间的奥秘，却只能无限接近真实，而无法完全消除疑问。人类其实没有多大资格嘲笑夏虫不可语冰，井蛙不可语海。鱼可能会认为世界是液体的，原始人不可能想象到手机。从时间长度的比例上看，朝菌不知晦朔，蟪蛄不知春秋，似乎还胜过人不知宇宙，虽然那也不过是五十步笑百步而已。不过，说到时间，安得明显感受到了，时间问题比空间问题难得多，思考时间问题不如思考空间问题来得有趣。

就在他梳理这些知识的时候，温柔的阳光在桌面上的几层玻璃片下聚焦成一个特别亮的光点，投射在一张小纸片上。纸片的中心已经开始变色，逐渐变深变黑。眼看就要被烤焦起火了，他抽出那纸片，放到一边去，实验停止了。但他的大脑还在继续，他想到了一个妙计：如果未来能把引力透镜当作放大镜用，就有可能像眼前这个现象一样，聚焦能量，烤焦甚至点燃一颗星球。这个毁灭星球的想法有点可怕，他不敢多想。但是，如果把这个想象缩小一点，一个小号的引力透镜有没有可能为未来的星际航行或太空移民提供能量呢？这有可能是一个值得研究的方向，可他不知该向谁提案。他希望那些引力透镜不只是虚像，既然扭曲的光蕴藏着能量，那就有可能为未来的人类提供一个能量放大器，而不只是星像放大器。

十月·笔记

秘密工程

All men by nature desire to know.
—Aristotle

所有人都天生渴望知道。
——亚里士多德

光速造蛋

一整个月，安得都在整理自己的笔记。这是秋末，收获的季节接近尾声，他的思考却远未达到瓜熟蒂落的地步，但几个同学一直追问他的想法，把他逼到这里了。

模仿勒梅特的"宇宙蛋"的想法，他把自己对时空起源问题的思考称为"时空蛋"——他还没想出更满意的名称。最初，是为了反驳同学，然后是为了达成共识，当然，还有家人和马克的帮助，这颗"时空蛋"在辩论和思考的过程中逐渐打磨成形。从海边之旅到足球场上，从天文台到电影院，他清楚记得这颗"蛋"在自己脑里的形成过程。每一次有一点进展都让他血脉偾张，脑内鼓荡，但他一直秘而不宣。最初是因为不知如何是好，也看不清那是什么，更无法理出头绪。随着知识和思维的提升，那些想法从混沌中逐渐显露，虽然只是不成条理的单点，但在他的笔记本上还是留下了一些痕迹。那些记录往往是在心情平复之后整理出来的，又经过多次修修改改，终于有了一点模样，串通关联之后，成为可以支撑某种更大想法的基础。

这是他的一个秘密工程。对时空问题的思考打开了他的视野和格局，也刺激出更大的好奇心。最初两三个月过去后，光接受知识和思维训练已经不能满足了，他酝酿着做点什么。可是，时间和空间都不是可以手工制作，试管培养，或编程实现的东西，他唯一能做的就是从泰勒斯那里学来的"好学深思"。在天文台时，他就已意识到，自己的大脑在不知不觉中已经搭建出了一个虚拟的展厅。原来，那就是他无意中启动的工程。等到他有意识地去推进时，虽有部分材料来自马克和书本，但基本上是一个人独立完成的，也就更不愿公开了。虽也借助过镜片和星空，但基本上是在大脑里无中生有，自我完结的。也许，这个工程永无完工之日，随时可能烂尾，但至少现在，他兴致勃勃，志在必得，一身的潜能都被激发出来了。接近年底了，他验收了一下自己的中期成果：一本笔记和一颗"蛋"。

这颗"蛋"如此之小，以至于他不知道该如何形容："你们都知道数学上的无限小吧？谁能画出一个无限小的点呢？反正我不会。"他环顾四周，几个同学围着他坐下来，看起来也不期待他能画出什么。

"这个点就是时空的开端。"他用食指在空中戳了一下，"它无限接近于无，接近于零。它的体积之细小，并不是小如微尘的那种小，细如针尖的那种细，用已知世界里的任何微小的东西来形容都会显得太大，在这里，即使我们用再小的笔尖画出来也都会显得太大。你们老觉得宇宙无限，科学家们却一直说宇宙有限。我觉得，两者并不矛盾，因为他们玩了一个把戏，用一种定义划出了界限——就是这枚'时空蛋'。'时空蛋'之外，一无所知，只能放入括号，暂不讨论。现在我要借用你们的理解把宇宙扩大一下。"

和马克一起踢过球的几个同学马上警惕起来，有人问："这不就是马克说的那个奇点吗？"

"是的。但是，为什么会有奇点？奇点之前是什么？他一直回答不了，因为谁也没告诉他。他说过，那是不可知，不可道，不可问的，归上帝管。我就偏不信，那种说法满足不了我，除非有一套新的说法。这套新说法，别人不给，我就自己来。"

"你疯狂到要当上帝了吗？"听到他要扩展宇宙，小土豆忍不住笑了。

"当然不是，我要当，哦不，我要追上那个追光的少年——爱因斯坦。他在我们这样的年纪已经开始追问光和速度的问题了，那我们为什么不能跳出教科书，跟上他的步伐？那个追光少年的形象一直在我脑海里挥之不去。他的故事给了我勇气和信心，促使我在这个问题里继续挖下去。"

"他的那个光速问题不是早就解决了吗？你还挖什么呢？"

"他说，速度越快就越什么？我们的自创成语……"

"尺缩钟慢！"同学和玩伴的影响果然不可小觑。

"哈哈。如果毕业时，我只能给你们留言四个字，那就这四个字了。其他的，你们要不不同意，要不懒得动脑筋去理解。不过，今天，作为出发点，这四个字够用了。越接近光速，就会变得越来越小，越来越慢，越来越重。那么，当速度达到光速的那个瞬间，会发生什么？"

"尺缩钟慢！"异口同声之后，笑倒一片。

他不知他们是恶作剧，还是这就是他们的知识边界。超出这个成语的那些知识，只有在他这里才不是笑话。

"不只是一般的慢和缩，光速，到了光速，那就是无限慢和无限小了，无限到什么程度呢……"

"不就是数学中的除以零吗？"

"对，就是那种感觉。一个数，除以零，等多少？宇宙的答案也许就包含在这个数学答案里了。无穷大，有多大？无穷小，有多小？

这不就和问永恒有多久一样吗？不可问，不可答。我只知道，除不下去了，我说不上来了。小到极点，无限小的体积却拥有无限大的密度，就是我刚才点出来的那个点……"他的表达能力也到了边界了，不知该如何描绘那个无限小的点。停顿了一会儿，他放弃了，再次求救于他自造的新词：时空蛋。

"有蛋黄、蛋白和蛋壳吗？"又是一阵哈哈笑。

"没有，蛋里什么也没有。这只是一个比喻而已，我找不出更好的词了。"他承认这个新词还不够完美，但他马上接着说出了重点，"我的意思是，在那个蛋之前，应该有一只母鸡。鸡生蛋，蛋生鸡……"

这次笑声更大了。

他说的母鸡这个比喻也不准确，他真正想要表达的意思是：时空在缩小成"蛋"之前曾是一个巨大的世界，一个宇宙前的宇宙。它的运行速度越来越快，最后达到光速了，就缩小成一个奇点。宇宙在膨胀之前是什么，或者是什么状态？对这个问题的各家答案，他都感到不满意。他觉得——不是研究，不是观测，也不是提出理论，仅仅只是觉得——越过那个奇点，在那之前，应该还有一个宇宙，一个母宇宙，一个后来缩小成奇点的巨大宇宙。母鸡跑得太快了，变成鸡蛋了？这个比喻不太合适，但他一时找不出更好的，就干脆放弃了鸡与蛋的形象比喻，不说了。

如果马克在场，也许会帮他提炼一下：光速的意义远不止于速度，光速就是宇宙的终极原因。在安得自创的"时空蛋"理论里，前一代的宇宙因为达到光速，无限缩小，坍塌成了奇点。在奇点里，不止时间和空间概念失效了，干脆就是没有时间和空间了。从这个意义上，"时空蛋"也可以说成是没有时空的"蛋"。奇点之前和之外不可知的原因是，光速状态下，时空被压缩到无限趋近于零，不可能再向前超越，变成负数。这个过程可以简称为：光速造蛋。然后，不知过了多久以后——没有时间的世界里，这么说有点奇怪，这颗高速的"蛋"降低了它的速度，于是一个新的宇宙从那里释放出来，从压缩到极致的状态里稀释出基本粒子，然后又组合成更大的粒子，成为宇宙膨胀模型里所说的早期宇宙。宇宙的爆炸和膨胀都可以理解成减速的结果，等到基本粒子结合成一些最初的元素后，宇宙就自我驱动，自我演化，密度高的地方吸引周围的物质，逐渐形成恒星和星系。

几个回合的释疑和辩驳之后，他终于歇了一口气，用几句总结封住了七嘴八舌的讨论："终于，时空蛋孵化出婴儿宇宙了。时间开始了，空间开始了，时空开始了。"

"婴儿宇宙，你的名字叫宇宙，宝宝不哭，哈哈哈。"笑声刚停，于航马上更幽默地说："宇宙变成转世灵童了！那它上一辈子的记忆哪去了呢？"

"好问题！前一代宇宙里的时空是什么样的，我们现在完全无法认识到。现在的科学，甚至未来的科学也无从了解奇点之前的世界。这实在没有办法，因为所有的物质和时空都被破坏了，压碎了，比最小的粉末还小，所有的信息都被销毁了，丢失了。所以，奇点之前、大爆炸之前是无法观测的，我们碰壁了，无法继续向前追溯了。虽然我们可以无奈地同意这个不易让人接受的事实，但还是忍不住好奇心，想继续向前追寻。我的想法是，原有时空里的物质和信息被急剧压缩是发生在接近光速的最后几分钟里，又在最后几秒里，迅速还原成类似于现有宇宙的初始粒子那样的基本物质和信息，然后，就在极短的，比微秒更短的时间里，成为无——但又不是虚无的零,因为那里面有内容物,具备了产生新宇宙的一切条件,是可以无中生有的无,而不是没有任何东西的零。但是,旧宇宙里的物质和信息在它的最后阶段就已经面目全非了,在到达光速的瞬间,所有有形和无形的东西都毫无例外地被撕裂、瓦解和消除。宇宙还在,但一切旧物质和旧信息都不复存在。待到新宇宙诞生,旧宇宙的一切都不可能原样恢复了。一个好想法是,这个可能存在的前宇宙,既然已经在奇点之前完全毁灭了,那就对现有的宇宙不会产生任何影响。这让我们在思考或研究现有宇宙时,可以不用考虑前宇宙,把起点放到那个蛋里就够了,也安全了。所以,这个婴儿宇宙,不是转世,而是诞生。宇宙诞生,银河系诞生,太阳系诞生,地球诞生,人类诞生,你我诞生,全是新的,全不是旧宇宙残留物的复活或重组。我说明白了吗?"

长久的沉默。他看着同学们的表情,无法确认是不是说明白,是不是被理解了。他再次感受到癫狂一样的智力风暴刚刚过去时的激动、兴奋和满足。他拿起水杯时,才意识到自己已经口舌燥烈,皮肤泛红。

过了许久,终于逼出一个问题来了:"没想到光速这么可怕。我可以提一个问题吗?按你这么说,光速才是毁灭时空的终极杀手?"

"是的,想一想黑洞,就可以理解这一点。如果现有的任何物体,从宇宙飞船到星球或星系,一旦达到光速,就不仅会毁了自己,也会对周围的时空造成极大的影响。那影响有多大?不知道。有个因发现引力波而获得诺贝尔奖的人叫索恩,他把黑洞附近的时空比喻为一块浸透了水的木头。木头代表空间,水代表时间,而黑洞就像火,会先把木头里的水分烤得蒸发干净。这个比喻对不对,我不知道，但可以确定的是现有的所有科学原理都将在速度达到光速时失效。那里是时空的坟场，如果时间被烤干了，空间最终也会变成灰烬，总之，是我们无法了解的世界。"

"所以，我们要慢生活，别急着去赶紧赴死。"

"你们怎么解释，怎么体会，怎么应用都可以，我最关键的想法，已经讲完了。"他终于可以平静下来了，然后，真的就很平静地看着同学们，等待他们的反应。

又是长久的沉默。又过了许久，一个声音，带着一点质疑，像是从地底幽幽升起："你这……只是一个猜想吧？谁也无法验证的猜想而已。"

这个说法很快就得到呼应："早期宇宙都进不去，更何况宇宙之前的宇宙。谁都不好说，你这是对还是错。"

他并不辩解，也没有把握做进一步解释。他也心中没底，只是尽力把这几个月来打磨出来的这个想法说出来而已。光是说出来这一行为，就已经耗尽了他的精力。他感到有点虚脱，赶紧又喝了两口水。

"我愿意帮助你。"终于，一个嘹亮的声音打破沉默，像是凌晨突然响起的小号。是麻吉，带着肯定的眼神，接着说："你想下一步怎么做？"

"我也不知道。可能需要先找办法确认一下这是科幻还是科学？可是，谁能判断呢？总不能指望学校里的那些老师吧？马克正在为我联系天文台的暑期实习，那也要到明年夏天才能开始。"

麻吉安慰他说："别急，这可是以百年，甚至千年为尺度的猜想，不可能用一两年的时间来赶工。怀揣着这个猜想，才十几岁的你，一辈子都够本了。我好像看到了一幅风景：你的一生都会被它照亮。"

"谢谢！我不知该说什么才好……"

小宇宙大爆炸

同学们散去后，只有麻吉留下不走。她想要看看他提到的那个神秘的笔记本。

"据说，爱因斯坦在临死前烧毁了他的所有笔记本。"他说起最近看到的一则故事，带着震惊和惋惜，"如果他能留一本给我……"

"他为什么要烧毁？太可惜了。"

"令人费解。肯定没人知道真实原因，有人猜测那些笔记的内容与核武器或隐身技术开发有关，当然也有人猜测他怕暴露自己的不成熟、未成形、杂乱的想法。我就没有那种顾虑，肯定不成熟啊，幼稚到可笑，没法见人的。今天，你真的要当第一个读者吗？"

"刚才不是说好了要给我看吗？你改变主意，要烧毁吗？"

"我这连烧毁的价值都没有。主意倒是没改变，但想加一个条件。"

"说。"

"看完后，不许嘲笑。"

"嘿，我以为是什么呢，拿来吧。"

他打开笔记本，并不交给她，而是摊开放在桌面上。两人一起看，就像看着第三人的东西一样。他也确实有点惊讶，自己不知不觉中竟然写下了这么多文字。秋日的阳光透过窗户，像是挤进来凑热闹一样，一大团窝在桌上，把笔记本的纸边映衬出毛茸茸的感觉。他有种幻觉，似乎看着的不是笔记本，而是自己精心喂养的一只毛茸茸的动物——它在无声地成长，一只困在二维平面里的动物，挣扎着，想要冲出四角形的毛边，去参透整个宇宙。

以下内容摘录自安得的笔记本：

1.我在宇宙中的分量，会大于一粒尘埃之于这个桌面的比例吗？肯定不会。

2.为什么空间有三个维度，而时间只有一个维度？为什么时间维度和空间维度差别如此之大？如果时间也有立体三维呢？

3.为什么空间没有方向——没有方向的意思是，所有方向都是等价的，但时间却有且仅有一个方向？

4."宇宙是怎么开始的？宇宙将如何结束？"这两个问题是关于时间的，还是空间的？

5.宇宙的尽头和边缘也在宇宙之内。

6.时间和空间并不平等，要不时间比空间更为根本，要不时间只是个空间之下的二级概念，总之不像是并列的维度。

7.在大爆炸前，会不会已经有能量存在？

8.为什么波的运动没有直线和方角？

9. 人们总是倾向于选择费时最少的路径，时空也一样吗？应该一样。

10. 大脑是小宇宙，我的大脑里也有一颗即将爆裂的蛋。

11. 宇宙起源于一枚光速的蛋。宇宙空间的稀释和浓缩都起因于速度。

12. 空间像租来的房子，人类只是租客，但和其他物质一样，可以影响建筑结构。

13. 如果这个房子有窗户呢？爱因斯坦说过的那个最快乐的思想，也可以变成我最快乐的想象。如果宇宙有窗户，可以漏气透气，可以开关，那就不怕膨胀了，三种终极命运都可以回避。密闭不漏气的空间才会有压力，只要有个缺口，辐射和膨胀的能量就可以从那个缺口出去。宇宙真的是密闭的吗？宇宙真的没有"宇宙之外"的地方可逃吗？

14. 时空里的时间可不可以看作是另一个空间维度？实际上可能就是这样。

15. 光有物质和运动还不够，时空是由关系构成的。物质的关系编织了那张网状的毛毯，时空寄身在关系网里。对于时空，也许关系比物质更具影响力。

16.小到原子，大到太阳，它们本身都不知道时间是什么。不停地运动，分不清过去和未来，瞎忙。人类是不是为了摆脱瞎忙状态，才发明了时间？未尝不是。

17.世界是一个有历史的世界。时空，时空，有时候时间也可以当定语用。

18.一个人返回过去，意味着他身上的所有粒子都必须重回过去的位置，这怎么可能？

19.那种时空弯曲的概念图里的网状线条只是凭空加上的吗？空间会不会就是网状结构的？

20.各处的"现在"各不相同，永无可能看到"宇宙现在的状态"——这对看待世界，看待人类社会，有什么启发？

21.没有人，就没有时间旅行。没有人，就没有时间。

22.时间也许可以改变，但历史不可能改变。因为每件事只发生一次，发生过后就不可能被改变。

23.奇点也许不是"无"，而是小于普朗克尺度？会不会是因为在那个尺度下，目前已知的科学理论无能为力了，就把它简单化成"无"了？同样在一千米之远，一只蚂蚁和一只大象的可见度是不一样的。远近问题和大小问题可以一起考虑，人眼和光学望远镜是这个理，奇点也同理？

24.在第一颗光子诞生之前的宇宙里，速度的上限也是光速吗？如果不是，那是什么？

25.归根结底，宇宙只有粒子在运动。那么，时空是虚幻的吗？时空四维就四大皆空了吗？阿弥陀佛！

26.如果超过光速就可以进入过去，那超过音速可以听到过去吗？超光速引起的时间倒流可能并不是回到物体本身的过去，而是参考系的过去。这就像两辆车并列行驶，快车上的人会觉得慢车在后退，超音速会使自己说过的话赶不上自己。

27.看宇航员在太空舱里倒水，水像透明的蜜，漂浮在空中。水珠似乎总想要摆脱重力，趋向于形成球形，因为在所有相同体积的立体形状中，球形的表面积最小——难道水分子也懂得最小作用量原理？万物有知。

28.完美的球形水珠只有在无重力状态下才有可能形成。在水珠的表面张力尽力维持球形时，其他力改变了水珠的重心，使得完美的球形难以为继。所以，宇宙中更多的是椭球状的空间？至少太阳系和银河系是这样的。

29.爱因斯坦似乎偏爱正方形，时空弯曲也只是正方形的变形。伽利略似乎偏爱圆形，他说过："圆周运动能永远保持下去。

直线运动天然不能持久。"我觉得作为思维框架，椭球最佳。

30.人体不一定要在宇航器里。利用信号甚至量子进行探测和传输，人完全可以在另一个安全的时空里操纵宇航器。最应该避免的是什么？纯人肉星际旅行。

31.宇宙的皮层、可观测宇宙或哈勃球的皮层肯定不是光滑的，更像缩水的桔子皮，而不是光滑的苹果皮。时空弯曲使那里变得凹凸不平，那些时空的坑坑洼洼将成为星球的坟场。

32.时间感可以还原成空间吗？似乎可以，就像视频和电影可以还原成照片。视频和电影看起来是自然连续的，把电影胶片扯出来一看，或者把视频文件放到编辑软件里一拉，就可以很直观地看到，所谓的连续，只不过是一帧一帧断开的照片连接起来的视觉效果而已。

33.空间按顺序显示和消失，时间就出现了。一旦认定每一帧照片都在胶卷里既共存又各自独立存在，可分离，可打散，可调整顺序，时间就消失了。

34.视频快进和快退等于重新编剧吗？不等于。回到过去能改变过去吗？不能。不可改变的那个东西就是世界的逻辑和因果。

35.时间就像编辑电影，空间也可编辑吗？

36.日月天体运行的时间感高于钟表机械运行的时间感？古人就没钟表。

37.如果真有时间旅行，可能也只是像浏览一本书一样，可以回头重读前几页，读出和第一次阅读时不同的感受，但无法改变书中的内容和文字。

38.如果时间旅行成真，则时间不成真。如果时间旅行是可能的，那么时间就不是时间了。能回去的过去都不算过去，那将是另一个现在或将来。这就像，如果一个事件被改变，那就是另一个事件了；如果一个事件可以轻易被改变，那就不成事件了。

39.时间旅行可能加速进入未来，但不可能回到过去。回到过去不可行，但回望过去却是可能的，只可回望，不可干预。

40.一个人不可能回到过去杀死自己。回到过去就会搅乱时空框架，自己杀死自己，就会陷入一个荒唐的困境：既是活着的，同时又是死去的。可以用这个逻辑矛盾推翻时间旅行理论吗？如果可以，逻辑就会变成宇宙之王？

41.就像爱因斯坦否定了牛顿的引力一样，将来会不会有人令人信服地否定时间的存在？

42.和同学们的讨论像是秘密结社，最后还是失败了。时空不同，导致道不同？

43.太空移民的难题：物换星移。选择太阳系外的类地行星时看不到它的"现在"，拟定计划时看到的只是它的过去状态，无法确定抵达时那个星球还在不在，是否还宜居。飞了几光年，等到抵达时，可能已经沙漠化了，温度或气压变了，或者移位了，甚至不存在了。这个杞人忧天来自我的太空射箭思想实验。

44.人类对宇宙的认知还很肤浅、幼稚，如同一只蚂蚁对整个地球的探索。现有的所有理论会不会就是一套皇帝的新装？如果有更高级的外星人，会不会嘲笑地球人的无知和狂妄？我不想被嘲笑。

45.我活在一个连续的时空里吗？我活在确定的因果关系里吗？我经历过的各种变化都是可解释的、可预测的吗？果真如此，就不会遇到不可再分的最小单位了。

46.熵增定律会不会也是皇帝的新装？它的条件太多了：封闭的、孤立的系统，没有外力做功，系统的总能量不变……如果我们这个宇宙有裂痕，有漏洞，甚至有窗口呢？我希望有外力进来打破封闭和孤立。

47.如果时间有裂痕或有漏洞会是什么情形？如果空间有裂痕或有漏洞会是什么情形？

48.不是一次性的爆炸。我们只是刚好处于本次爆炸后的膨胀时期而已，以后还会有伸缩，甚至在蛋和鸡的循环里洄游。

49.不要试图威胁别的星球文明,威胁也会暴露自己。

50.仅凭光速恒定这一条原理就可以取消时间?在光速恒定原理里,已经埋下了时间随时可被驱逐的可能性。光超越了各种计时器的局限性,恒定的光速可以成为衡量时间的最佳工具,一切时间表达可以用光走过的距离来替代。

51.思想实验的威力太强大了。我现在决定,把自己通过太空射箭思想实验得到的想法命名为:射不准原理。

52.但是,思想实验中的直觉和胡思乱想的边界在哪里?靠思维和逻辑能走多远?我想偷懒,最好只用思想,不用实验——时空的事,怎么实验?思想实验还能帮我简化甚至略过一些细节,还可以排除皇帝的新装的影响。

53.我的测不准原理:用太阳测地球,可行吗?太阳一靠近,地球就会被烤焦或气化,对于太阳来说,地球测不准。用任何工具测量子,工具与量子的大小轻重比例远大于太阳和地球的比例。

54.结构可产生能量,如权力结构,并不是官员自带能量,而是权位赋予他能量。宇宙暗能量也可能来自结构。

55.看妹妹跳大绳时想到的:当大绳抡起,越转越快,带动空气呼呼作响时,就可以看到一个立体的橄榄形,而不再是一条线状的绳子。绳子的转圈不仅发生在空间,也发生在时间里。每个瞬间,绳子所在的位置都不同,但因为时间距离够近,前几个瞬间里的绳子还没从视野里消失,绳子就又出现,前后几个瞬间连起来看,就构成橄榄形了。我看见了"过去",看见了"过去"和"现在"同在,在一个呼呼作响的时间胶囊里。

56.所以,再一次,时间的性状看起来像空间。如果有人能看见"将来",看见"将来"和"现在"同在,那世界就是他的了。不可能吧?

57.可以研究时空,利用时空,但不要试图去征服时空。

58.很刺激,大脑是一个小宇宙,没想到小宇宙里也有大爆炸。好了,我现在平复了,我要花点时间降温,我的微宇宙即将进入几小时的冷却期。

59.现在我们可以出发去宇宙看看了。

60.这很离谱吗?看牛顿吧。牛顿上大学时因疫情被遣散回家休养了两年。在那期间,年仅二十二三岁的牛顿发现了万有引力,创建了微积分基础,提出关于白光和光粒子的多项光学原理。牛顿原话:"所有这一切都发生在1665—1666年的瘟疫期间。在那段时间里,我正处在我的创造生涯的鼎盛时期。"我还要等多久?有人会算命吗?

很快就要起飞了,请注意

安顿终于也知道了儿子的秘密工程。那个同学形容得没错,这本笔记就像一串鞭炮,炸得人脑里火花四溅,眼前晕头转向,不知该如何判断和评价。他高兴之余,又有点担心。安达则很欣赏那些想法,希望他继续走下去,先不用去管对错和快慢。他们对儿子终于掌握了思想实验的精髓感到惊喜,对笔记本里的那些超出同龄人的奇思异想感到欣慰。光精选的那60条就让他们看了至少60分钟,有不少还一时理解不了,这儿子变得有点陌生了。安顿把这几种混合在一起的奇怪感觉告诉马克,并转发了一部分笔记内容给他,希望他看看是不是对路。

"不必考虑对不对路的问题。"马克先是安慰他,然后才说出自己的看法,"对路的意思不就是,合乎要求,合乎需要吗?科学和哲学的突破从来就不是从那种要求和需要出发的。"

安顿赶紧打断他,说:"我们又不奢望他当个突破性的科学家和哲学家。他以后能不能混到一口饭吃都不知道……"

"那你也太悲观了吧?他在学校教育和教科书之外,找到了一条大路,这是磨炼智力和思维的大游戏,你们应该感到高兴才对。"

安顿接受马克的表扬,毕竟是自己的儿子嘛。他一边禁不住想多分享一点,一边又自谦地说,那只是他的胡思乱想,往好了说,也就是一点学习心得而已。在继续复述笔记里说到的那种随着速度缩久必胀,胀久必缩的宇宙想象时,他笑着类比到《三国演义》里的分久必合,合久必分。马克在那几点里,也发现了亮点,更是使劲地表扬开了。

"科学家研究宇宙,最缺乏的就是历史感。先不必纠结于对错,能用这种方式把历史感赋予时空,未尝不是一种突破。"

"又突破了?言重了吧?我看未必,不过,对那种历史感,我理论上觉得不对,但心理上倒是很愿意接受的。你不觉得,对于人类而言,周而复始、循环轮回的时间观才是最舒适的吗?"

"呃……我好像没有这种感觉。如果一定要那样,盘旋上升的,会不会好一点?"

"我说的不是那种形状。之所以会觉得舒适,是因为那种历史感里,未来是可预测的,是没有终点的。这就避免了世界末日——你们讲了那么多,最后都逃不过某种形式的世界末日,所有的方向最终都会撞上一个终点,都要毁灭。我不喜欢那种结局。"

"那我们也可以跳出时间是否存在的大问题,去关注背后决定时间是否存在的物质、运动和结构,后者自会安排时间的命运和方向。如果时间是时空的一维,只要空间存在,时间就必然存在,你就不必担心了。如果像哥德尔的宇宙那样,可以消除时间,或者时间本就不存在,那么,不存在的东西无所谓终结不终结的,问题本身就被解消了。你还有第三招,那就是期待下一代。如果他再扩展一下,把他想到的分久必合、合久必分的特性也赋予空间,我也会觉得舒服。你知道吗?现有的那些空间的特性,让我很烦,让我感觉像个囚徒。"

"对不起,我以为你只是对社会才有这种感觉。说到社会,唉,最近,糟心的事接二连三的。你哪天得空啊?一起喝两杯。"

"好啊,你定时间和地点。也许,只有酒才可以把人从时空的束缚里解救出来。"

马克虽然没有机会说完全部想法,但他今天特别高兴。当然,他也并不是完全赞成安得的想法,也有觉得幼稚的地方。但是,那都不重要,眼下重要的是保护、鼓励和支持。接下来的一步,可能需要从知识退回去，回到原点，了解一下什么是科学。为什么宫廷穿越剧不是科学，而哥德尔的消除时间和戴森的太空旅行却是？为什么上天入地的妖魔鬼怪只是故事，而弯曲时空和虫洞却是科学？为什么一些人装神弄鬼声称能联系上外星人被称为邪教，而用数学计算外星人的存在概率却能被接受？这之间的判断基准是什么？什么可以让安得在将来不会滑入民科，而留在科学的范畴里，尽可能地被科学共同体接受？即使在越来越数学化、技术越来越复杂的今日科学里，仅仅把人当作一坨细胞来研究也是不够的，仅仅把宇宙当作机械结构或数学模型来研究可能也是不够的。对科学基本问题的深入思考，本质上就是哲学。他希望安得尽量不要离古希腊那种科学与哲学不分家的传统太远。如果能穿越过去，最好加入青年爱因斯坦和他的朋友们创建的那个名叫奥林匹亚学院的学习小组，和他们一起阅读，探讨科学和哲学交界的问题。爱因斯坦独立、深刻、批判的思辨思想不是凭空而来的，尤其是他的高度。爱因斯坦曾说："我想知道上帝是如何设计这个世界的。对这个或那个现象、这个或那个元素的能谱我不感兴趣。我想知道的是他的思想，其他的都只是细节问题。"这话的气势可以碾压古今中外多少帝王将相和英雄豪杰？实际上，爱因斯坦对成为"帝王将相"不感兴趣。1952年，以色列政府曾邀请他担任总统，被他拒绝了，他更愿意享受思考的乐趣和成果。他以一己之力，创建了全新的时空哲学，影响波及宇宙。所以，马克一直觉得爱因斯坦才是这一百多年里最大的哲学家。

　　还有友谊。这是马克最近才意识到的，安得已经不是一个朋友家的小孩，而是一个独立的朋友了。爱因斯坦后半生最好的朋友是哥德尔，前半生是贝索——一个几乎没有什么个人成就的人，却可以和爱因斯坦畅聊很多深奥的问题，刺激了相对论的诞生。年轻时，爱因斯坦推荐找不到工作的贝索到专利局，两人住得近，常常一起上下班。贝索先爱因斯坦一个月去世，在给贝索家人的慰问信中，爱因斯坦写的这几句话后来成了名言："贝索的逝世是他的和谐一生的终点。对于一个敏锐渊博的人来说，和谐一生是稀有的礼物……现在，他又比我早一点点离开了这个奇怪的世界。这一点并不重要。对相信物理的我们来说，不管时间多么持久，过去、现在、未来之间的分别，只是一种幻象，尽管是很固执的幻象。"如果安得是贝索，希望他有爱因斯坦为友；如果他有幸像爱因斯坦一样，希望他有贝索和哥德尔为友。

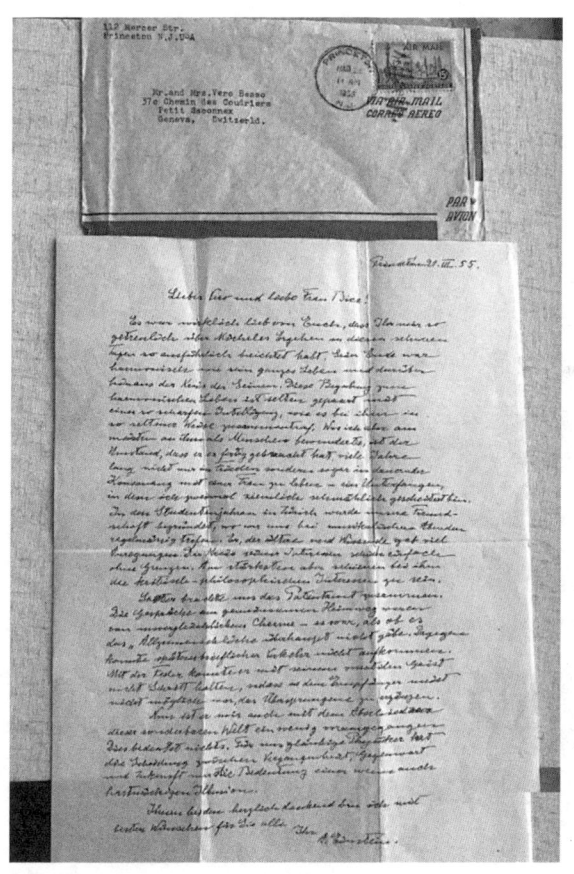

爱因斯坦写给贝索家人的信

2017年，中国企业家在伦敦佳士得拍卖会上买下爱因斯坦在1955年3月21日写给贝索遗族的亲笔信。原件到中国后，被放在一个普通的超市购物袋里。（图片来源：朱清时，搜狐网）

至于知识，虽然讲了那么多，其实，在安得这种年纪，积累固然不可忽视，但更需要的是知识之上和知识之外的奠基和拓展。这不是铺设固定方向的铁轨，而是修建机场里的起飞跑道，因为，天空才是他的未来，星辰大海才是他的未来。

马克让安顿把接下来的几句话转告安得。

现在再回头看托勒密的世界，你会觉得必须从那里开始学起吗？从托勒密到爱因斯坦，世界还是那个世界，但你所看到的、所理解到的已经迥然不同了。

整个太空都是你的实验舞台，到处都是声光大秀。整个太空都是你的实验室，地球只是你的小学。

知识是死的，而人是活的。

虽然还有很多细节需要填补，但那都是小枝节，你的大框架已经搭好了，就像一架正在地面加速的飞机，很快就要离地起飞了。

两人的对话在笑声中结束。因为马克起了个头后，两人一起从记忆里搜出空姐播报飞机起航的广播词，还模仿了一小段。他们一致觉得那些词句很匹配安得现在的状态，特别是那些注意事项。

"飞机很快就要起飞了，现在由客舱乘务员进行安全检查。请您坐好，系好安全带，收起座椅靠背和小桌板。请您确认您的手提物品是否妥善安放在头顶上方的行李架内或座椅下方。本次航班全程禁烟，在飞行途中请不要吸烟。"

两人对其中的隐喻心领神会，最后还加了半句："请注意……请注意……"

最短航线

要注意的是什么呢？

虽然不是铺设固定方向的轨道，而是修建机场里的起飞跑道，但飞机，包括航天飞机，也需要规划航线，并不是海阔天空就可以随意放飞的。安顿希望马克帮忙想想看，应该怎么规划出一条最佳航线。

马克哪敢替人规划人生？他也不拒绝，但玩了一个小机灵，想把人生航线这个比喻降格到现实的航线，勉强向安顿交差。今天，他来给安得的那个笔记本拍了几张照片，留待日后慢慢细品。拍照完毕，他让安得取出那个地球仪，想要在那上面讨论出一条最佳的"现实的航线"。

"还记得我们第一次见面时作为礼物的问题吗？"

"记得。其实你并没有列出问题，而是让我自己去找问题，但那已经都不是问题了。现在回头看，那时的我好幼稚啊，想想都害臊。"

"还不到一年，说明你在飞速成长。"

"怎么飞，都还在这个小小地球上的这个小点上呢。"他指着地球仪上自己所在的位置，语气里有那么一点叹息的余味。

"如果你要飞出这里，飞到大洋彼岸的某个地方，你觉得飞机的航线是怎样的？"

"如果是以前，我会马上说，飞直线。"他在地球仪上用手指比划出一条横跨太平洋的直线，"可现在不一样了，我得想想……测地线？"

"果然不一样了。是的，飞机也遵循最小作用量原理，会选择最短的路线。数学老师教过你，两点之间的最短距离是直线。如果你坐上飞机，注意看看椅背上的小屏幕，实时更新的飞行轨迹肯定不是一条直线。那可不是飞机驾驶员在劫持你，或者故意绕道讹你的机票钱。"马克也用手指在地球仪上比划着，但画出的却是一条弧线，"在四维时空里，飞机是先向东北方向飞，好像要去北极似的；然后像抛物线一样，向东南方向回落，好像要去赤道似的，最终形成的将是一条曲线。在不停自传的球体上，对于长距离的飞行，直线从来就不是最佳航线。"

跨洋直飞航线

图片来源：美联航，文字有所改动。

"刚才我们画的航线是东西走向,如果改成南北走向呢?可以放心直飞了吗?"

"不仅不可以放心,反而更危险。如果两架飞机从赤道上相隔遥远的两地同时向北直飞,按理说,飞行轨迹应该是两条平行线吧?因为站在赤道看,两条线都和赤道构成90°直角。"

"也就是经线嘛,沿着经线往北飞……这个地球仪可以作证,平行直线可以相交。两架飞机最后将在北极碰撞,如果速度一样的话。你看,两条纬线在这里打结了。"

"谁说我们聊的都是不切实际的?飞机碰撞,那可是实实在在的风险啊。当那两条直线在北极相交,构成一个等边三角形时,这个三角形的三个内角之和等于180°吗?"

"不等。这个我们聊过了。不就是像在苹果表面画个三角形吗?怎么我们越聊越简单了,是不是你快没料了?哈哈。"

"那是因为你理解了,有了前几个月的铺垫,很多知识都变简单了。还因为你的思维方式切换过来了,可以容纳这么多远离日常经验和直觉,甚至反直觉的知识。在古代,关于时间和空间的见解比较接近常识和直觉,有的即使比较抽象,也可以直观理解。许多人对新时空观望而生畏,可你消化了这百年时空大餐,学会了思想实验,学会了想象和推理,事情还能是一样的吗?你自己对自己都得刮目相看了。"

"你过奖了。这不还没起飞吗?"

"你已经看到了真实的天空,看到了天上的航线。"

"天上有航线吗?我忽然想到一点,天上实际上并没有什么航线,航线是地上的人们在地图或者地球仪上画出来的,而不是天上真实存在的线。这有点像地球仪上有经纬线,但地球上没有经纬线。"

"好,再推进一步。那时间呢?"

"时间?你的意思是,时间就像经纬线一样?嗯,确实有点像,也许可以来一篇小论文《从虚构的经纬线论证时间的真实性》。"

"期待你的论文。不过,你先别急着动手写,比起实在的东西,人为的、人造的概念或观念的产物,可难处理多了。在现有的基础上,你现在更需要的是继续学习和思考。因为我们的难点和局限在于,时空问题,尤其是放大到宇宙后,只能进行观察和思考,而没法通过实验来验证。没错,我是说过整个宇宙都是你的实验室,但你也知道那是一种比喻,你可不能真的把整个宇宙当小白鼠来做实验,你也不可能在实验室里造出一颗恒星,或者在床上蹦跳来扭曲时空。所以,剩下的就靠大脑了。比如,我们现在的话题,你可以这么想想看:从二维到三维,从三维到四维,维度也会构成一种鱼缸效应。我们已经不会去买托勒密牌子的地心说鱼缸和哥白尼牌子的日心说鱼缸了,我们已经从一个又一个小鱼缸换到大鱼缸了,我们知道二维的鱼缸和四维的鱼缸不会有相同的几何学。问题是,不同的鱼缸之间,以及鱼缸内外的几何学和物理学会是平等的吗?金鱼的那一套'科学'和人类的这一套可以相提并论吗?"

"这……这个问题交给上帝吧,我们人类只要知道这至少不是真假对错的问题,只要能对当时当地所观察到的外部世界做出有效的解释和合理的预测,一个假说、理论或模型就是可以接受的,虽然那也还是一种鱼缸。"

"你思考了,好小子,而且超出了科学的视野。"马克用食指点了一下他的脑袋,"你继续往前走,我也将继续往前走。你在大脑里，我在现实里——也许过不久就要舍身做个人肉实验了。"

"你要去哪里？"

"世界。你发现了没？'时间'和'世界'在中文里发音相近，有的外国人根本辨别不出最后一个音的差别。"

"还真有点像，可也只是有点像而已，时间是时间，世界是世界。你之前说过，时间是无源之水，世界应该是有源之水吧？"

"我既不认可逝者如斯夫的时间之河，也没认可无源之水的说法，只是觉得时间是可塑可变的，在整个宇宙中是不统一的。'世界'这个词，比起'空间'和'宇宙'这两个词，总是让人感到更亲切。因为'世界'是有人类的价值深植其中的，而'空间'或'宇宙'却不一定，至少在我的语感里，还没摆脱冰冷的机械的感觉。它们在科学里也许可以混用，但在我们这里，最初，我们也说过，跟着科学用'空间'这个词会比较方便，但现在，三个词分开用也许更合适。这也是一种对科学反思的结果，我们不知不觉中走过了一段禅宗所说的那种参悟之路了：先是看山是山，看水是水；尔后看山不是山，看水不是水；最后看山还是山，看水还是水。我们又回到世界看世界了。拥有人类的价值的世界必然不会是无源之水。当然，也不要忘了，如果离开已经是我们认识的极限框架的四维时空，从更高维度看，世界也许就是一个笑话，时空皆浮云，困在低维里的我们如蚂蚁。谁知道呢，宇宙学还很幼稚，不一定全蒙得对。"

"如果他们错了，我们岂不白学了？"

"那也不一定，什么知识什么理论都可能变成过眼烟云，但你学过之后，留下来的将是科学的精神和方法，哲学的思维和逻辑，这些比知识更重要。知识和理论只是一种梯子，你一旦爬上高处，抽掉梯子，没问题的。"

"还有想象力，我们聊过的，想象力也比知识重要。我现在理解了一个奇怪的现象，科学和哲学不是都讲究严谨吗？严谨本应是扼杀想象力的吧？可实际上，我感受到了，严谨真的能培养想象力和

最大最新的太空望远镜

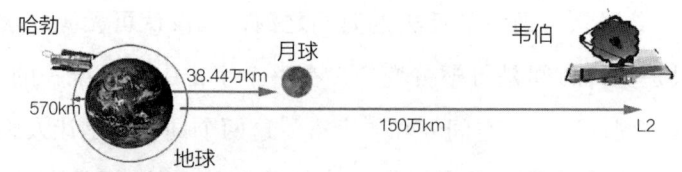

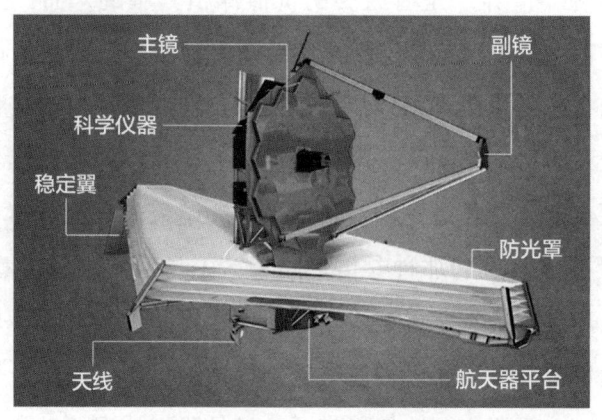

詹姆斯·韦伯太空望远镜，由美国、欧洲、加拿大航天局共同研发，耗时30年，耗资百亿美元，是有史以来最大的太空望远镜，于2021年12月25日发射升空，在距离地球150万千米处绕日运行。主镜后方的科学仪器有近红外相机（NIRCam）、近红外光谱仪（NIRSpec）、中红外仪器（MIRI）、精准制导传感器/近红外成像和无缝摄谱仪（FGS-NIRISS），可以清晰辨认40千米外的一枚硬币。主要任务是观测早期宇宙、星系的历史和演化、恒星的生命周期，以及地外行星。主镜镜面镀金，呈金黄色，本书封面书名及潘洛斯不可能三角形的用色灵感即来自于此。这颗太空金眼将会看到外星人吗？（图片来源：编译自NASA）

视野。"

"嗯，你这发现，借我一用：我最近就在严谨地想象下一阶段的生活……"

发射升空之前的韦伯太空望远镜

图片来源：NASA

十二月 · 纸信

仰望星空的少年

已识乾坤大,犹怜草木青。

——马一浮

时间之冰

飞机很快就要起飞了。没有和任何人告别,马克即将离开。

又一次坐在航站楼里,他都忘了自己在这里和安得曾经说过什么。本来,关于时空问题,重要的可能就不是结论,而是思考的过程。安顿前几天还感谢他当了一年的科普兼课外家教。其实并不是,他说,不知科普为何物,勉强算"思维普"或"认知普"吧——这个"普"字也不合适,因为它自带一种我教你学的陈腐气息,还显得有点傲慢。那就剩下"思维"和"认知"两词了?也许是吧,一年来断断续续的思考和追问,至少让人了解到世界不是人直观感觉到的这个模样,学校教育和学科教育的传统观念是可以质疑的,深思好学是可以培养成习惯的,思想实验是可以模仿和演练的,由自我行动和自我责任驱动的学习方式是可以习得的。马克还算有点自知之明,自始至终都没有想当然地认为安得可以因此进入未来科学家的行列。但是,作为奠定三观的基础工程,时空问题从来就不只是科学问题,由此散发开来的不断的思考和追问,最终会决定你成为怎样的人,怎样认识这个世界,怎样建立你和世界的关系。

马克看了看当时和安得一起坐过的长椅、一起看过的墙上的大钟,起身拉起行李箱,走向安检门。那张长椅上,什么都没留下,光看大钟也看不出时间已经过去几个月了。他们谈过什么已经不重要了,重要的是安得的大脑里孕育出了一颗"时空蛋",还有他的那些笔记,像一片树林的幼苗,长势喜人——这是马克离开之际最感欣慰的事。

但是,已经过去的"过去"真过去了吗?对时空问题思考得越多,就越难回答这个问题。马克在人流中看到的似乎还是时间之河,但对于那张长椅,他有一种不一样的感觉。安得曾经坐在那里,和他有过一场惊险刺激的对谈。他回头又看了一眼,似乎那个少年还坐在那里,不是影子,是本人,不需要任何人认证,就坐在那里。这是幻觉吗?这难道不也是结结实实的时间问题?怎么形容呢?在机舱里坐下后,他终于想到了一个词:时间之冰!

飞机舷窗外的云团把他和地球隔开了。他对空间的感受和在地面时本来没有太大差别,但因为一直想着"时间之冰"这个词,结果涌上来一种奇怪的空间感:飞机冻结在空间里了。不看窗外,已经感受不到飞机在飞行了,就像进入了爱因斯坦的电梯。那个思想实验并没有考虑时间问题,如果爱因斯坦现在就坐在旁边,他真的想讨教一下电梯里或飞机里的时间问题。因为在他的感受里,在密闭的高空,时间的流逝感变得很敏锐,似乎与某些未被揭示的时间的奥秘有关。但他的脑里现在全被"时间之冰"这个比喻占领了,腾不出空间去想更多的时间。流逝,流逝,也许应该说流而不逝才更恰当。在一些最新的理论里,时间从来就没有过去,没有逝去。时间封存在一个个时间点上,这在机场的长椅上似乎已经得到证明了。那些时间就冻结在那里,也许将来会融化,就像机场会因年久失修而被废弃一样。冰块的融化,是一种晶格排列的水分子化成一滩杂乱无章的液体的过程,是典型的熵增过程,也许时空秩序的崩溃就类似于这种过程。当时间之冰融化,钟表就会变成面团,变成一滩杂乱无章的液体,指针的走动将失去规则和周期性,变成一根软软的面条,或者像一根小冰棍,最终也融化变没了。其实,日常生活中,只要人感到茫然,无法确定某个确切的时间点,就可以体会到这种时间之冰融化的感觉。但在融化之前，就像冰箱里的水果比常温里的同一批水果更耐久，"衰老"得更慢一样，冰冻中的时间流逝得比较慢。这个比喻似乎比时间之河强，前者带给他的实感很清晰，很凛冽，很真实，以至于他想把这种还不成熟的感觉尽快告诉安得父子，并感谢他们提供的水分子。但是，飞机平稳飞行一段时间后，睡意袭来，在万米云层之上，他的意识逐渐模糊，比航线更早地滑入了下行的抛物线。

几天后，安得意外收到一个包裹。一打开包裹，他就认出那是马克家里的那个旧望远镜。箱子里还发现了两张卡片，其中一张是一纸便签，写着一些告别的话。安得惊讶地问他爸是否知道马克搬家了，安顿也是第一次听说这事，急得想马上打电话向马克兴师问罪。经儿子提醒，他才注意到便签上的日期，估计马克这时早已离境了，而且全家的大名都在便签的抬头上，也算是向他们打过招呼了。

他们都觉得马克不近人情，走得太突兀了。不过，也不是无迹可寻，安得回想起前几天马克和他一起看地球仪时的对话。当时以为讨论的是几何学和航线，现在看来，那也算是一种告别了。

马克的包裹让人不禁联想到时空中发生的事件。和封存记忆、冻结时间不一样，包裹有可能象征着另一种时空感觉。包裹一旦寄出，事件一旦发生，就像光出发了。光不受光源的运动影响，包裹和事件则都会脱离主人，与主人的关系越来越淡，即使主人寄出后就死了，包裹还会继续在路上，被运载，被投递。但不可否认的是，寄什么、寄给谁以及交给哪家托运等原始设定都是由主人决定的——这和事件的原始起因有点相似。如果写错地址，还会丢包，那就是意外事件了。收件人的回复或反馈，开启的则是另一件事，而能把两件事连接起来，用因果关系去理解，那是人类的特异功能，时间就在那里显形。

时间保卫战

拆完包裹，安得这才回过味来，但对马克的不辞而别还是有点心怀不满："马克这么一走，时空问题也不给个最终答案，把我们抬到越来越虚无的云端上，又扔进越来越纠缠不清的线团里。如果我早知道，不讲清楚就不让走。"

"他就是太保守了，只愿意讲那些已被证明了的东西，不太关注还活着的科学家和哲学家。"

"他讲过几个活人，还讲到2020年才出现的最新研究。可他看起来自己都没把握，老是说那些人的书和文章没能说服他，比爱因斯坦差远了。"

"也许是他的偏见吧。他都讲到谁了？"

彭罗斯曾对物理学家李·斯莫林（Lee Smolin，1955—）说，如果你想理解时间，去和巴伯谈谈吧，那是我最推崇的奇人。两人谈过之后，斯莫林一度同意巴伯的观点，但后来又表示质疑和批评，进而提出自己的圈量子引力论（Loop Quantum Gravity）。两个互相欣赏的人一边高度评价对方的研究成果，一边发展出对立的观点：巴伯认为时间并不存在，而斯莫林认为时间不仅真实存在，而且是宇宙唯一的基本维度。

英国物理学家、哲学家和科学史学家朱里安·巴伯（Julian

Barbour，1937—）拥有物理学博士学位，据说是为了能独立而长久地思考自己的问题，从未在学术机构任职，靠接翻译零活来谋生。他几十年来一直住在英国牛津大学附近一幢具有三百多年历史的乡村房子里，从窗户可以看到他童年时代的家——这很符合一个一生大部分时间都在思考时间问题的人。

巴伯总是强调他深受莎士比亚、马赫、莱布尼茨、狄拉克和爱因斯坦的启发，也总爱用日常生活的感悟来类比深奥的时空问题，这使得他的论著既不违背相对论，又和人们的常识相吻合。按斯莫林的赞词，相对论被巴伯优雅地改写了。

这个改写的重点是，通过考察结构和秩序如何形成来定义时间的方向，而结论则是：时间的箭头是由引力决定的。引力聚集物质，使物质之间产生距离和关系，使时间的先后成为可能，结构和秩序由此形成。这个被称为形状动力学的理论后来被他自己逐渐掏空，部分观点有所改变，但关于尺度的观点被保留下来，并得到强化。由于物质之间的距离和关系是相对的，测量也是相对的，所以，时间也是相对的。两个物体或两件事情只有在时空上比较接近的前提下，比较其大小或时间上的先后顺序才有意义。但是，相对论已经证明，所有的时空尺度都是相对的，相隔越远，可能差异越大，所以必须用物体的形状来替换尺度。任何真实的变化都可以理解成形状的变化，而不只是尺度的变化。爱因斯坦所强调的尺度在他的理论中没有意义，曾经石破天惊的尺缩钟慢在理论上被降级了，时空是由整个宇宙的形状变化决定的。所以，宇宙里其实没有时间，有的只是形状和位置的变化。

形状和位置的变化是一系列事件，按通常的理解，也应该在时间的范畴里。巴伯只是把这种关系颠倒了一下，是时间发生在形状和位置的变化里,而不是相反。他认为,每一个事件都是永恒的,每一个瞬间都是永远不变的,没有过去,也没有未来,有的只是一个又一个不同的瞬间,宇宙存在在每一个瞬间里,每一个瞬间里总体积不变,变化发生在不同的瞬间里。他的这个说法和安得爱说的电影由照片构成的想法异曲同工。把这一老一少的说法结合起来,就可以说,人生就是各个瞬间的集合,每一个瞬间就像构成电影的单帧照片,照片连起来就是人生电影。一堆瞬间本来没有任何秩序可言,但一个人对一个瞬间或一张照片的感知包含着对前几个瞬间或前几张照片的部分记忆——巴伯称之为时间胶囊,这就构成了大脑在播放电影时用到的错觉——瞬间的集合在感觉上被时间的流逝替代,造成了先后秩序的错觉,从而认定时间存在。

巴伯用量子态为瞬间建立联系,不同的瞬间通过结构集合,形成序列,彼此架构,产生出秩序和复杂性。人类先对运动、变化或历史的外观进行认知、创造或编码,然后,用错觉,在不同的瞬间之间建立因果关系。事实上,没有什么瞬间是其他瞬间的原因或结果,时间就是一大堆的瞬间而已,人每次感知的就只是一个瞬间,和其他瞬间本来无关。只是人类的大脑忍受不了也处理不了那么杂乱无章的状态,非得整出一个秩序不可,时间才应运而生。在现实中,只有存在,没有流逝,每个瞬间都是固定的;但在大脑里,各种信息被处理之后,生成了变化和秩序的假象,人们只觉得光阴似箭,转瞬即逝。

如果要把巴伯的时间理论概括成一句话,可以说是:远看像时间,近看是瞬间。还记得我们说过皇帝的新装吗?巴伯直接断言,这是一个没有时间的宇宙,时间是看不到的——皇帝没穿衣服。这个答案早已成熟,等待着被发现,可人们总是认为皇帝的新装里有奥秘。而巴伯,就是那个故事里的小男孩,说出了宇宙里没有时间的真相。在那座三百多年的老房里，巴伯否定了时间的流逝。那么，在长期的分析和思考之后，他看到的真相是什么？一个没有时间的量子世界，一条没有时间的河流，一种只能在瞬间中体验的人生。

1991年，在西班牙举行的专门讨论时间之箭的大型国际研讨会期间，巴伯做了一次非正式的抽样调查。他把以下问题发给42位与会者：

> 你认为时间是任何描述世界的理论里必备的真正的基本概念呢，还是认为它只是一个可以从更原始的概念中导出的有效的概念，就像代号t一样？

他收回的答卷可以归类为：未定或弃权的12人，选择前者、肯定时间存在的10人，选择后者、否定时间存在的20人，其中5人倾向于认为时间不应该出现在最基本的理论层面。这个问卷调查的结果显示多数研究时间的科学家怀疑时间的存在。这个比例给他带来了信心，使他逐渐相信，那些肯定派的想法将会像地心说那样退出科学，成为一种古老的观念。

如果把关于时间是否真实存在的争论看作一场时间保卫战，那么，巴伯因其决绝的态度和独特的经历，也许可以被视作一位色彩鲜明的反派旗手。他把一些既有的方程式放入没有时间的前提下，推导出激进的结果，并"使用一些基本方程式和新论据，来加强消除时间作为经典物理学中基本概念的理由"。通过这些研究，他期待新的科学革命，因为他认为当今的科学止步不前，一个主要原因就是对时间概念的墨守成规。

斯莫林说："从某些角度看，巴伯的理论非常优雅，它漂亮地回答了量子宇宙中的概率到底该如何诠释。宇宙只有一个，可瞬间却有许多。量子理论的概率成了瞬间现身于真实世界的相对频率。更深入地挖掘巴伯的理论，可以发现它解释了世界的历史如何演生、因果律如何使得复杂结构产生。"但是话锋一转，他将最后一句引向自己的论点：历史的演生和复杂结构的产生正说明了时间具有方向性，巴伯和他的同行们所强调的那种引力的相互作用正好保证了时间箭头的存在。斯莫林反对巴伯后期的结论，只欣赏他早期的形状动力学，并由此引申出自己的时间箭头论。他觉得这一点比霍金的"时序保护"假说更有力地否定了哥德尔的时间观。

斯莫林看到物理学——被他戏称为"盒中物理学"——与宇宙学之间存在着一个巨大的断层。科学只是把世界截取出一小块，在隔离甚至是假设的理想环境里——也就是"盒中"——研究，自以为得出了普遍真理，妄想跨过大断裂，推广到全宇宙。他呼吁人们放弃自然规律永恒不变的观念，接受它们随真实时间演化的想法。相对论发展到为了物理定律而牺牲时间，现在需要反其道而行之，应该为了时间而牺牲物理定律，也就是，先确立时间的绝对地位，然后再让物理定律相对化，让它们接受宇宙的自然选择，随时间而演变。在这前提下，既然宇宙在演化，自然法则也在演化，而演化依赖时间，并且受控于时间，那么作为各种自然规律协同演化的深度机理，时间必然真实存在，而且普遍存在。斯莫林把时间箭头分解为宇宙学时间箭头（宇宙不断膨胀）、热力学时间箭头（熵增）、生物学时间箭头（生老病死）、经验时间箭头（你只能记住过去，不能记住未来）、电磁波时间箭头（光来自过去，射向未来）、引力波时间箭头（引力波来自过去，移向未来）和黑洞时间箭头（时间不对称）七个时间箭头，个个真实存在，清晰明确，足以支撑起时间的真实性。

普适的时间还拥有全局最佳时间，在宇宙微波背景所呈现的那个早期宇宙里，由于整个背景高度均匀，各个方向上的微波温度相同，时间在那里极有可能就是全局普适的。就像时间光锥所直观显示的那样，一个物理系统的全部可能状态所构成的空间，总是从小体积指向大体积，这既为空间具有最佳方向奠定了基础，也使得体积增加的方向和时间的方向相互关联。空间和时间的最佳方向会产生最佳观测点和最佳观测者，并保障全局最佳时间的地位。七箭齐发，在光和热中让"时间重生"，也让他有理由相信：时间真实存在，时间救回来了！百年来的科学理论总想着要贬低时间，驱逐时间，"然而现在，我们要重返全局最佳时间"。——这也是斯莫林书写的一个特征：呼吁和宣告比论证做得更多。

马克对这点感到失望。光说不要否定时间，连现在的安得都会觉得不充分。在时间保卫战中，斯莫林像是一个时间的保皇派，有激情，有号召力，还有充足的研究基金，但他的战法似乎不够扎实，在关键部分缺乏说服力。安得希望找出更多的参战方，于是他们把话题转入另外两个人。不过，马克说他很欣赏斯莫林在2013年的一次对谈中说过的话。当时，主持人问他，有没有办法证明时间存在？他的回答是，"科学没有办法证明哲学假设"。这提供了一个很有价值的角度：时间问题是哲学问题，也许还是科学解决不了的哲学问题。

斯莫林曾对数学在科学中越来越强势的地位表示不满，强力反对把时空当成数学的对象，他把数学从科学的女王贬为科学的女仆。但在马克斯·泰格马克（Max Erik Tegmark, 1967—）的数学宇宙假说里，数学不仅是女王，而且是上帝。他甚至自问道，上帝是数学家吗？因为他认为宇宙是由数学写就的伟大之书，宇宙中的万事万物，都是纯粹的数学。人类是这个巨大的数学体中具有自我意识的一部分，正在用数学模型穷尽宇宙的奥秘。所以，一个极其聪明的数学家，或许能理解作为一种数学结构的宇宙的本质。他的理论很激进，但也站在肯定时间存在的阵营里，认为时间的流逝确实是一种幻觉，但时间本身却不是。人们只要将相对论与量子力学结合起来，就可以算出一个量子平行宇宙。在那种时空里，未来早已存在，而过去永不消逝，而且，更为奇妙的是，同时存在许多同样真实的过去和未来。由于时间线上的所有事情都会在平行宇宙中重演，时间不仅存在，而且会重复存在。如果要问为什么，他的答案可想而知：因为数学模型可以推导出这个结论。多重宇宙在数学里是可证的，甚至永恒轮回也可以用数学证明。归根结底，这是一个数学宇宙。

虽然路径不同，但同样坚持时间真实存在的还有肖恩·卡罗尔（Sean Michael Carroll，1966—）。他的论证比斯莫林明晰而且坚实，因为它的核心简单明了，就是一个熵。他对热力学第二定律推崇备至，用他的原话说："如果有人叫你预测一下，现在人们认可的物理学原理中有什么在一千年以后还能站得住脚，第二定律估计是个好选择。"如果这么重要的定律指出了熵增是个不可逆的过程，那时间就有了存在基础和方向：跟着熵增向前走直线。一颗掉地上破碎了的生鸡蛋再也无法恢复到原来的完整状态。这个例子几乎说尽了他用熵增定律论证时间之箭真实存在且永定向前的道理。

这四家对时空的解释各自拥有一个"万物归宗"的单一基点：泰格马克的数学模型、卡罗尔的熵、巴伯和斯莫林的引力。谁对谁错，莫衷一是，但他们由此生发出来的对万物的解释却各有各的启发性，虽然和爱因斯坦不在一个段位上。

相对于时间论，斯莫林的空间论更有启发性。他把前人的观点颠倒过来，认为时间是真实存在的，空间则不是。他的说法像是巴伯论时间的翻版：空间是在大尺度上通过远近来组织事物的印象而形成的假象，本质上是动态的关系网。宇宙的历史就是一个密度降低、事物分离的演变过程。在这个过程中，原有的多个维度逐步减少，降到最省能量的四维时空，而时间作为最根本的那一维，一直存在。

三种视野里的海浪和三个尺度下的空间

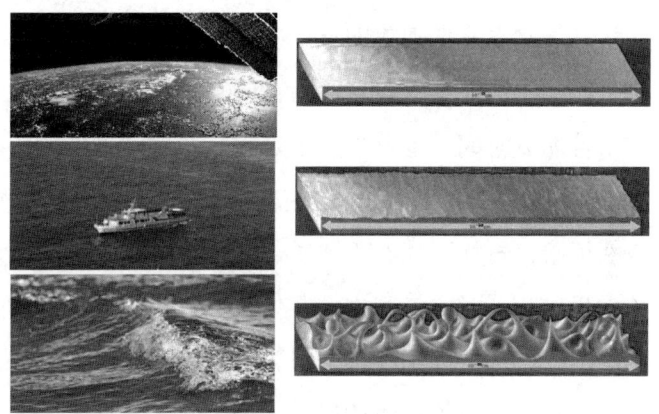

从上到下，左边依次是观看高度从高到低：太空视野、轮船视野、游泳者视野，右边依次是空间尺度从大到小：10^{-12}cm、10^{-20}cm、10^{-33}cm。同一事物，在上部看似平滑，越往下就越显示出不平滑。（图片来源：编辑自NASA等）

我们前面曾经欣赏过约翰·惠勒对广义相对论做出的最好概括："物质告诉时空如何弯曲，时空告诉物质如何运动。"惠勒是"黑洞"的命名者，他研究大尺度的黑洞，也研究小尺度的空间，致力于在量子世界里对相对论的空间概念进行修正。目前已知的物理理论所能描述的最小尺度有个极限，称为普朗克尺度，是由普朗克提出的一种单位，约1.6×10^{-33}厘米。这是最小的有意义的可测长度，小于这个尺度，长度和时间就具有不确定性，测不准，因而将变得没有意义。惠勒认为量子空间在这个普朗克尺度下是破碎的，人们看不到这个现象是因为观察不够精细。这就像同是看海的表面，从空中的飞机上看，从海中的巨轮上看，和在海里游泳的人看到的是不一样的。只有最后一种游泳者的角度，才会看到浪花是由无数的泡沫构成的，而从飞机上看到的大海则是平滑的，连浪花都看不到，更不用说泡沫了。斯莫林参与创建的圈量子引力理论就是一种游泳者的角度，从日常时空降低到普朗克尺度，发现平滑空间的表层其实波澜起伏。在那里，最小的空间约为普朗克长度的立方，最短的时间则是一个普朗克时间，也就是光子走完一个普朗克长度所需的时间，约5.39×10^{-44}秒。这两个最小的刻度构成了时空的极限，就像图片的分辨率极限，再往下就看不清了。最小时空以下是一个量子效应支配的世界，圈是时空最基本的几何特性，量子在圈与圈的交点处，随机涨落，导致空间不仅不平滑，而且不连续，不稳定，看起来像是一堆离散的、不停涨落的时空泡泡。空间是假象，它的真相就是这些泡沫的自旋和循环扭结，连真空也不例外。

巴伯和斯莫林的研究对象都很极端，不是针对最小的空间和最短的时间，就是针对最大的宇宙，都远在今天人类的观测技术所能抵达的极限之外。他们都试图通过结构和秩序来重新定义时空，却得出相反的结论。可惜的是，他们的理论都远未达到爱因斯坦那种宏伟、美妙、广阔、深邃却又大道至简的境界，也未被实验或观测结果证实。相对论在大爆炸和黑洞的奇点附近失效，也无法解释极微小尺度的世界。他们深入最小和最大的领域，试图弥补这种遗憾和缺失，并且像爱因斯坦一样，也从科学之外寻求灵感。巴伯认识到科学的局限性，认为艺术可能比科学更能提供了解宇宙真实本质的指南，文学和哲学在他的书中占据着不小的篇幅。斯莫林则更进一步，断言宇宙学正处于危机之中，需要一种新的哲学来拯救，重新奠定时间在宇宙中的主角地位，将自然科学和人文科学相契合，让人类的能动性获得应有的地位。

安得父子俩一起找书找资料，复习了一遍上述内容，结果不仅没有得到更清晰的理解，反而更迷糊了，尤其是2020年底刚出版的《雅努斯点》(*The Janus Point: A New History of Time*)把巴伯之前还算有点"平易近人"的理论推到令人费解的结论上去了。雅努斯是罗马双面神，被用来比喻两个时间方向相反的宇宙。巴伯推测大爆炸只是宇宙一个独特的分歧点，在分歧点的另一侧，还有一个宇宙，时间线向后延伸。如果站在分歧点上看，那就像一个镜像宇宙。巴伯的最新答案不仅越过了熵增定律，也越过了现有宇宙论的是是非非，让过去和未来变成镜像。这些理论如此之新，如此之离奇，他们已经无法判断了。

安顿比较偏爱斯莫林、泰格马克和卡罗尔的结论，因为他们都认为时间是真实存在的。可惜那三家并不结盟合作，而是各自游击战，虽然大目标都是保卫时间，但各家之间，差异巨大，同一阵营内部还有混战。不过，他还是感到有点欣慰："幸好最后有明白人站在我这一边。看，这几个科学家就说得比马克好，时空就应该这么确定才能让人安生嘛。最近还有科学家说，宇宙是固定不膨胀的，不用担心那些吓人的宇宙大结局，因为作为宇宙膨胀的主要证据的那个红移现象，其实可以用中子星和黑洞的引力作用来解释，而不必归因到宇宙膨胀。说实话，我在情感上总是偏爱这些确定的、固定的、踏实的东西。哪怕是这种时间会有双向箭头，也可以引申出永恒论——过去和未来都存在，那我们就有盼头了，永恒是可能的。我可真希望巴伯是对的。看来，我可以稍微放心一点了，吾道不孤啊。"

"等等，别放心得太早了。马克还讲过一个奇人威滕，他的理论才是离奇得没了谱了，我一点都听不懂，马克说他也不懂。这时间保卫战，正是局势胶着，前景不明之时，半路上又杀出个程咬金，也不知道他是来救驾的，还是来补刀的，甚至是来篡位的。"

"那家伙啊，我知道，他的理论听起来像疯言疯语，当不得真。"

"可人家据说号称教皇，想要一统天下呢。"

"谁知道呢，听听就好。"

无波之水

让我们再次回到在海边时曾经提及的话题：无水之波。如果按照超弦理论和圈量子引力理论的思路，波才是主体，是基本要素，水是由波催生的水分子的合成结果，世界的本质就是无水之波，无波则无水。所以，那次说到无水之波不可想象，到了现在，应该反过来了，无波之水才是不可想象的。

这个"波"在弦理论里就是那根被认为是世界的最基本单位的弦，一种类似于橡皮筋的极细小的能量线。这种一维的弦通过不同的振动模式和组合产生不同的粒子，其振动频率决定了粒子的能量和质量，振动越剧烈，粒子的质量和能量就越大。所有的物质都来自弦，所有的相互作用都可以用弦的振动、分裂和结合来解释。弦的运动就像波，粒子的产生就像是波产生了水。

弦理论分三个阶段：弦理论、超弦理论、M理论，站在这套理论最高峰上的是爱德华·威滕（Edward Witten，1951— ）。他也许称得上是史上最牛文科生，大学的专业是历史，辅修语言学，毕业后从政。在全力支持的总统候选人败给尼克松之后，回归学术，研究超弦理论。

1995年，威滕在南加州大学的一次会议中提出M理论。这个理论的命名就很出格，按他的说法，M是magic（魔术）、mysterious（神秘的）和membrane（膜）的第一个字母，但到底代表哪一个单词，真正的含义是什么，读者可以依自己的需求而定，或者等未来再定也未尝不可——这像是一个严谨的科学家说的话吗？他当时推测存在一个统一的理论，但还没被发现。想当年，牛顿统一了力与运动，统一了天上与地上；麦克斯韦统一了电和磁；爱因斯坦统一了时间和空间，统一了质量和能量。现在，威滕来了，他要匹敌前三人，把描述宏观世界的相对论和描述微观世界的量子力学统一起来，用一套理论统一描述四大作用力——强力、弱力、电磁力和引力。如果他成功了，那就可以排名第四了，不，也许应该是第一，因为有人期待M理论可以成为描述世界的终极理论。

从物质到弦与膜

弦理论认为自然界的基本单元不是点状的基本粒子，而是线状的弦。弦分两种，有端点的开弦和圈状的闭弦。M理论把弦的概念转化为膜，点状是0-膜，线状是1-膜，平面是2-膜，立体是3-膜，高维空间以此类推。

这种统一可能实现吗？不得而知。但至少在弦论内部，M理论确实完成了统一，五种已知的超弦理论都被囊括到M理论下，既自洽又融合。不过，弦的概念在M理论里被转化成膜的概念，弦是一种紧致化的膜，只是看起来像弦而已，其本质是膜，点状是0-膜，线状是1-膜，平面是2-膜，立体是3-膜，高维空间以此类推。M理论家还预言一种空间截止膜（space-ending brane），存在于时空的边缘。我们身处其中的这个四维时空就被包含在那张膜里，悬浮在高维空间里，附近还有其他膜包住的其他世界。两膜相撞，就会发生大爆炸——这就是迄今为止谁也无法解释的宇宙大爆炸的原因。受引力牵引，两张膜也有可能温柔地接近，在偶然的接触点上形成虫洞，短暂连接两膜里的时空。

我们生活在膜里，也被困在膜里，因为物质和光一样，都无法离开这个膜层。弦分两种，一种是不规则圈状的闭弦，一种是首尾不相连的线条状的开弦。开弦根系膜上，无法离开膜，只能在膜上移动。只有闭弦可以离开膜，在更高的维度运动。不幸的是，光和物质的基本粒子，以及我们人类都是由开弦构成的，永远无法飞到膜的外面。不管人怎么折腾，飞得再快，也冲不出那层膜，就像孙悟空上蹿下跳，也跳不出如来佛的掌心。只有引力是由闭弦构成的，所以，膜外的世界只能靠引力来探知。在人类终于探测到引力波后，如果按M理论，作为信使和工具，那不仅是最强的，而且是唯一的。既然万物都飞不出这层膜，任何望远镜都看不透这层膜，那就只有引力才可以验证这个膜到底存不存在，只有引力才可以进入高维世界。这也是马克说到引力波时那么兴奋，那么充满期待的原因之一。

我们到现在为止一直说的是空间是三维的，时空是四维的，可

M理论却认为空间是11维的。这多出来的几个维度是怎么"变戏法"加上去的呢？按布赖恩·格林（Brian Greene，1963—）当初的说法，如果空间维度不够，弦理论在数学计算上——注意一下，他说的是数学——就会出现破绽，必须增加多个维度才能堵住这个破绽，排除理论的功能障碍。高维空间可以简单理解为，多条直线互相垂直构成的空间。在三维空间里，长宽高三条直线或横轴（x）纵轴（y）竖轴（z）三条坐标轴互相垂直，而在11维空间里，11条直线可以互相垂直，这远远超出了常人的可视化能力。格林也承认，他自己做不到高维空间的图像化或可视化，也没人能做到，所以，只好从低维度开始类推来研究。

在M理论里，我们身处其中的膜宇宙像一个巨大的肥皂泡，在诞生不久的极早期，除了高温、高能之外，还有一个特性就是高维。本来，所有的维度都是平等的，卷缩在一起。随着大爆炸和宇宙膨胀，不仅降温了，能量发散了，连维度也解散了，其中的四维膨胀开来，脱颖而出，而其他维度却像刚出生就停止发育一样，仍然极为紧致地卷缩在极小的普朗克尺度下。这就造成我们在现实世界里，无法观测到更多的维度。

M理论一出，威滕封神，被尊为弦论教皇，几乎拿遍了除诺贝尔奖以外的所有物理学大奖，连数学界的最高奖菲尔兹奖也送上门来。但是，这个理论从诞生之日起就没少被质疑过。戴森的质疑相对温和一点，我们刚刚熟悉的斯莫林就比较激烈。他毫不掩饰自己的怀疑和不屑，对这类研究占用着大量科研资源感到愤愤不平，认为弦理论的崛起是物理学的堕落和科学的衰落。霍金曾认为M理论有可能发展成为爱因斯坦梦寐以求的统一场论，成为我们对宇宙统一理论的最佳选择。但他后来以一篇《哥德尔与物理学的终结》的演讲否定了自己的看法。基于哥德尔的不完备性定理，他认为任何一个号称能描述整个宇宙的大一统理论都可能不完备，都不可能成功。被弦学家们寄予厚望的欧洲大型强子对撞机（LHC）花了100亿美元都没能撞出他们所预言的那些粒子和现象，反而把他们言之凿凿的原始参数基本上都否定了。有一本书的书名将对威滕教皇和他的教派的反感表现得淋漓尽致：《甚至都不配称为错误——弦理论的失败与对物理统一定律的持续挑战》(Not Even Wrong: The Failure of String Theory and the Search for Unity in Physical Law)。

欧洲大型强子对撞机

图片来源：CERN

让我们最后一次回到时空话题上来，最危险也最简单的一次。只说结论：时间在弦论和M理论中没有地位，连空间也岌岌可危。因为在那里，定位定时一个事件变成至难之事。一个物体没有确切的位置，而且会同时处于不同的位置，空间的间隔阻挡不住它的超距跳跃。一个巨大的物体也可以像量子一样，瞬间完成从一个位置到另一个位置的迁移，不再需要漫长的过程。在那种高维空间里，时间将丧失它最重要的排序功能和因果关联。在一定条件下，时空都会融化，活在今天任何一种时空观里的人都将完全不知自己身在何处，将要何去何从。

在结合相对论和量子力学，创建大一统的终极理论的梦想里，M理论和圈量子引力理论是跑在最前面的两个选手。因为威滕教皇的影响力，M理论的队伍日渐庞大，名声远大于圈量子引力理论。但是，从外部来看，它们有一个共同的大问题，那就是，很难建立起可证实或证伪的实验。迄今为止，没有任何实验可以进入普朗克尺度以下，或进入四维以上的高维空间。而且，宇宙中比物质多得多的暗物质和暗能量都还没搞清楚，谈何大一统？

"更根本的是，一种理论包含了那么多的假设，就不怕剃刀伺候？会不会又是一件皇帝的新装？"安得不再满足于接收知识和事实，他已经学会质疑理论的要害之处。

"很多人靠这个吃饭呢，你可别把自己当那个故事里的小男孩，说出真相，砸人饭碗。"

"哈，你已经感觉到我是个大男人了吗？"

"差不多了，反正不是小男孩了。这段时间你呼呼呼地长大了。"安顿用逐层抬高的手势比划着，嘴里还发出风声，"呼，呼，呼。我们就坐山观虎斗，等待吧，不要贸然下结论——那可超过了我们的能力。马克自己也说了，他不懂量子力学，连爱因斯坦也对量子力学困惑不解。那个叫作量子的家伙，个头虽小，却是个巨大的谜团，而且是非决定论的。这可要命了。马克不会跟你说的是，他自己也害怕：非决定论的基础原则，意味着科学的尽头。尽管爱因斯坦发现了那里面的非决定论特质，但他的世界观还是决定论的，无法接受这个世界的基本原理无法理解——而不是还没理解——的困局。"

"这么说来,这个世界的可理解性和这类科学的可理解性对我们来说,都成问题了,怎么办才好呢?闭上眼睛,把它们当作不存在吗?也不甘心啊。"

"我觉得,可以先当作趣闻,了解一点。"安顿无可奈何地说。他的无可奈何既是对理论不统一的不满,也是对争议未决的不耐烦,更是因理论过于深奥而产生的无力感。"这么多说法,没一个确凿无疑的,他们本人都不敢断言,不敢确信,我们就更没辙了。但马克说得也没错,比起爱因斯坦,这些模模糊糊的,又没法验证的东西还是有不小的差距,没达到爱因斯坦那种简洁、美丽、成熟的程度。"

意欲旺盛的安得可不这样想:"那可不一定,而且这又不是看戏,不能坐山观虎斗,每一步都和我们自身息息相关呢。相对论的提出和验证过程不也长达百年吗?都说那个过程是一个大胆假设、反复求证的典范。典范不就是用来模仿的吗?对这些新理论,为什么就不可以放长眼光看待呢?我觉得它们都挺好玩的,知识里有思想,哪怕最后被证伪的理论,里面也有好的思维方式可以借鉴学习。也许,连它们的瑕疵和错误都有价值,说不定会为未来的突破提供契机呢。"

"你这些话,受了马克的影响吧?不过,在时空问题上,马克不直接把简单的答案塞给你,而是带你博采众长,像蜜蜂一样吸取各家精华,甚至从对立的双方里吸取,那是对的。那些学习方式、认知方式、思维方式、研究方式才是重点,可比知识本身难学多了。科学并不一定都正确,尤其是时空问题,越讲越扑朔迷离了。但科学有个可爱之处,就在于它不要求你一定要坚信它,尤其是这些时空论,都接近猜想了,假定了一系列条件,然后才勉强做到自圆其说，信不信由你，没人强迫你。但是，正因为你可以自由地怀疑它，否定它，证伪它，科学才有了一次又一次的突破，既能为人奠定世界观的基石，又可以提供重新审视世界观的契机。结果，我们的思维和思想都可以从中受益，随之提升。"

"嗯，我觉得这才是科学的魅力，也是科学对我们普通人的意义。况且，这些问题还不止是科学问题，归根结底，可能是人的问题，人的有限性的问题。"

"好啊，说出高度来了！是的，人类有没有能力看透世界，看透宇宙？这首先就是个问题了，能不能活到那个时候更是个问题。不是说我们个人，而是说人类整体，也许在有能力看透宇宙之前，就已经全体灭绝了。"

"那最后一个人会是谁？如果他听到了敲门声，咚咚咚……"

如果你一路读下来，可能早已经不需要故事引导，甚至觉得铺垫是多余的，就想跳过，直接去读核心内容了吧？本来希望能早点迎合你的这个需求，可是，我们的故事可能要到此结束了。

"马克要去觐见教皇吗？"

安顿了解这个人，很肯定地说："不可能，他最保守了，只愿意选择那些已被学界广泛接受，已有实验或观测数据支持的科学知识和理论。这一方面是由于他的知识局限，另一方面是出于他一贯的慎重态度。任何终极理论都无法回避空间与时间的问题，而他偏偏又不相信终极理论。别看他特立独行的，对待科学，规矩得很，只在那些已经比较规范、比较确定的范围里刨食。"

"那他到底去干什么了？"

"不知道。"

是否可以通过变换维度理解高维度世界？

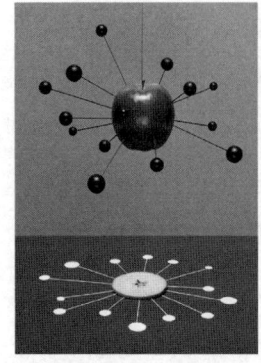

人脑是在三维环境里进化而来的，只擅长可视化二维和三维物体，对高维空间无法完整理解。右图为数学家亨利·塞格曼（Henry Segerman，1979— ）的得意作品：网格（立体投影），3D打印的网格球体在二维平面上投射出方形的网格阴影。两幅图都可以让人直观地理解一个三维物体在二维平面的投影，但要反过来，从低维推测高维则极为艰难。如果把图中的三维物体遮盖起来，你能根据这些二维平面猜出它们本来的形状吗？人类认识宇宙，认识时空，也许就是从低维推测高维。[图片来源：scientificamerican.com（左），artthescience.com（右）]

连名字都是多余的

原来，望远镜是马克送给安得的第二个礼物，和地球仪一样，镜座下挂着L形铁丝。那是提醒他别忘了探测引力波，希望有一天，他能不受那些理论的干扰，回到原点，靠自己的观察和推理来思考世界。但是，望远镜似乎是个双刃剑，就像在科学史上曾经发生过的那样，它既可以让人看到远方，增强人类认知的自信，也可以使人因看到局限，打破自信。说到望远镜，马克本来想推荐安得去一家新天文台参加一个暑期开放项目,但因年龄太小被拒绝了,只好改为申请当义工,能不能获批还没把握。在此之前,马克建议他去逛逛NASA网站、哈勃网站、ESA网站、CERN网站、爱因斯坦在我家网站等等,从网站上找图片,看新闻,下载探测数据,用一些软件分析、加工,哪怕只是将一些电磁波数据转换成颜色也是很好玩的——黑洞照片就是这么加工出来的。以后如果要追星,就追韦伯望远镜好了。那可是人类有史以来放得最远,还最昂贵的望远镜,刚于2021年12月25日发射上天,望远能力远超哈勃望远镜。以后关注它发回的照片,我们就有希望看到更高清的宇宙。

最后,安得拿起放在箱子最底层的那封信,走到阳台上。他已经习惯了,每天入夜之后,总要挤出几分钟时间仰望星空。今晚的星空,月朗星稀,寒气凛冽,分辨率特别高。刚刚架好的小望远镜让他看到了一些模糊的小灰点,可是眼睛一离开,直接看星空,刚才的小灰点就遽然失去了存在感,让人对镜像和实像之间的对应关系不放心,就像理论和现实给人不同的感觉。他不禁想到马克少年时是不是也曾这样仰望过星空,他那年代看到的小灰点会更大吗?他已经明白,在不同的时间里,他们看到的不可能是一样的星空。但现在,他有种异样的感觉,进而产生一种幻想,好像两个不同时代的少年隔着漫长的时空,可以利用星光默默对话。用哪一颗呢?两个少年加一颗星,连起线来就是一个跨越时空的巨大三角形了。这个想象让他觉得星空不仅有历史感,还有生活感,可以融进自己的生活。今晚,他想邀请星光和他一起看信,可星光太微弱了,如果奥尔伯斯和爱伦·坡都错那么一点点,星光的亮度提高几倍就好了。可惜没办法,他只好打开手机的灯光,低头看信。

……大概率，人类永远也无法得到最终的答案，永远也无法拥有操控时间和空间的能力，但是，感知感悟，体验理解，洞察思考，哪怕最终只是了解到时间和空间对人类能力的限制，并从中看清人类自身的局限与可悲，也算收获，也是一种对人类智能的证明。你对世界的赞美、批评、改造或反对也都包含在世界里，这个世界包含你的所有。我们每个人体内的氢原子与宇宙大爆炸早期所诞生的氢原子是同一种东西，有些原子则来自早已泯灭了的遥远星球，这种奇妙的物我关系让我们天生就渴望了解宇宙，而这同时也是认识自我。也许我们无法透彻领会别人所参透的宇宙，但是这一年下来，我想你至少明白了问题是怎样产生的，别人是怎么认知、怎么思考、怎么解决、怎么证明或证伪的，他们都运用了哪些思想、哪些方法、哪些思维。我们还一起了解了确定性的终结、去时间化的科学和哲学，以及思想实验的精髓。那些都是人类理性和思想的胜利，往往让我们感受到身为人类一员的骄傲。但是，所有的科学都在等待着被证伪，仅仅学到知识是不够的。科学不是全部，世界的奥秘不可能单单通过科学来解答，哲学、文学、音乐、美术、历史、工程等等都不可或缺。你只有不断拓宽认知的边界，才能问出足够好的问题。如果你从不认识或意识不到一个东西，那你就问不到那个东西，更无法思考那个东西。时间与空间就是这么一种东西，能够深刻理解它们，你就可以拥有更多洞见自己与周围世界的力量。至少，如果时空真的是琴弦，那你虽不会拉弦，不会作曲，却已经学会了欣赏音乐。你不需专注于每一个音符，忽略一些细节也不会损及大意，哪怕你已经忘了我们聊过的所有细节，我也相信有一些更有价值的东西已经留在你脑里了，并将支撑你去创造一个你自己愿意去的未来时空。你的笔记和构想一直印在我的脑里，我甚至能从那里听到你的创造力刚刚爆炸时发出的噼啪之声，看到你脑里的时空蛋开始孵化的裂痕。这是你的奇迹年。感谢这一切奇迹，我现在一时找不出更好的词语来形容我的欣喜和期待。

虽然明知这封信是马克离开之前写的，但由于几个小时前刚得知他已远隔重洋，现在开封，他竟然有种感觉是海外来信。一想到海外，安得的时空感被再次打开。这一年，变化繁多，时间之河似乎已经变成了时间之海。马克离开去海外，去的肯定不是时间的海外，相反，他有一种幻觉，马克已被冻结在这里了。准确地说，应该是和马克一起度过的那些时间冻结了。这些冻结的时间将来也许会融化，就像纸信会发黄，铁丝会生锈一样，但给人的感觉已不像是时间之河或时间之海。那是什么呢？他很自然地想到一个词：时间之冰！时间不是流逝的，而是冻结的，不是时间之河，而是时间之冰，而这封信和马克这个人都将一起封冻在时间之冰里。如果可能，他真的想通过星星，和少年马克聊一聊这个新想法。

纸质的信上是手写的钢笔字，罕见得像是天外来物。这个时代，居然还有人用这么老派的做法和古老的方式一笔一划地写出这么长的信，他恍然觉得时空出问题了。

信的最后是两句引用：

你不能教给一个人什么东西，你仅能帮助他从他自己里发现那些东西。

——伽利略·伽利莱

You cannot teach a man anything, you can only help him to find it within himself.

By Galileo Galilei

信的末尾没有署名。他这才突然想起,原来整个包裹都没有马克的名字。他有点惊讶,自己怎么一开始就没半点怀疑,想都没想就确定是他寄来的呢?他再次仰望星空,会意地笑了。是的,零知识证明,最小作用量,连名字都是多余的。

你的地址

如果你迷路了,请按信封上的地址返回地球。

后　记

如果能得到帕斯卡尔的赞许——他说："我只赞许那些一面哭泣一面追求的人。"

如果能得到尼采的谅解——他说："最好的作者，是那羞于成为作家的人。"

如果能遵循那古老的写法——先秦诸子、柏拉图以及伽利略的对话体的精髓；

如果能用百年间最新的进展观照那些历久弥新的问题——康德说："恒有二者，余畏敬焉。位我上者，灿烂星空；道德律令，在我心中。"

如果能借用爱因斯坦的原话躲避——他说："愿感兴趣的读者的宽容与我呈献这篇文字时的谦卑心情相匹配。"

……

我何德何能，竟敢如此奢望？也许只用一个：如果书中有那么几句话能让你会心一笑，掩卷有所得？

那就偏不信邪，不信凶谶：

韦编三绝今知命，

黄绢初裁好著书。

P.S.

1. 尽是引用,我已无我。

2. 都别吵,人类总有一天会灭亡的。

2021年12月31日

poephisci@gmail.com